Vahlens Handbücher
der Wirtschafts- und Sozialwissenschaften

Investition

Schwachstellen im Investitionsbereich
des Industriebetriebes
und Wege zu ihrer Beseitigung

von

Dr.-Ing. Hans Blohm
ord. Professor an der Universität Karlsruhe (TH)

und

Dr. Klaus Lüder
ord. Professor an der Universität Hamburg

3., überarbeitete und erweiterte Auflage

Verlag Franz Vahlen München

ISBN 3 8006 0092 7

© 1974 Verlag Franz Vahlen GmbH, München

Das Werk ist urheberrechtlich geschützt
Die dadurch begründeten Rechte, insbesondere die der Übersetzung, des Nachdruckes, der Entnahme von Abbildungen, der Funksendung, der Wiedergabe auf photomechanischem oder ähnlichem Wege und der Speicherung in Datenverarbeitungsanlagen bleiben, auch bei nur auszugsweiser Verwendung, vorbehalten.

Satz und Druck der C. H. Beck'schen Buchdruckerei, Nördlingen

Vorwort zur dritten Auflage

Bei der Bearbeitung der 2. Auflage des vorliegenden Buches haben wir uns bemüht, auf der Grundlage der Konzeption des 3. Kapitels der 1. Auflage eine umfassende Darstellung von Ansätzen der Investitionstheorie und von Verfahren der Investitionsplanung zu geben.

Das Interesse an der 2. Auflage läßt uns vermuten, daß die gewählte Konzeption, die sachliche Abgrenzung und die inhaltliche Bearbeitung beim Leser Anklang gefunden haben. Aus diesem Grunde schien es uns nicht geboten, bei Bearbeitung der 3. Auflage konzeptionelle Änderungen oder größere Erweiterungen vorzunehmen. Dies um so mehr als die 3. Auflage nur etwas mehr als 1 Jahr nach Erscheinen der 2. Auflage vorbereitet werden mußte und in diesem Zeitraum grundlegende Weiterentwicklungen auf dem Investitionsgebiet nicht zu beobachten waren. Die 3. Auflage wurde jedoch völlig überarbeitet, d. h. im wesentlichen: Es wurden einzelne Passagen verständlicher formuliert, zusätzliche Erläuterungen gegeben, Fehler beseitigt und inzwischen erschienene Literatur berücksichtigt. Größere Änderungen erfolgten vor allem in den Abschnitten 310 (Kostenvergleichsrechnung) und 325 (MAPI-Methode). Erweitert wurde Abschnitt 2, insbesondere um die Organisation des Investitionsbereiches. Für die Erweiterungen zeichnet H. Blohm, für die Überarbeitungen K. Lüder verantwortlich.

Wir danken unseren Mitarbeitern Dipl.-Wi.-Ing. R. Hecker, Dipl.-Kfm. P. Knoop, Dipl.-Kfm. M. Mackenthun und Techn. Dipl.-Betriebswirt P. Roller für die Unterstützung bei der Durchsicht des Manuskriptes. Gedankt sei auch allen Lesern, die uns auf Fehler aufmerksam gemacht und uns Verbesserungsvorschläge unterbreitet haben.

Hamburg/Karlsruhe, Januar 1974 *H. Blohm*
K. Lüder

Vorwort zur zweiten Auflage

Die Betriebswirtschaftslehre hat auf dem Gebiet der Investitionstheorie und der Investitionsplanung in den letzten Jahren Fortschritte gebracht, die erheblich über die „klassischen" Verfahren der Investitionsrechnung hinausführen. Diese Fortschritte betreffen in erster Linie die Berücksichtigung unsicherer Erwartungen bei der Investitionsentscheidung und die Bestimmung optimaler Investitionsprogramme. Es schien uns geboten, diese neueren Entwicklungen mit in das Buch aufzunehmen, weil die Grundsatzdiskussion darüber inzwischen weitgehend abgeschlossen ist, und weil sie auch für die betriebliche Praxis zunehmend an Bedeutung gewinnen.

Die zweite Auflage ist gegenüber der ersten Auflage völlig überarbeitet und wesentlich erweitert worden, wobei für die Überarbeitungen H. Blohm und für die Erweiterungen K. Lüder verantwortlich zeichnet.

Der Abschnitt 325 „MAPI-Methode" wurde auf der Grundlage von G. Terborghs „Business Investment Management", Washington 1967, neu gefaßt. Hinzu gekommen sind die Kapitel 4–6:
Verfahren zur Berücksichtigung unsicherer Erwartungen bei der Beurteilung einzelner Investitionsprojekte (4),
Ansätze zur Bestimmung von Investitionsprogrammen bei sicheren Erwartungen (5) und
Ansätze zur Berücksichtigung unsicherer Erwartungen bei der Bestimmung von Investitionsprogrammen (6).

Für die kritische Auseinandersetzung mit dem Manuskript und die daraus entstandenen Anregungen danken wir unseren Mitarbeitern Dipl.-Kfm. Rainer Bunzel, Dipl.-Kfm. Peter Knoop, Techn. Dipl.-Betriebswirt Willi Küpper und Techn. Dipl.-Betriebswirt Peter Roller.

Hamburg/Karlsruhe, Juni 1971　　　　　　　　　　　　　　*H. Blohm*
　　　　　　　　　　　　　　　　　　　　　　　　　　　　K. Lüder

Vorwort zur ersten Auflage

Über den Investitionsbereich des Betriebes, vor allem über Investitionsentscheidung, Investitionsrechnung und Investitionsplanung sind in den letzten Jahren zahlreiche Bücher und Aufsätze erschienen. Es handelt sich bei diesen Veröffentlichungen fast ausnahmslos um Darstellungen, die zeigen, wie der Investitionsbereich unter gewissen Voraussetzungen geregelt werden *sollte*.

Das „Soll" ist von den tatsächlichen Verhältnissen (dem „Ist") in der Mehrzahl aller Betriebe noch recht weit entfernt, wie spezielle Untersuchungen gezeigt haben. So führen nach Soldofsky in den USA Betriebe unter 500 Beschäftigten kaum Investitionsrechnungen durch, die hinsichtlich der rechnerischen Exaktheit über die statische Amortisationsrechnung hinausgehen[1]. Eine neuere, an der Universität Karlsruhe durchgeführte Untersuchung eines der Verfasser hat gezeigt, daß Nachrechnungen bereits durchgeführter Investitionsvorhaben selbst in Großbetrieben, die als fortschrittlich gelten, noch Ausnahmeerscheinungen sind[2].

In der Literatur ist die Frage noch nicht befriedigend beantwortet, welches die *typischen Mängel* eines Ist-Zustandes (in Anlehnung an O. R. Schnutenhaus „Schwachstellen" genannt) im Vergleich zu einem, den heutigen Möglichkeiten entsprechenden Soll sind und wie man vom Ist zum Soll gelangt. Diese Frage ist

---

[1] Vgl. dazu auch die Untersuchungen des Ifo-Instituts in Deutschland: O. V., Wie plant die Industrie? Ifo-Schnelldienst Nr. 37/1965, S. 4 ff. Nach dieser Untersuchung haben 30% der Firmen mit weniger als 1000 Beschäftigten Investitionspläne, die über ein Jahr hinausgehen. Wenn man weiterhin berücksichtigt, daß die Investitionsplanung nicht zwangsläufig eine Investitionsrechnung voraussetzt, so kann man sich etwa ein Bild machen, in welchem Umfang Investitionsrechnungen in deutschen Klein- und Mittelbetrieben angewendet werden.
[2] Lüder, K.: Investitionskontrolle, Wiesbaden, 1969

Vorwort

nicht nur für den in der Praxis stehenden Ingenieur und Betriebswirt von größter Bedeutung, sondern auch für die Studenten der Ingenieur- und der Wirtschaftswissenschaften. Die einseitige Darstellung des Soll während des Studiums kann erfahrungsgemäß zu Anpassungsschwierigkeiten führen, sobald das Entscheiden und Handeln in der betrieblichen Wirklichkeit an die Stelle der gedanklichen Auseinandersetzung mit dem theoretisch Möglichen rückt.

Die einzelnen „Schwachstellen" sind in der vorliegenden Arbeit in sich geschlossen dargestellt, so daß das Buch auch wie ein Nachschlagewerk gelesen und ausgewertet werden kann. Einige Wiederholungen waren bei dieser Art der Darstellung allerdings unvermeidbar, dürften aber selbst dann kaum stören, wenn sich der Leser Kapitel für Kapitel in üblicher Weise erarbeiten will; im Gegenteil, es werden dadurch Rückverweisungen erspart. Um den Umfang des Buches so zu begrenzen, daß man es gerne zur Hand nimmt, wurden die betriebswirtschaftlichen Grundkenntnisse vorausgesetzt. Die Verfahren der Investitionsrechnung werden allerdings im Abschnitt 3 ausführlich behandelt, da ihre Kenntnis eine wesentliche Voraussetzung dafür ist, den Weg von einem unzureichenden Istzustand zu einem zufriedenstellenden Sollzustand gehen zu können.

Karlsruhe, April 1967   *H. Blohm*
                                  K. Lüder

Inhaltsverzeichnis

1 Einführung 1
   10 Schwachstellenanalyse als Grundlage der Rationalisierung 1
   11 Investition und Information 2

2 Spezielle Schwachstellen im Investitionsbereich 5
   20 Mangelndes Organisationskonzept 5
   21 Das Fehlen geschlossener Wirkungskreise 10
   22 „Verwässerung" des Bewilligungsverfahrens 19
   23 Überlastung der Leitungsorgane 23
   24 Mangelnde Koordinierung der Investitionsplanung mit anderen betrieblichen Bereichen 26
   25 Fehlende Alternativen 30
   26 Über- oder Unterbewertung steuerlicher Gesichtspunkte 32
   27 Fehlende oder ungeeignete Investitionsrechnung 42

3 Verfahren zur Beurteilung einzelner Investitionsprojekte bei sicheren Erwartungen („Klassische" Verfahren der Investitionsrechnung) 45
   30 Überblick 45
   31 Statische Verfahren 46
      310 Kostenvergleichsrechnung 46
         3100 Darstellung des Verfahrens 46
         3101 Lösung des Auswahlproblems 46
         3102 Lösung des Ersatzproblems 49
         3103 Prämissen und Anwendungsmöglichkeiten der Kostenvergleichsrechnung 53
      311 Amortisationsrechnung 54
         3110 Darstellung des Verfahrens 54
         3111 Durchschnittsrechnung 55
         3112 Kumulationsrechnung 55
         3113 Prämissen und Anwendungsmöglichkeiten der Amortisationsrechnung 56
      312 Rentabilitätsrechnung 57
         3120 Darstellung des Verfahrens 57
         3121 Prämissen und Anwendungsmöglichkeiten der Rentabilitätsrechnung 60
   32 Dynamische Verfahren 61
      320 Allgemeines 61
      321 Kapitalwertmethode 63
         3210 Darstellung des Verfahrens 63
         3211 Alternativvergleich 64
         3212 Einnahmen und Ausgaben, die bei der Kapitalwertermittlung zu berücksichtigen sind 67
      322 Interne-Zinssatz-Methode 68
         3220 Darstellung des Verfahrens 68
         3221 Alternativvergleich 70

323 Prämissen und Anwendungsbereich der Kapitalwertmethode und
Interne-Zinssatz-Methode................................. 72
324 Spezielle Methoden der dynamischen Investitionsrechnung..... 76
  3240 Vereinfachte Interne-Zinssatz-Methode.................. 76
  3241 Annuitätenmethode...................................... 77
  3242 Baldwin-Methode.. 79
  3243 Dynamische Amortisationsrechnung....................... 81
325 MAPI-Methode... 84
  3250 Vorbemerkungen... 84
  3251 Darstellung der 2. Version des MAPI-Verfahrens......... 85
  3252 Darstellung der 3. Version des MAPI-Verfahrens......... 91
  3253 Prämissen und Anwendungsbereich........................ 97

4 Verfahren zur Berücksichtigung unsicherer Erwartungen bei der Beurteilung einzelner Investitionsprojekte............................. 99
40 Überblick.. 99
41 Korrekturverfahren.. 100
42 Sensivitätsanalyse.. 102
  420 Darstellung des Verfahrens............................. 102
    4200 Verfahren zur Ermittlung der zulässigen Abweichung (Verfahren der kritischen Werte)......................... 103
    4201 Verfahren zur Ermittlung der Outputänderung bei vorgegebener Inputänderung............................. 104
  421 Prämissen und Anwendungsbereich........................ 106
43 Risikoanalyse... 108
  430 Allgemeines.. 108
    4300 Wahrscheinlichkeitstheoretische Grundlagen......... 108
    4301 Entscheidungstheoretische Grundlagen............... 110
  431 Der Hillier-Heebink-Ansatz............................. 115
    4310 Darstellung des Verfahrens......................... 115
    4311 Prämissen und Anwendungsbereich.................... 117
  432 Der simulative Ansatz.................................. 118
    4320 Darstellung des Verfahrens......................... 118
    4321 Prämissen und Anwendungsbereich.................... 124
44 Entscheidungsbaumverfahren................................ 124
  440 Darstellung des Verfahrens............................. 124
  441 Prämissen und Anwendungsbereich........................ 130

5 Ansätze zur Bestimmung von Investitionsprogrammen bei sicheren Erwartungen... 133
50 Überblick... 133
51 Klassische Ansätze der Kapitaltheorie..................... 135
  510 Darstellung der Ansätze................................ 135
  511 Prämissen und Anwendungsbereich........................ 140
52 Kombinatorische Ansätze................................... 142
  520 Einperiodenmodell zur Bestimmung des optimalen Investitionsprogramms bei gegebenem Produktionsprogramm für die Investi-

Inhaltsverzeichnis   XI

tionsprojekte und gegebenen finanziellen Mitteln (H. M. Weingartner) 142
5200 Darstellung des Modells 142
5201 Prämissen und Anwendungsbereich 145
521 Ansätze zur simultanen Bestimmung von Investitions- und Finanzierungsprogramm 146
5210 Einperiodenmodell (H. Albach) 146
5211 Mehrperiodenmodell (H. Hax/H. M. Weingartner) 150
522 Ansätze zur simultanen Bestimmung von Investitions- und Produktionsprogramm 156
5220 Einfaches Mehrperiodenmodell 156
5221 Komplexes Mehrperiodenmodell (H. Jacob) 159

6 *Ansätze zur Berücksichtigung unsicherer Erwartungen bei der Bestimmung von Investitionsprogrammen* 167
60 Überblick 167
61 Sensitivitätsanalyse 168
62 Programmierung unter Wahrscheinlichkeitsnebenbedingungen (Chance-Constrained-Programming) 170
63 Theorie der Portefeuille-Auswahl 173
64 Flexible Investitionsprogrammplanung 176

7 *Anlagen* 179
70 Anlage 1: Der Betrieb als ein System von Regelkreisen (schematisiertes Beispiel) 179
71 Anlage 2: Arten und Verfahren der Planung – Übersicht 180
72   Schaubilder zur Organisation des Investitionsbereiches . . 182
   Anlage 30: Das Primärregelkreissystem, als Gegenstand eines Lernprozesses bzw. Regelstrecke im Metaregelkreissystem 182
   Anlage 31: Ausschnitt aus dem Organigramm des als Beispiel skizzierten Betriebes 183
   Anlage 32: Vereinfachte Prinzipskizze der Organisation des Investitionsbereiches 184
   Anlage 33: Der Investitionsplanungsprozeß – Arbeitsablaufschaubild . 185
73 Anlage 4: Vereinfachte Errechnung des internen Zinssatzes bzw. Kapitalwertes einer Investition nach Steuerabzug bei linearer und degressiver Abschreibung 186
74 Anlage 5: Beispiel zur Sensitivitätsanalyse – Errechnung des Kapitalwertes 192

8 *Verzeichnis der Abkürzungen* 195

9 *Literaturverzeichnis* 197

10 *Sachverzeichnis* 201

1 Einführung

10 Schwachstellenanalyse als Grundlage der Rationalisierung

Als W. Prion vor mehr als dreißig Jahren, wie viele der damaligen Betriebswirte, den Betrieb mit einem Organismus verglich, konnte er nicht annehmen, daß dieser bildhaften Darstellung im Rahmen der formalen, kybernetischen Betrachtung[1] des Betriebes eine besondere Bedeutung zukommen würde. Prion schrieb damals: „Wirtschaft ist das Leben, Betrieb der Körper, durch den das Leben vollzogen wird"[2]. Die Kybernetik faßt heute den Betrieb ebenfalls wie einen Organismus als ein äußerst komplexes, probabilistisches System von Regelkreisen auf (vgl. Anlage 1).

Akzeptiert man die Analogie Betrieb – Regelkreissystem – Organismus, so kann im Sinne des hier behandelten Themas die konkrete Frage gestellt werden, ob man, wie beim Organismus, auch zwischen Gesundheit und Krankheit des gesamten Betriebes oder einzelner Teile unterscheiden kann, und ob es möglich ist, für die Krankheiten Therapien anzugeben, die über den Einzelfall hinausgehend erfolgversprechend sind. Dies sind die Grundfragen der Schwachstellen-Analyse als Rationalisierungsmethode und damit als Instrument der Unternehmensführung zur Annäherung an betriebliche Teil- und Gesamtoptima[3].

Die Erfahrung lehrt, daß derartige Krankheiten der Betriebe (Schwachstellen) tatsächlich beschrieben werden können, und daß die Krankheitsmerkmale (Schwachstellen-Beschreibung), die Methoden der Diagnose (Schwachstellen-Analyse) und die Therapien (Maßnahmen zur Schwachstellenbeseitigung) sogar weitgehend unabhängig von der Charakteristik des Einzelbetriebes gelten. Die Möglichkeit einer Verallgemeinerung ist erstaunlich, wenn man die Unterschiede zwischen Betrieben verschiedener Größe, verschiedener wirtschaftlicher Betätigung und – im Hinblick auf die Investitions-Problematik – insbesondere auch verschiedener Anlageintensität und verschiedenen Risikos betrachtet. Der Sachverhalt weitgehend übereinstimmender Schwachstellen-Anfälligkeit mag aber damit zu erklären sein, daß in allen Betrieben Menschen wirken, deren Verhaltensweisen in entscheidenden Punkten übereinstimmen. Tatsächlich beruhen die Schwachstellen mit der weitesten Verbreitung auch in erster Linie auf Mängeln im menschlich-psychologischen Bereich. Ohne wenigstens mittelbaren Einfluß ist menschliches Verhalten bei keiner in den folgenden Abschnitten beschriebenen Schwachstellen.

Dem methodischen Vorteil des verhältnismäßig großen Geltungsbereiches der Aussagen stehen die folgenden Nachteile gegenüber:

1 Es handelt sich lediglich um Aussagen mit Erwägungscharakter, deren Gültigkeit von Fall zu Fall sorgfältig zu prüfen ist.

2 Schwachstellen-Analyse und Schwachstellen-Beseitigung stellen keine Verfahren der exakten Bestimmung betrieblicher Optima dar. Es ist nicht mehr als ein Herantasten an Optima, die oft nicht einmal eindeutig beschrieben werden können, von denen lediglich eine ungefähre, im wesentlichen subjektive Vorstellung besteht.

---

[1] Zum Begriff und zu dem Denkansatz der Kybernetik vgl. Steinbuch, K., Kybernetik und Organisation, ZfO, 2/1964, S. 41 ff. und 3/1964, S. 94 ff.; dort auch Literaturverzeichnis.
[2] Prion, W., Die Lehre vom Wirtschaftsbetrieb, Erstes Buch, Berlin 1935, S. 23.
[3] Zu den betrieblichen Optima vgl. Lüder, K., Das Optimum in der Betriebswirtschaftslehre, Diss. Karlsruhe 1964.

1 Blohm-Lüder, Investition 3. A.

Gegenwärtig sind – wie Befragungen anläßlich von Management-Kursen ergeben haben – in der Mehrzahl aller deutschen Betriebe jedoch zwischen Optimum und Wirklichkeit der wichtigsten Bereiche noch so große Unterschiede festzustellen, daß die Schwachstellen-Methode erhebliche Erfolge verspricht. Das gilt in besonderem Maße für den Investitionsbereich, obwohl in den letzten Jahren hier erhebliche Fortschritte verzeichnet werden konnten.

Wahrscheinlich muß die Schwachstellenforschung, wenn der erste Schritt der Erarbeitung recht allgemein gehaltener Aussagen vollzogen ist, den Weg über eine Betriebstypologie gehen. Das bedeutet, daß nach Abschluß der grundlegenden Arbeiten z. B. Kataloge mit branchentypischen Schwachstellen zu erarbeiten sind. Der Anwendungsbereich der Aussagen wird damit enger; die Aussagen werden aber konkreter, rezeptartiger, der Anwendung noch näher gebracht. Die Grenzen und Bedingungen müssen allerdings für eine unmittelbare Anwendung noch genauer dargelegt werden.

Festzuhalten ist, daß sich die Schwachstellen-Methode mit steigendem Rationalisierungsniveau der Betriebe selbst überflüssig macht. Bis dahin ist der Weg aber wohl noch weit.

Die nachstehend dargestellten, aus der Erfahrung methodisch gewonnenen Schwachstellen des Investitionsbereiches sind einheitlich wie folgt gegliedert:

1. Art der Schwachstelle
(Worin besteht die Schwachstelle?)
2. Diagnose
(Wie kann die Existenz der Schwachstelle festgestellt werden?)
3. Ursachen der Schwachstelle
(Welches sind die Ursachen für die Existenz der Schwachstelle?)
4. Therapie
(Wie kann die Schwachstelle beseitigt werden?)

Zur Therapie der letzten Schwachstelle „Fehlende oder ungeeignete Investitionsrechnung" sind die Rechenverfahren und Modelle, um ihrer Bedeutung gerecht zu werden, in selbständigen Kapiteln behandelt.

11 Investition und Information

Die Funktion der Investitionsplanung und ihr dispositiver Kern, die Investitionsentscheidungen, bestehen in erster Linie aus einem Be- und Verarbeiten von Informationen. Demgemäß liegen die Probleme für den Praktiker auch weniger in dem Nachvollzug immer perfekterer Methoden der Investitionsrechnung als in der Beschaffung und zielgerechten Auswertung der erforderlichen Informationen.

Unterscheidet man zwischen rechenbaren und nicht rechenbaren Dringlichkeitskriterien als Grundlage der Investitionsentscheidung, so sind *für die rechenbaren Kriterien* folgende Daten zu erarbeiten:

Für die Rentabilität: Zukünftige Einnahmen, Erträge, Leistungen, Ausgaben, Aufwendungen, Kosten bezogen auf einzelne Aggregate, einzelne Projekte, Produkte oder Produktgruppen, auf Betriebe oder Betriebsteile.

Für die Wirtschaftlichkeit: Prognose-Leistungen und -Kosten, Meß-Leistungen und -Kosten und Ist-Leistungen und -Kosten in der gleichen Abgrenzung bzw. Zuordnung wie oben.

Für die Liquidität: Einnahmen und Ausgaben in einzelnen Rechnungsperioden bezogen auf das Unternehmen als Ganzes oder auf einzelne Teile, wobei auch diese Betrachtung in die Zukunft gerichtet ist.

Für das Risiko: Das Investitionsrisiko läßt sich in einigen Fällen rechnerisch ermitteln (Wiedergewinnungszeiten bzw. Amortisationszeiten, Wahrscheinlichkeitsverteilung einzelner der obengenannten Größen).

Die *nicht rechenbaren Dringlichkeitskriterien* müssen auf der Grundlage subjektiver Urteile, die durch Auswertung weiterer Daten objektiviert werden, in die gleiche Dimension wie die rechenbaren Kriterien gebracht werden, um den Nachvollzug der Dringlichkeitsskalen zu ermöglichen[4]. Zu den nicht rechenbaren Kriterien zählen gesetzliche Auflagen, Forderungen auf Verbesserung der Arbeitsbedingungen und der Sozialeinrichtungen und sonstige Kriterien je nach Lage des Einzelfalles.

Schon die Aufzählung der Informationen, die zur Erarbeitung der Dringlichkeitskriterien notwendig sind, zeigt, daß die Praktikabilität der Investitionsplanung auf der Grundlage rationaler Entscheidungen weitgehend von dem Zustand des betrieblichen Berichtswesens bestimmt wird. Dabei ist zu unterscheiden zwischen:

1 dem allgemeinen Zustand, der insbesondere dadurch charakterisiert ist, wieweit der traditionelle enge Rahmen des Rechnungswesens mit seiner vergangenheitsorientierten Betrachtungsweise gesprengt und ein umfassenderes, operatives Berichtswesen aufgebaut wurde und wieweit Schwachstellen des Berichtswesens allgemeiner Art beseitigt wurden;

2 der speziellen Eignung des Berichtswesens für die Erarbeitung und Auswertung der im Investitionsbereich benötigten Daten.

Punkt 1 ist Voraussetzung für eine befriedigende Erfüllung des Punktes 2. Wegen Punkt 1 muß auf die Literatur verwiesen werden[5]. Punkt 2 wird im vorliegenden Buch behandelt, allerdings nicht zusammenhängend in einer Schwachstellenbeschreibung. Da Informationsprobleme bei allen Schwachstellen eine Rolle spielen, werden sie in den einzelnen Abschnitten – soweit das sachlich erforderlich erscheint – erörtert.

---

[4] Vgl. hierzu die Ansätze der sogenannten Punktbewertungs-Methoden: Zangemeister, Ch., Nutzwertanalyse, 2. Aufl., München 1971.

[5] Ausführliche Darstellung von 22 Schwachstellen des betrieblichen Berichtswesens in Blohm, H./Heinrich, L., Schwachstellen der betrieblichen Berichterstattung, Baden-Baden/Bad Homburg 1965.
Zur Gestaltung des Berichtswesens: Blohm, H., Die Gestaltung des betrieblichen Berichtswesens als Problem der Leitungsorganisation, Herne/Berlin 1970; dort auch ausführliche Darstellung des hier immer wieder herangezogenen mehrschichtigen Regelkreismodells.

2 Spezielle Schwachstellen im Investitionsbereich

20 Mangelndes Organisationskonzept

200 Art der Schwachstelle:

Die Organisation eines Betriebes soll ein bestmögliches Zusammenwirken der Menschen und sachlichen Organisationselemente im Sinne einer dauerhaften Erreichung der gesetzten Ziele gewährleisten. Die Organisation wird normalerweise in einer Reihe von Vorschriften niedergelegt, in denen insbesondere die Verteilung der Aufgaben und die Verantwortlichkeit für die Erledigung der Aufgaben sowie die sinnvolle Zusammenfügung der Teilaufgaben zum Ganzen der Betriebsaufgabe zwecks Erreichung der Betriebsziele geordnet sind.

Das etwaige Fehlen derartiger Vorschriften besagt noch nicht, daß kein methodischer Aufbau und kein geregelter Ablauf des Betriebsgeschehens gegeben ist. Es können sich im Laufe der Zeit durchaus zweckmäßige Festlegungen von Struktur und Ablauf eingespielt haben, die der betrieblichen Zielsetzung entsprechen. Das Fehlen eines Konzeptes der methodischen, organisatorischen Gestaltung zeigt sich erst in der ständigen Improvisation: Da die Abgrenzung der Aufgaben unklar ist, werden sie zum Teil mehrfach, zum Teil gar nicht erledigt; es zwingt keine Vorschrift zur Einhaltung bestimmter Termine; rationale Entscheidungen sind infolge der nicht methodisch gestalteten Kommunikation zwischen den verschiedenen Aufgabenträgern nur schwer möglich.

Betriebe, die keinerlei organisatorische Regelungen aufweisen, sind verhältnismäßig selten, da zumindest die Geschäftsführungsbefugnis, die Anweisungsvollmachten nach innen und die Vertretungsvollmachten nach außen irgendwie festgelegt sein müssen. Dagegen ist es in Betrieben aller Größenklassen und Branchen häufig anzutreffen, daß gerade der Investitionsbereich spezieller, zweckmäßiger Organisationsregelungen entbehrt. Unter Investitions*bereich* sei hier die Gesamtheit aller mit Investitionsfragen direkt in engerem Zusammenhang stehenden Teilaufgaben unabhängig von ihrer organisatorischen Zuordnung verstanden. Ohne einen angemessenen organisatorischen Rahmen kann zielgerechtes Handeln im Investitionsbereich nicht gesichert werden. Deshalb muß der Investitionsbereich auf der Grundlage eines Gesamtkonzeptes organisatorisch gestaltet werden.

201 Diagnose:

Der sicherste Weg zur Feststellung eines mangelhaften oder fehlenden Organisationskonzeptes ist die Organisationsprüfung[1].

Die Organisationsprüfung erfolgt normalerweise aus folgenden Schritten:

1 Aufnahme des Istzustandes auf der Grundlage eines Studiums der Unterlagen, von Befragungen aller Beteiligten, insbesondere der Leitungsorgane,
2 Kritische Analyse des Istzustandes,

---

[1] Vgl. Acker, H. B., Organisationsanalyse, 5. Auflage, Baden-Baden 1966.
Vgl. Blohm, H., Aufgaben und Technik der Organisationsprüfung, in: Unternehmensprüfung, Schriftenreihe des Instituts für Interne Revision, Band II, München 1962, S. 137 ff.
Vgl. Blohm, H./Brenneis, F. J., Wegweiser für den Einsatz von interner und externer Revision, Herne/Berlin 1968, S. 33 ff.

3 Konzeption und Durchsetzung des Sollzustandes.

Die Feststellung des Istzustandes, als erster Schritt der Diagnose, kann ansetzen:

1 Bei der Aufnahme des Aufgabenbereiches aller Personen oder Institutionen, die an der Erledigung von Investitionsfragen beteiligt sind.
2 Bei der gedanklichen Verfolgung eines Investitionsvorhabens vom Vorschlag über die Investitionsrechnung, die Bewilligung, die Verwirklichung bis zur Nachrechnung.

Auf jeden Fall muß die Organisationsprüfung klären, ob und wie die Teilaufgaben im Investitionsbereich organisiert sind, insbesondere wie ihr Zusammenwirken gesichert ist.

In der Regel ist der Investitionsbereich in folgende Teilaufgaben (in der Reihenfolge des normalen zeitlichen Ablaufes) zerlegt:

Investitionsvorschlag

Erarbeitung der technischen und wirtschaftlichen Daten für die Investitionsrechnung

Vorauswahl

Durchführung der Investitionsrechnung

Prüfung der Investitionsrechnung

Vorabstimmung der Investitionsvorhaben mit der Gesamtplanung, insbesondere mit der langfristigen Finanzplanung, soweit dies nicht schon vor Abgabe des Vorschlages erfolgte

Investitionsentscheidung

Abstimmung der Gesamtplanung auf die Investitionsplanung

Durchsetzung der Investitionsentscheidung

Überwachung der bewilligten Investitionsvorhaben zur Gewinnung von „Rückmeldungen" über die Investitionspolitik

Es ist zweckmäßig, bei der Aufnahme des Istzustandes so vorzugehen, daß allen an den Investitionsaufgaben beteiligten Personen zunächst schriftlich – und dann zur Klärung von Einzelheiten auch mündlich – Fragen vorgelegt werden, die mindestens folgende Punkte enthalten:

1 Nähere Beschreibung der Teilaufgabe
2 Zusammenhang mit anderen Tätigkeitsbereichen
   a) Welche Arbeitsunterlagen werden verwendet?
   b) Woher kommen diese?
   c) Wohin gehen diese nach Bearbeitung?
   d) Welche Bearbeitung wird vorgenommen?
   e) Fehlermöglichkeiten, bereits vorgekommene Fehler und deren Auswirkungen?
3 Anordnungs- und sonstige Verkehrswege
   a) Wem sind Sie disziplinarisch unterstellt?
   b) Wem sind Sie sachlich unterstellt?
   c) Welche Verkehrswege sind vorgeschrieben (z. B. Investitionsantrag auf dem Dienstweg)?
   d) Zusammenarbeit mit welchen Stellen bzw. Personen?
   e) Wer kontrolliert Ihre Arbeit?
   f) Welche Arbeiten kontrollieren Sie?

4 Termin- und Bearbeitungszeitvorschriften
5 Verwendete Formulare

Die beste Darstellung des Ergebnisses der Istaufnahme sind Schaubilder der Aufbauorganisation mit den disziplinarischen und sachlichen Unterstellungsverhältnissen aller mit Investitionsfragen befaßten Stellen, in der auch möglichst die weiteren Informationswege verzeichnet sind (totales Organigramm). Arbeitsablaufschaubilder zeigen alle bearbeitenden Stellen nebst der verwendeten Unterlagen in der Arbeitsfolge. In den Anlagen 31, 32, 33 sind derartige Schaubilder (als Beispiel für einen mittleren Industriebetrieb) wiedergegeben. Das Beispiel wurde so gewählt, daß es die wesentlichen Elemente eines typischen Istzustandes enthält.

202 Ursachen der Schwachstelle:

Der Mensch hat die Eigenschaft, das Naheliegende gegenüber dem Fernerliegenden als vorrangig zu betrachten. In unserer modernen industriellen Gesellschaft kann diese Einstellung, die sich unter einfacheren Bedingungen sogar bewährt haben mag, katastrophale Folgen haben. Man denke nur daran, daß ein Forschungsvorhaben sofort bei Inangriffnahme Ausgaben und Aufwendungen verursacht und erst sehr viel später den Erfolg in Gestalt neuer oder verbesserter Produkte oder neuer und verbesserter Herstellungsverfahren positiv beeinflußt. Unterläßt man z. B. im Sinne der oben skizzierten Grundhaltung die Forschung, so verbessert man wohl kurzfristig die Liquiditäts- und Erfolgslage des Unternehmens; langfristig setzt man aber die Wettbewerbsfähigkeit und damit die Existenz des Unternehmens aufs Spiel. So klar und selbstverständlich sich dieser Zusammenhang anhören mag, so wenig wird tatsächlich danach gehandelt, indem langfristige Überlegungen einfach kurzfristigen (scheinbaren!) Notwendigkeiten gegenüber zurückstehen müssen.

Alle Fragen der Investitionsplanung und Investitionspolitik haben einen ausgesprochen langfristigen Charakter und laufen deshalb Gefahr, Opfer dieser kurzfristigen und kurzsichtigen Denkweise zu werden. Bedenkt man noch, daß auch organisatorische Regelungen auf allen Gebieten einen langfristigen Charakter haben, so wird klar, daß die Organisation des Investitionsbereiches besonders „gefährdet" ist.

Ausreden zur Rechtfertigung dieser Verhaltensweise sind schnell zur Hand. Dabei sind derartige Rechtfertigungen an sich schon ein bescheidenes positives Zeichen; setzen sie doch voraus, daß man sich wenigstens des Mangels bewußt ist und die Handlungen rational zu untermauern versucht. So kann man gegen die langfristige Planung die Schwierigkeit der Beschaffung geeigneter Prognose-Informationen anführen. Gegen Planung und Organisation wird gern argumentiert, man müsse elastisch bleiben, man sei schließlich „keine Behörde". Abgesehen von dem Denkfehler, daß bei dem letztgenannten Argument Planung und Organisation mit schlechter (da nicht flexibler) Planung und mangelhafter (da starrer) Organisation gleichgesetzt werden, verbergen sich hinter diesen Ausreden ganz andere Zusammenhänge.

Zunächst ist festzuhalten, daß im Betrieb die Investitionsentscheidungen normalerweise den oberen Leitungsorganen vorbehalten sind. Die Angehörigen dieser Organe wenden in der Regel nicht die Zeit und Mühe auf, um sich in die neuen Methoden der Investitionsplanung, Investitionsentscheidung und Organisation des Investitionswesens hineinzuarbeiten. Der Anstoß, die Dinge neu zu gestalten, dürfte also häufig „von unten" (und dazu noch von den „Kaufleuten") kommen und begegnet schon deshalb leicht Mißtrauen. Laufen doch die Neuregelungen letzten Endes auf die Forderung hinaus, das Entscheidungsgremium solle sich einer Rechnung unterwerfen, die es selbst nicht oder nur zum Teil versteht. Weiterhin eröffnet eine zielgerechte Organisation des Investitionswesens die Möglichkeit einer weitgehenden Kontrolle und Kritik dieses den oberen Organen vorbehaltenen Bereiches, was nicht in jedem Fall erwünscht sein mag. Es braucht sich hinter der Abneigung gar nicht die Sorge zu verbergen, Fehlentscheidungen könnten entdeckt werden; sie kann auch Ausdruck einer etwas romantisch-mystischen Einstellung zur Funktion des selbständigen (oder auch angestellten) Unternehmers sein. Auch hier ist wieder eine Komponente menschlicher Grundhaltung im Spiel. So sehr man als „Unternehmer" die Wege zu rationalen Entscheidungen bejaht und nach außen hin herausstellt, so sehr ist man sich doch seiner Intuition und seines sicheren Fingerspitzengefühles bewußt. Man möchte die Entscheidungen anderer wohl gern nachvollziehen können, glaubt aber, das sei für die eigenen Entscheidungen in bezug auf andere Personen durchaus entbehrlich.

So liegen die letzten Ursachen organisatorischer Mängel – wie bereits erwähnt – im menschlichen Bereich. Daraus ist die Erkenntnis abzuleiten, daß die Therapie auch bei der Haltung, insbesondere der oberen Leitungsorgane, ansetzen muß. Bevor hierzu nähere Ausführungen gemacht werden, sei noch auf einige von G. A. Steiner[2] herausgestellte Schwachstellen der langfristigen Planung verwiesen, die ebenfalls die überragende Bedeutung der menschlichen Grundhaltung gegenüber diesen Fragen zeigen. Er stellt u. a. folgende Mängel heraus:

1 *Mängel, die das Verstehen und Durchschauen des Planungsprozesses betreffen*
Fehlendes Interesse und mangelnde Unterstützung durch die Unternehmensleitung.
Entscheidungen der Unternehmensleitung werden ohne Berücksichtigung der Planung getroffen.
Unfähigkeit, die Aufgaben und Befugnisse der Planungsabteilungen in den verschiedenen Führungsebenen eindeutig festzulegen.
Mangelndes Verständnis dafür, daß eine langfristige Unternehmensplanung nicht über Nacht eingeführt werden kann und daß von ihr keine Wunder zu erwarten sind.
Mangelndes Verständnis dafür, daß eine langfristige Unternehmensplanung kontinuierlich durchgeführt werden muß und daß sie nicht von Fall zu Fall erstellt werden kann.
Mangelnde Beachtung der Tatsache, daß die Planung Veränderungen herbeiführt und daß eine gegenseitige Beeinflussung von Plan und Wirklichkeit erfolgt.
Fehlendes Verständnis dafür, daß eine langfristige Unternehmensplanung nicht von außen her eingepflanzt werden kann und dann ohne weiteres funktionsfähig ist.

2 *Mängel, die die Organisation des Planungsprozesses betreffen*
Die Organisation ist nicht planungsbewußt.
Fehlendes Verständnis für Organisation, Befugnisse, Vorgehensweisen und Terminologie der Planung.
Die Pläne werden nur mangelhaft in schriftlicher Form niedergelegt und den interessierten Stellen nicht zur Verfügung gestellt.

---

[2] Vgl. Steiner, George A., How to assure poor long-range planning for your company, California Management Review, 4/1965, S. 93 f.

Mangelndes Organisationskonzept

Der Leiter der Planungsabteilung ist nicht gehalten, der Unternehmensleitung und anderen Führungskräften zu berichten.
Es hängt zuviel von einer Person oder von bestimmten Gremien ab.
Die Mitarbeit derjenigen Personen, die für die Planerstellung herangezogen werden müssen, ist nicht sichergestellt.
Fehler bei der Bildung geeigneter Planungsstäbe in den Zweigwerken eines Unternehmens.

Zu den mannigfaltigen psychologischen Ursachen organisatorischer Mängel kommen sachliche Gegebenheiten, die zumindest verstärkend wirken. Es sind hier echtes Unvermögen und die Starrheit einer eingefahrenen „bewährten" Organisation zu nennen. Auch muß berücksichtigt werden, daß die Bedeutung von Investitionsfragen erst in neuerer Zeit mehr und mehr herausgestellt wurde.

203 Therapie:

Entsprechend der Bedeutung menschlich-psychologischer Faktoren ist die Beeinflussung der Grundhaltung vor allem der leitenden Personen der Kern jeder erfolgversprechenden Therapie. Es muß die Einsicht wachsen, daß ein geeigneter organisatorischer Rahmen erforderlich ist, und es muß der Wille vorhanden sein, dieser Einsicht gemäß zu handeln.

Um dieses Ziel zu erreichen, erscheint es notwendig, die wesentlichen Grundkenntnisse der modernen Investitionsrechnung und Investitionsplanung auch an die Personen zu vermitteln, die sich normalerweise nicht mehr mit „Einzelheiten" zu befassen brauchen. Ein Mindestmaß an Wissen und Können ist notwendig, um die unbestimmte Abneigung gegen nicht ganz verstandene Neuerungen zu verhindern und eine echte Kommunikation zwischen den Angehörigen der verschiedenen Ebenen eines Betriebes zu ermöglichen.

Ist das Feld, sei es durch unauffällig belehrende Gespräche, sei es durch regelrechte Kurse oder Bereichsplanspiele[3], entsprechend vorbereitet, so kann es an die sachliche Organisationsarbeit gehen. Dazu ist zunächst die Konzeption des Sollzustandes zu erarbeiten, dann ist der Sollzustand einzuführen und auf dem Wege laufender Überwachung zu verbessern und den sich ändernden Betriebs- und Umweltbedingungen anzupassen. Stets sollte die Einführung des Sollzustandes mit einer laufenden Schulung aller Beteiligten verbunden werden.

Der Sollzustand richtet sich im wesentlichen nach den Verhältnissen des einzelnen Betriebes. Es lassen sich jedoch einige allgemeine Gestaltungshinweise geben:

1 Die Einreichung von Investitionsvorschlägen sollte grundsätzlich allen Betriebsangehörigen erlaubt sein, ja, die Initiative sollte gefördert werden, um keine mögliche Alternative auszulassen, und um alle Mitarbeiter zum Mitdenken und zur Mitarbeit anzuregen (vgl. Anlage 33).
Die Zusammenfassung der Vorschläge zu Anträgen und die Vorauswahl sollte innerhalb bestimmter Investitionsbereiche zentral erfolgen, um eine erste Koordinierung zu bewirken und um die Informationen zur Beurteilung der Vorschläge zu ergänzen.

---

[3] Am Institut für Angewandte Betriebswirtschaftslehre-Unternehmensführung der Universität Karlsruhe sind spezielle Planspiele für den Investitionsbereich entwickelt worden (LESKA-122, LESKA-171), LESKA = Lehrspiel Karlsruhe.

2 Mit Rücksicht auf die erforderliche Abstimmung der Investitionsplanung mit den übrigen Planungsbereichen, sollten für die einzelnen Schritte der Investitionsentscheidung und Investitionsplanung Verantwortliche bestimmt und Bearbeitungstermine gesetzt werden. Dabei muß aber die Möglichkeit der Behandlung von Projekten „außer der Reihe" ausdrücklich vorgesehen werden. Durch entsprechende Vorschriften ist dafür zu sorgen, daß diese Sonderfälle nach den gleichen Kriterien wie die Normalfälle beurteilt werden. Über die grundsätzlichen Gestaltungsmöglichkeiten der Planung unterrichtet Anlage 2.

3 Zur Sicherung der Objektivität muß die Investitionsrechnung, zumindest deren Kontrolle, durch eine von den Antragstellern unabhängige, sachverständige Person oder Stelle, die auch in der Beschaffung der notwendigen Informationen weitgehend von den Antragstellern unabhängig ist, erfolgen.

4 Dem Entscheidungsgremium sind die Investitionsvorhaben in Präferenzlisten nach klar definierten Kriterien geordnet vorzulegen. Die Einordnung der Investitionen in diese Listen muß in allen Punkten nachvollziehbar sein, etwaige subjektive Kriterien sind als solche zu kennzeichnen und möglichst durch Einholung mehrerer Urteile zu objektivieren.

5 Die Investitionsentscheidung muß alle betriebspolitisch bedeutsamen Kriterien heranziehen. Die Gründe für die Ablehnung von Anträgen sind den Antragstellern zu nennen und zu erläutern. Genehmigte Anträge sind hinsichtlich der Durchführung und hinsichtlich des Eintretens der bei der Entscheidung eingesetzten Erwartungen durch eine unabhängige Stelle zu überwachen („Rückmeldung").

6 Für Investitionsfragen muß eine Person oder Stelle zumindest für die zentrale Koordinierung der Belange aller Beteiligten und Interessierten dem oberen Leitungsorgan voll verantwortlich sein.

7 Für die laufende Verbesserung der im Investitionsbereich benötigten Informationen muß ebenfalls eine Person oder Stelle verantwortlich sein. Sie kann, aber muß nicht mit der Koordinierungsstelle identisch sein. Auf jeden Fall muß die Stelle von den Antragstellern unabhängig sein, um die Manipulationsgefahr so gering wie möglich zu halten.

8 Für einen reibungslosen Arbeitsablauf sind Arbeitsablauf- und Funktionsbeschreibungen schriftlich festzulegen und allen Beteiligten auszuhändigen. Zur Verbesserung der Arbeitsunterlagen sind geeignete Vordrucke zu entwickeln.

Im folgenden Abschnitt wird ein Modell der Organisation des Investitionsbereiches auf der Grundlage der Regelkreis-Analogie entwickelt.

21 Das Fehlen geschlossener Wirkungskreise

210 Art der Schwachstelle:

Es handelt sich hierbei um einen Mangel der Organisation und Kommunikation, der mit weitergehenden Organisationsmängeln verbunden sein kann, aber auch isoliert auftritt. Im letztgenannten Fall kann der Arbeitsablauf, beginnend bei den Investitionsanträgen über Rechnung, Planung und Entscheidung durchaus befriedigend festgelegt sein, die Entscheidungen können auf der Grundlage eines rationalen Kalküls fallen, die Durchsetzung der Entscheidung kann sorgfältig überwacht werden; das wesentliche Glied eines Regelkreises, die Rückmeldung (vgl. Anlage 1), fehlt aber. Ohne Rückmeldung ist aber kein geschlossener Wirkungskreis möglich. Es wird bei Fehlen der Rückmeldung nicht geprüft, wieweit die Erwartungen des Kalküls auch tatsächlich eintreten, welche Abweichungen zu verzeichnen sind, auf welchen Ursachen die Abweichungen beruhen und welche organisatorischen Mängel vorliegen. Mit der Ermittlung von Soll-Ist-Abweichungen und ihrer Ursachen im Rahmen der Investitionsentscheidungen werden im wesentlichen drei Zwecksetzungen verfolgt[4]:

1 Verbesserung zukünftiger Entscheidungen bei ähnlichen Investitionen – Vermeidung von begangenen Fehlern.

2 Verminderung der Manipulationsmöglichkeiten bei Investitionsvorrechnungen, d. h. der Möglichkeiten bewußt falscher Schätzungen aus persönlichen oder abteilungsegoistischen Motiven.

3 Nachträgliche Korrektur unerwünschter Entwicklungen bei einzelnen Projekten. Wegen des langfristigen Charakters der Investitionsentscheidung ist jedoch eine nachträgliche Korrektur nicht immer möglich.

Mit der Auswertung von Rückmeldungen über die Aufbau- und Ablauforganisation sollen Schritte zur Verbesserung der Organisation (im Sinne eines Lernprozesses) eingeleitet werden. Ohne Rückmeldungen ist auch kein Lernprozeß und kein methodisches Ansteuern von Optima möglich.

Theoretisch, im Sinne der Analogie Betrieb–Regelkreissystem, bedeutet das Fehlen der Rückmeldung (Regelgröße, feed-back) das Fehlen jenes Elementes, durch das ein Steuerungsprozeß zu einem Regelungsprozeß wird. Erst mit einem Regelungsvorgang kann aber die Annäherung an die Führungsgröße sichergestellt werden. Im Investitionsbereich kann als Führungsgröße allgemein diejenige quantitative und qualitative Zusammensetzung des Anlagevermögens einer Unternehmung verstanden werden, die unter den gegebenen Umweltbedingungen die übergeordnete Zielfunktion maximiert. Das bedeutet z. B., daß für ein Investitionsvorhaben eine gewisse Mindestrentabilität gefordert wird, die sich an der Gesamtrentabilität des Unternehmens orientiert.

Die hier vertretene Auffassung entspricht den Denkmodellen, die auf dem kybernetisch-betriebswirtschaftlichen Grenzgebiet immer breitere Anwendung finden[5]. Danach versteht man unter *Steuern* das Beeinflussen einer Größe durch eine andere, von ihr unabhängige Größe (Festlegung von Mitteln im Anlagevermögen und Freisetzung von Mitteln). Beim *Regeln* wird der Wert der beeinflußten Größe fortlaufend erfaßt und mit dem Wert einer Vergleichsgröße (Führungsgröße) verglichen. Aus dem Ergebnis des Vergleiches wird eine neue Größe abgeleitet, die die zu regelnde Größe in Richtung des Wertes der Vergleichsgröße führt (die Auswirkungen der Investitionsentscheidungen werden verfolgt und mit den Zielvorstellungen, z. B. der Erreichung einer bestimmten Rentabilität, verglichen; aus dem Vergleich werden neue Maßnahmen abgeleitet).

---

[4] Vgl. Lüder, K., Die Investitionskontrolle, DB 1966, S. 1141 f.
[5] Vgl. Mann, H., Steuern, Regeln und Automatisieren für die betriebliche Anwendung, Wiesbaden 1962, S. 1 f.
Vgl. auch Beer, St., Kybernetik und Management, deutsche Übersetzung, 3. Aufl., Frankfurt a. M. 1967, S. 23.

12 Spezielle Schwachstellen im Investitionsbereich

211 Diagnose:

Was für organisatorische Mängel im allgemeinen gilt, gilt auch für spezielle Mängel: Der sicherste Weg zu ihrer Ermittlung ist die Organisationsprüfung. Nach Klärung der Grundfragen „Werden Rückmeldungen insbes. zum Erfolg der Investitionen und zur Organisation des Investitionsprozesses erarbeitet?", „Liegen dafür bestimmte Arbeitsabläufe fest?", „Sind besondere Arbeitsanweisungen vorhanden?" ist in diesem Teilbereich der Organisationsprüfung insbesondere auf folgende qualitative Momente zu achten:

Sind die Personen bzw. Stellen, die mit der Erarbeitung der Rückmeldungen befaßt sind, auch unabhängig genug, um ohne Rücksicht auf die Bedenken gleich-, nach- oder übergeordneter Stellen ihre Feststellungen treffen zu können?

Ist sichergestellt, daß sich die Errechnung der Daten für die Investitionsentscheidungen in der Weise vollzieht, daß die Rückmeldungen mit den Entscheidungsunterlagen vergleichbar sind?

Besteht ein Zwanglauf in den Rückmeldungen dergestalt, daß nach angemessener Zeit alle wesentlichen Projekte nachgerechnet und alle organisatorischen Regelungen kritisch überprüft werden?

Ist sichergestellt, daß aus den Rückmeldungen auch tatsächlich Schlußfolgerungen (im Sinne der obengenannten Zwecksetzungen) abgeleitet werden?

Bei der Vornahme von Organisationsprüfungen, die von unternehmenseigenen oder selbständigen Prüfern durchgeführt werden können, liegt in der Regel ein Auftrag des oberen Leitungsorgans oder des Aufsichtsorgans der Unternehmung vor. Es ist freilich auch möglich, daß durch das Bekanntwerden von Fehlinvestitionen die Aufmerksamkeit der Öffentlichkeit (oder der Aktionäre bzw. Anteilseigner im speziellen) auf Mängel im Investitionsbereich gelenkt wird. Dann ist es meist nicht nur zu spät, um die einzelnen Fehlinvestitionen zu korrigieren, es ist dann auch dem Unternehmen bereits erheblicher Schaden durch Schädigung seines Ansehens in der Öffentlichkeit zugefügt. Eine solche Entwicklung zu verhindern, ist die vorbeugende Aufgabe einer guten Organisation.

212 Ursachen der Schwachstelle:

Zwar eine Ausnahme, aber eine zu besonders hartnäckigen Mängeln führende Ursache fehlender Rückmeldungen, ist die bewußte Vermeidung der Rückmeldung, sei es um etwaige Fehler des oberen Leitungsorganes zu verschleiern, sei es um Entscheidungen, die zur Erreichung privater Zielsetzungen gefällt wurden, zu verbergen.

Harmloser, die Belehrbarkeit der Leitungsorgane vorausgesetzt, ist die einfache Unkenntnis dieser Zusammenhänge oder eine Fehlhaltung, die insbesondere aus folgenden falschen Anschauungen bezüglich der Nachrechnung getätigter Investitionen resultieren kann:

Wenn Investitionen erst einmal durchgeführt sind, sei ohnehin nichts mehr zu ändern, und es habe keinen Zweck, Dinge zu behandeln, die man doch nicht ändern kann.

Es sei rechnungstechnisch nicht – oder nur mit ziemlichen Fehlern – möglich, die Auswirkungen einer einzelnen Investition aus den mannigfaltigen Zusammenhängen des betrieblichen Geschehens zu isolieren.

Die laufende Überwachung der Rentabilität und der Wirtschaftlichkeit des Be-

Das Fehlen geschlossener Wirkungskreise 13

triebes zeige auch die Auswirkungen der Investitionspolitik, so daß besondere Rückmeldungen in diesem Bereich nicht notwendig seien.

Es ist überraschend, aber durchaus zutreffend, daß diese Auffassungen nebeneinander bestehen können, obwohl sie sich in gewisser Beziehung widersprechen. Während in den ersten Thesen die zweifellos vorhandenen rechnungstechnischen Schwierigkeiten vergrößert und vergröbert werden, tritt in der dritten These eine naive Gläubigkeit an die Aussagekraft des konventionellen Rechnungswesens zutage. Diese Überschätzung beruht auf einer fehlenden Analyse der tatsächlichen Auswertbarkeit der Erfolgsrechnung. Dies kann so weit gehen, daß man schon die *Erstellung* möglichst „genauer" (d. h. rechnungstechnisch genauer) Kostenberichte für ausreichend hält, selbst wenn sie im Regelfall unbeachtet in den Registraturen verschwinden.

Die Erarbeitung und Auswertung spezieller Rückmeldungen über die Bewährung der Organisation des Investitionsbereiches („Metarückmeldungen") ist im allgemeinen noch nicht üblich. Wenn derartige Informationen erarbeitet werden, dann gelegentlich der materiellen Prüfung getätigter Investitionen oder im Rahmen von Organisationsprüfungen unterschiedlicher Thematik.

213 Therapie:

Bei der Festlegung des organisatorischen Rahmens ist auf die Sicherstellung einer Nachrechnung in angemessenem Abstand von der Investitionsentscheidung zu achten. Die Nachrechnung muß vergleichbare Größen erarbeiten. Der formelle Unterschied zur Entscheidungsunterlage besteht darin, daß Sollwerte (im Sinne von Prognose- oder Vorgabewerten) für den bereits abgelaufenen Zeitraum durch Istwerte ersetzt werden. Für die Restlebensdauer des betreffenden Investitionsobjektes können verbesserte Sollwerte eingesetzt werden[6]; allerdings hat dieses Vorgehen den Nachteil, daß Abweichungen dann sowohl Soll-Ist- als auch Soll-Soll-Abweichungen sein können.

Was unter einem „angemessenen" Zeitabstand, nach dem die Rechnung durchzuführen ist, verstanden werden kann, richtet sich nach den Verhältnissen des einzelnen Betriebes. Es kann sich auch als notwendig erweisen, ein Projekt nicht nur einmal, sondern mehrmals während seiner Lebensdauer nachzurechnen[7]. Wegen der dabei anzuwendenden Rechenverfahren sei auf die Abschnitte 3 folg. verwiesen. Abweichungen zwischen Vor- und Nachrechnung sind nach Perdunn[8] besonders häufig auf folgende Ursachen zurückzuführen:

Transportkosten und Kosten der Beanspruchung von Fremdleistungen bei der Aufstellung von Maschinen können von der Unternehmung nicht beeinflußt werden und sind daher häufig zu niedrig angesetzt.

Die Schulung des Personals macht mehr Schwierigkeiten als vorhergesehen wurde.

Die durch Anlaufzeiten, Maschinenstörungen oder Ausschuß verursachten Kosten wurden unterschätzt.

Die Erwartungen über die Lebensdauer der Projekte wurden eher zu niedrig als zu hoch angesetzt.

---

[6] Vgl. dazu auch Albach, H., Wirtschaftlichkeitsrechnung, in: Handwörterbuch der Sozialwissenschaften, Band 12, Stuttgart–Tübingen–Göttingen 1965, S. 74.
[7] Vgl. Lüder, K.: Die Investitionskontrolle, a. a. O., S. 1143.
[8] Vgl. Perdunn, Richard F., Capital Investment and Large Projects, Financial Executive, 6/1965, S. 17.

Die Nebenkosten wurden erst nach dem Einbau der neuen Anlage in der vollen Höhe erkannt (z. B. Einbau von Schalldämpfungsvorrichtungen, Umstellung des elektrischen Leitungsnetzes wegen Überlastung).

Hervorzuheben ist, daß von einer Auswertung von Abweichungen erst dann gesprochen werden kann, wenn die Informationen in konkrete Handlungen umgesetzt werden.

Die bei der Schwachstelle „Verwässerung des Bewilligungsverfahrens" behandelten Therapien sind auch im Hinblick auf ihre Eignung zur Schaffung von Rückmeldungen zu prüfen.

Die Tätigkeit des Organisierens muß sich auch an dem Idealmodell des Regelkreissystems orientieren. Danach wird – wie in Anlage 1 dargestellt – der Betrieb als ein übergeordnetes Regelkreis-System einer Hierarchie von Regelkreis-Subsystemen (z. B. Produktgruppen A, B, C, diese untergliedert nach Funktionen usw.) aufgefaßt.

Aus der Regelkreis-Analogie wird abgeleitet, welche Informationen an wen von wem wann zu vermitteln sind, damit ein geschlossener Wirkungskreis zur Realisierung bestimmter Zielvorstellungen entsteht. „Ableiten" heißt freilich nicht, daß sich die erforderlichen Informationsinhalte der Istinformationen (Regelgrößen), Sollinformationen (Vorgaben, Ziele, Maßnahmen) und der Unterlagen für die in den Reglern zu vollziehenden Entscheidungen *zwangsläufig* aus einem idealtypischen Modell für einen gegebenen Betrieb ergeben. Das den organisatorischen Anforderungen entsprechende Realsystem ist vielmehr erst das Ergebnis eines organisatorischen Lernprozesses eines „Meta-Regelkreissystems".

Das vertikal und horizontal vermaschte System wird in seinen informationellen Zusammenhängen dazu wieder als Gegenstand eines Regelprozesses, als Regelstrecke aufgefaßt. Das System „lernt" durch methodisches Auswerten der Rückmeldungen über die Bewährung der vermittelten Informationen, seine Strukturen und Abläufe immer mehr einem Optimum anzunähern. Das Organisations-Optimum wird als Annäherung an die Erfüllung der in einem Katalog festgelegten Anforderungen gesehen. Dieser Katalog ist seinerseits wieder Gegenstand eines übergeordneten Lernprozesses. Dieses hier als Metasystem bezeichnete organisatorische Lernsystem bewirkt also eine schrittweise Annäherung an die Erfüllung der Anforderungen. Auf die Einrichtung eines Berichtswesens, das „in einem Wurf" optimal angelegt ist, wird also bewußt verzichtet. Das bedeutet freilich nicht, daß man nicht schon im ersten Schritt eine weitgehende Erfüllung der im Anforderungskatalog festgelegten Eigenschaften des Kommunikationssystems anstreben sollte. Die weiteren Zusammenhänge ergeben sich aus Anlage 30.

Der Anforderungskatalog (A), der die anzustrebenden Eigenschaften des Investitionsbereiches enthält, wird zunächst im „Modell" (B) z. B. in Gedankenexperimenten getestet (01); nur Anforderungen, die in der Modellanalyse in Bezug auf die Gesamtzielsetzung (00) der Auslese standhalten (05), werden im Anforderungskatalog aufgenommen (02), der von dem Leitungsorgan in Zusammenarbeit mit allen beteiligten Stellen aufgestellt wird. Der Anforderungskatalog ist Gegenstand des Lernprozesses im Leitungsorgan (L), das dazu Rückmeldungen auszuwerten hat (Fragestellung: Entsprechen die geforderten Eigenschaften der Führungsgröße? Entsprechen die geforderten Informationen dem Bedarf?). Die Rückmeldungen zum Anforderungskatalog A kommen teils direkt aus dem betroffenen Bereich (17), insbesondere über Organisationsprüfungen, die von möglichst unabhängigen Stellen durchgeführt werden. Teils kommen sie von der Stelle, die für die

Das Fehlen geschlossener Wirkungskreise 15

Organisation verantwortlich ist (18). Selbstverständlich enthält der Kommunikationskanal (17) auch Meldungen, die von dem zu organisierenden Bereich selbst kommen, dann aber, um das hierarchische System nicht zu stören, ebenfalls an (0) gehen müssen (16). Der Organisator, beziehungsweise die organisierende Stelle (0) versucht, durch entsprechende Gestaltung der Organisation und des Berichtswesens (also durch Festlegung was, wann, wie, von wem, an wen zu berichten ist), die Forderungen des Anforderungskataloges (10) zu realisieren (11, 12). Auch (0) schaltet der Realisierung möglicher Alternativen eine Modellanalyse vor (11, C, 15). Alternativen, die mit hoher Wahrscheinlichkeit die Erfüllung der Katalogforderungen (A, 10) erwarten lassen, werden realisiert (12). Über die tatsächliche Bewährung unterrichten Rückmeldungen über Kanal (16) (Fragestellung: Werden durch Vermittlung der Informationen und durch die übrigen organisatorischen Festlegungen die Anforderungen laut Katalog erfüllt?). Die Alternativen (01, 11) sind Ergebnisse kreativer Akte. Die Kreativität kann methodisch gefördert werden, zum Beispiel durch Brainstorming oder Analogiebetrachtungen.

An einem einfachen *Beispiel* sollen diese Zusammenhänge näher erläutert, zugleich soll damit gezeigt werden, wie konkrete organisatorische Regelungen aus dem idealtypischen Regelkreismodell abgeleitet werden können.

Es handele sich um einen mittleren Großbetrieb (Kapitalgesellschaft) der Industrie mit mehreren Werken und einer eigenen Vertriebsorganisation mit mehreren örtlich zuständigen Verkaufsbüros. Die Aufbauorganisation mit einer Gliederung nach Grundfunktionen in der oberen Leitungsebene sei gegeben (die für das Beispiel wesentlichen Teile sind in Anlage 31 dargestellt). Die Investitionsvorhaben werden in Klein- und Normalinvestitionen gegliedert. Im Sinne einer sinnvollen Delegierung von Aufgaben und Verantwortung wird über Kleininvestitionen in der Werkleiter- oder Hauptabteilungsebene entschieden. Über Normalinvestitionen entscheidet im Rahmen der mittel- bis langfristigen Planung das obere Leitungsorgan (vgl. Arbeitsablaufschaubild Anlage 33).

Unter Investitionsbereich, dessen Informationszusammenhänge zu gestalten sind, werden – entsprechend der bereits gegebenen Definition – alle irgendwie Investitionsaufgaben gänzlich oder zum Teil einschließenden Teilaufgaben des Gesamtbetriebes ohne Rücksicht auf die jetzige oder spätere aufbauorganisatorische Zuordnung verstanden.

Die Gliederung der Teilaufgaben und die Zuordnung an Aufgabenträger erfolgt in zwei Schritten: In der „1. Zuordnung" an fingierte Aufgabenträger, die den Erfordernissen des Regelkreises entsprechen; in der „2. Zuordnung" an gegebene oder erst noch zu schaffende Institutionen. Der letzte Schritt kann hier mangels exakter Beschreibung des Beispiel-Betriebes nur skizziert werden.

Zunächst wird nach dem Regelkreis-Idealmodell die Struktur des zu organisierenden Bereiches im Sinne eines Prinzipskizze (Anlage 32) dargestellt. Daran schließt sich die Konzeption des Hauptarbeitsablaufes, der aus der Aufgabenstellung abgeleitet werden kann, an (Abbildung 33). Es gilt nun die auf den konkreten Aufgabenbereich übertragene idealtypische Lösung schrittweise den individuellen Gegebenheiten des Realsystems anzupassen. Dazu müssen zunächst aus den allgemeinen Unternehmenszielen die langfristigen Teilziele des zu organisierenden Bereiches – hier also des Investitionsbereiches – abgeleitet werden. Die Bestimmung der Ziele erfolgt für den Bereich der Investitionstätigkeit als Komponente der laufenden Unternehmenstätigkeit sowie für den Metabereich, d. h. für die Gestaltungsaufgabe des Organisierens. Die Ziele werden durch Erfüllung bestimmter Aufgaben angesteuert. Diese Zusammenhänge sind in der folgenden Tabelle A dargestellt. Die Ziele im Metabereich entsprechen dabei dem Anforderungskatalog als Führungsgröße des Organisators.

Tabelle A: Teilziele und Teilaufgaben im Investitions-Meta- und Primärbereich

Ziele Metabereich

1 Rechtzeitiges Auslösen von Entscheidungen und Maßnahmen
2 Sicherung optimaler Investitionsprogramme bzw. optimaler Investitionsentscheidungen
3 Herstellung eines Koordinierungszwanges
4 Praktikable Abgrenzung von Klein- und Normalinvestitionen
5 Sicherung zweckorientierter, insbes. manipulationsfreier Kommunikation
6 Optimale Arbeitsablauf- und Formulargestaltung
7 Aktivierung aller Mitarbeiter für kreative Aufgaben
8 Optimaler Einbau von Kontrolle und Revision.

Ziele Primärbereich

1 Aufstellung der Gesamtzielsetzung adäquater Investitionspläne nach Objekten, Objektgruppen und Ausgaben gegliedert zur Sicherung einer optimalen Anlagenausstattung des Betriebes (Bereitstellungsaufgabe)
2 Vorgabe von investitionsabhängigen Soll-Gewinnen
3 Vorgabe eines investitionsabhängigen Rückflusses (cash-flow)
4 Vorgabe von Rentabilitäten und anderen Kennzahlen
5 Vorgabe von Einnahmen- und Ausgaben-Budgets.

Aufgaben Metabereich

1 Zuordnung der Teilaufgaben an Stellen bzw. Institutionen
2 Festlegung von Arbeitsabläufen für alle Vorgänge mit geringer Variabilität
3 Festlegung von Richtlinien und Vorschriften für alle Vorgänge
4 Gestaltung der Formulare und laufende Verbesserung
5 Aufbau geschlossener Regelkreise.

Aufgaben Primärbereich

1 Unterbreitung und Bearbeitung von Investitionsvorschlägen
2 Datenerarbeitung bzw. Datenbereitstellung für Vorrechnungen
3 Durchführung von Vorrechnungen
4 Kontrolle von Vorrechnungen
5 Vorauswahl
6 Vorabstimmung mit Gesamtplanung
7 Entscheidungen über einzelne Objekte
8 Entscheidungen über Investitionspläne
9 Abstimmen mit Gesamtplanung
10 Durchsetzen, d. h. zielgemäßes Realisieren der Pläne mit Kontrollen.

Investitionsüberwachung:

11 Datenerarbeitung bzw. Datenbereitstellung für Nachrechnungen
12 Prüfen und Kontrollieren
13 Berichten über Prüfungen und Kontrollen
14 Überwachungsberichte auswerten.

Die Aufgaben müssen dann bestimmten Aufgabenträgern zugeordnet werden. Da der Betrieb normalerweise nicht konsequent nach dem Regelkreismodell aufgebaut ist, müssen nun die sich aus den Anforderungen des Regelkreises ergebenden Bedingungen auf die reale Betriebsorganisation – unter Berücksichtigung der zulässigen Änderungsmöglichkeiten – übertragen werden. Das erfolgt – wie bereits erläutert – in zwei Stufen, indem die sich aus dem Idealmodell ergebenden Stellen Schritt für Schritt (1. und 2. „Zuordnung") konkretisiert werden; wie es in den folgenden Tabellen B, C, D gezeigt wird. Die Tabellen enthalten zugleich eine Aufstellung des Maßnahmenrepertoires, des Repertoires an Entscheidungen bzw. Entscheidungsmöglichkeiten und an Informationen.

Tabelle B: Die Elemente des Regelkreises – Primärbereich – und ihre organisatorische Realisierung

Elemente des Modelles	1. Zuordnung an fingierte Institutionen	2. Zuordnung an gegebene Institutionen	Repertoire an Entscheidungen und Maßnahmen sowie Informationen
Regler	Entscheidungs- und Überwachungsverantwortliche für alle Investitionen	Ob. Leitungsorgan für Normalinvestitionen und deren Nachträge sowie für Korrekturmaßnahmen verantw.; Werkleitung sonst. Leitungen Hauptabteilung für Kleininvestitionen	Investitionsentscheidungen als Vorentscheidungen und endgültigen Entscheidungen, Vorgabe in Plänen Anordnungen Anregungen Anfragen Prüfungsaufträge Sonstige Soll- und Istinformationen
Regelstrecke	Anlagenpark im weitesten Sinne, d. h. einschl. Grundstücke und Geb., gebundene Teile des Umlaufvermögens, gegliedert nach nutzenden Stellen	Alle mit Anlagen i. w. S. ausgestatteten Institutionen des Betriebes, gegliedert lt. Organigramm	
Stellglied	Leitungen der Nutzer bzw. Verantwortliche für die Realisierung der Vorgaben i. w. S.	Werkleitungen in Kooperation mit Leitungen der Fertigungsabteilungen. Leitungen der Hauptabteilungen in Koop. mit Abteilungsleitungen	Mittelentscheidungen Lieferantenauswahl, Bestellung und Lieferkontrolle, Installation und Inbetriebsetzung, laufender Betrieb Pläne und Anordnungen, Meldungen
Meßglied	Alle, die Anlagenrelevante Tatbestände in Informationen umsetzen	Werkstattschreiber, Kfm. Werkleiter, entspr. Verantwortliche in Hauptabteilungen, Überwachungsorgane, alle Mitarbeiter	Laufende Berichterstattung, Berichterstattung auf Abruf, Speziell erarbeitete Unterlagen, Verbesserungsvorschläge.

Tabelle C: Die Elemente des Regelkreises – Metabereich – und ihre organisatorische Eingliederung

Elemente des Modelles	1. Zuordnung an fingierte Institutionen	2. Zuordnung an gegebene Institutionen	Repertoire an Entscheidungen und Maßnahmen sowie Informationen
Metaregler	Organisator	Ob. Ltg., Zentrale Org.-Stelle, dez. Org. Stellen o. Org.-Beauftragte usw.	Vorschläge und Anregungen zu Organisationsvorschriften, Org.-Vorschriften, Anregungen, evtl. Anweisungen im Einzelfall, Prüfungsaufträge usw.
Metaregelstrecke	Der gesamte zu organisierende Bereich mit allen horiz. und vert. und externen Zusammenhängen	Wie 1. Zuordng. entsprechend der Aufbauorganisation lt. Organigramm	

Spezielle Schwachstellen im Investitionsbereich

Metastellglied	Wie Primärregelkreis unter Einbeziehung aller Org.-Stellen und Org.-Beauftragten	Werkleitungen mit Stabstellen, Hauptabteilungen mit Stabstellen	Ausfüllungen des Entscheidungsspielraumes durch Detailvorschriften und Einzelanweisungen
Metameßglied	Alle, die organisationsrelevante Tatbestände im Anlagen- bzw. Investitionsbereich in Informationen umsetzen	Werksorg.-Abteilungen und andere dez. Organisationsabteilungen und Stabstellen, Techn. und kaufm. Werkleitungen, Kontrollstellen, Interne und ext. Revision, alle Mitarbeiter (Vorschläge)	Kontroll- und Prüfmeldungen, Verbesserungsvorschläge, Schwachstellenanalysen, Fehler-Ursachenforschung.

Tabelle D: Die „Größen" des Regelkreises als Informationen bzw. Berichte im Primär- und Metabereich

Bezeichnung im Regelkreismodell	Beschreibung allgemein	Realisierung im Primärbereich	Realisierung im Metabereich
Führungsgröße	Lang-, mittel- und kurzfristige Ziele des Unternehmens untergliedert für die nachgeordneten Stellen. Aus übergeordneter Stellgröße wird nachgeordnete Führungsgröße	Verbale Vorgaben, lang-, mittel- und kurzfristige Pläne bzw. Vorgaben, vgl. Ziele im Primärbereich	Zielkatalog bzw. Anforderungskatalog, vgl. Ziele im Metabereich
Rück-Meldungen	„Ist"-Meldungen mit Vergangenheits- und Prognosedaten. Vergleichbarkeit mit Führungsgrößen zur Ermittlung von Vergangenheits- oder Prognoseabweichungen muß gegeben sein. Ex-post- oder Ex-ante-Regelung.	Inv.-Anträge und Vorschläge aller Art, Kontroll- und Prüfmeldungen, Erfolgs- bzw. Ergebnisrechnungen	Organisatorische Tatbestände in allen Primärrückmeldungen, spezielle Organisationsberichte, Ergebnisse spezieller Organisationsuntersuchungen wie Organisationsprüfungen
Stellgrößen	Vorgaben von Plandaten und konkreten Maßnahmen bzw. Richtlinien mit unterschiedlichem Spielraum	genehmigte Anträge, Pläne, Einzelanweisungen, Durchführungsvorschriften	Rahmenvorschriften, det. Organisationsanweisungen bzw. Vorschriften für Aufbau und Ablauf, Formulare, Anregungen
Sonstige	Auslöser, soweit nicht bereits oben ausgeführt, Entscheidungsunterlagen im Primär- und Metabereich, Koordinierungsmeldungen, usw. Störgrößen sind alle der Zielerreichung entgegenwirkenden Einflüsse probabilistischen Charakters, die indirekt aus den Abweichungen erkennbar sind.		

Das Beispiel dürfte gezeigt haben, daß „Ableitung" der informationellen Zusammenhänge des mehrschichtigen Regelkreis-Idealmodelles für den Investitionsbereich eines Betriebes nicht bedeuten kann, daß sich die organisatorischen Festlegungen und Informationen zwangsläufig für jeden nachvollziehbar, automatisch ergeben. Das Organisieren und das Festlegen von Berichtsinhalten bleibt weiterhin ein schöpferischer Akt. Das Idealmodell liefert aber hierzu eine wirksame Hilfestellung, indem es bestimmte Grund-Zusammenhänge zeigt und gewisse Mindestbedingungen stellt. Die Anlage des Systems als lernendes System erlaubt die schrittweise Annäherung an Optima, wobei die Formulierung der Optimumbedingungen wieder Gegenstand eines übergeordneten Lernprozesses ist.

22 „Verwässerung" des Bewilligungsverfahrens

220 Art der Schwachstelle:

Das Rückgrat eines geordneten Investitionswesens ist ein eindeutig festgelegtes Bewilligungsverfahren auf der Grundlage objektiven und ausreichenden Informationsmaterials. Jede Festlegung bringt aber zwangsläufig eine gewisse Starrheit. Da Investitionsvorhaben einen langfristigen Charakter haben, kann ein zu starres Bewilligungsverfahren die Dynamik der gesamten Betriebspolitik erheblich herabsetzen und die wirkungsvolle Anpassung des Betriebes an wechselnde Umweltbedingungen gefährden. Deshalb müssen Möglichkeiten zur Bewilligung von Investitionen außerhalb des üblichen Verfahrens und außerhalb der üblichen Termine vorgesehen werden. Drei Gruppen von Ausnahmefällen können dabei unterschieden werden:

1 Investitionen, die durch unerwartete Veränderungen der Umweltbedingungen kurzfristig erforderlich werden. (Beispiel: Die Konkurrenz bringt durch Änderung des Herstellungsverfahrens weit früher als erwartet ein wesentlich verbessertes Produkt auf den Markt. Die kurzfristige Beschaffung einer entsprechenden Anlage ist möglich und erfordert eine schnelle Investitionsentscheidung außer der Reihe.)

2 Bereits bewilligte Investitionen verursachen durch technische Änderungen oder durch nicht erwartete Preisänderungen oder durch Fehlschätzung wesentlich höhere Mittel als vorgesehen. (Beispiel: Bei dem Umbau einer Fabrikhalle stellt sich heraus, daß einige Fundamente erneuert werden müssen, was bei der Bewilligung nicht berücksichtigt wurde.)

3 Kleininvestitionen, deren Berechtigung am besten am Ort der Nutzung beurteilt werden kann, werden u. U. kurzfristig erforderlich. (Beispiel: Eine zusätzliche Sicherungsvorrichtung wird mit zunehmendem Einsatz weniger erfahrener Arbeitskräfte erforderlich.)

Um derartigen Anforderungen gerecht zu werden, sieht man die Möglichkeit von Sonderbewilligungen und Nachtragsbewilligungen vor. Außerdem delegiert man die Entscheidungsbefugnis über Kleininvestitionen bis zu einer gewissen Höhe im Einzelfall und in einer Rechenperiode an untergeordnete Leitungsorgane.

Diese Sonderwege können aber, wenn sie nicht zweckmäßig organisiert sind, den Charakter von Organisationslücken annehmen, was dazu verleitet, diese Wege immer dann zu beschreiten, wenn sie leichteren oder besseren Erfolg versprechen.

So kann eine anfänglich „zu hoch" erscheinende Investitionssumme in einem Auftrag dadurch vermindert werden, daß zunächst eine nicht ganz vollständige Anlage vorgesehen wird. Die Ergänzung erfolgt dann über Nachträge oder über Kleininvestitionen. Ist das Bewilligungsverfahren außer der Reihe weniger „streng" als im normalen Ablauf, so kann man zur Ausnutzung dieser Lücke einen Sonderfall konstruieren. Eine Investition, die über den Rahmen der Kleininvestition hinausgeht, kann in mehrere Kleininvestitionen „zerlegt" werden, über die dann auf unterer Ebene entschieden wird.

Mit derartigen Manipulationen kann die einheitliche Linie der Investitionspolitik verlorengehen, was sich auf alle betrieblichen Bereiche, insbesondere die Finanzplanung, auswirkt.

Es sei hier noch erwähnt, daß der Investitionssektor u. U. als Ganzes einen Weg des geringeren Widerstandes bilden kann. Werden z. B. die Gemeinkosten schärfer überwacht als die Investitionen, so besteht die Gefahr, daß auch dann Senkungen der Gemeinkosten durch Investitionen versucht werden, wenn dies nicht im Sinne der Gesamtziele des Unternehmens ist.

221 Diagnose:

Da es sich um einen Organisationsmangel handelt, ist auch in diesem Fall die Organisationsprüfung die geeignete Methode der Diagnose. Es kommen zu den üblichen Prüfungshandlungen, die bei Behandlung der an erster Stelle genannten organisatorischen Schwachstelle kurz beschrieben wurden, drei Schritte hinzu:

1 Sorgfältiges Studium des Aktenmaterials mit dem Ziel der Ermittlung folgender Größenordnungen:

a) Anzahl der Investitionsprojekte } je Zeitabschnitt, z. B. 1 Jahr
b) Investitionen in Geldeinheiten

a) und b) sind zu untergliedern nach normaler Bewilligung, Bewilligung außer der Reihe, Bewilligung über Kleininvestitionsfonds.

Aufschlußreich ist die weitere Untergliederung der genannten Positionen nach Antrag, Bewilligung, Ablehnung. Bei den Kleininvestitionen ist es interessant, festzustellen, ob die vorgegebenen Etats stets ausgeschöpft zu werden pflegen. Wenn ja, sind die Etats entweder so klein, daß sie tatsächlich stets in vollem Umfang benötigt werden, oder aber es herrscht das sogenannte Etatdenken vor, dessen Grundweisheit darin besteht, alle Etats auszuschöpfen, damit sie nicht gekürzt werden. Mit dieser Feststellung sind bereits die ersten Anhaltspunkte für die Beurteilung des Führungsstiles und des Betriebsklimas gegeben.

2 Analyse der Entscheidungspraktiken und der Praktiken bei der Erarbeitung der erforderlichen Informationen, um festzustellen, ob wesentliche Unterschiede zwischen den Normal- und den Sonderwegen bestehen, die dazu verleiten könnten, die Sonderwege zu bevorzugen.

3 Analyse des Führungsstils und des Betriebsklimas, da die Neigung zur Ausnutzung von Organisationslücken von der Haltung der einzelnen Betriebsangehörigen gegenüber dem Betrieb und seinen Zielen abhängt. Die Haltung wird wieder von dem angewandten Führungsstil beeinflußt. So kann z. B. die Vornahme einer

„schwarzen Investition" (Ausgaben werden nicht aktiviert, sondern über Reparatur, Instandhaltung usw. verbucht) eine Reaktion auf Fehlentscheidungen der Leitungsorgane oder auf übertriebene Geheimniskrämerei (Gründe der Ablehnung werden verschwiegen) sein. Ein Werkleiter, der eine solche schwarze Investition vornimmt, kann also durchaus die Betriebsziele im Auge haben, er mißtraut aber dem Entscheidungsgremium. Er traut ihm vielleicht nicht zu, „am grünen Tisch" die richtigen Entscheidungen treffen zu können.

Die Beurteilung des Betriebsklimas und des damit in Wechselwirkung stehenden Führungsstils ist recht schwierig, wenn man hohe Anforderungen an den Aussagewert einer derartigen Beurteilung stellt. Hier kann nicht mehr erstrebt werden als ein subjektives Urteil darüber, ob Betriebsklima und Führungsstil, Manipulationen des Unterlagenmaterials, den Hang zu Intrigen und zur Ausnutzung von Organisationslücken begünstigen.

So schwierig diese drei Schritte im Hinblick auf ihre Realisierbarkeit erscheinen mögen, für den bewährten Praktiker dauert es vielleicht nur wenige Stunden, ein mit hoher Wahrscheinlichkeit zutreffendes erstes Urteil zu bilden, das für die Auswahl geeigneter Therapien durchaus genügt.

222 Ursachen der Schwachstelle:

Wie die Ausführungen über die Diagnose bereits zeigten, müssen zwei Dinge zusammenkommen: Organisationsmängel und eine besondere, vorherrschende Grundhaltung, die sich im Betriebsklima ausdrückt, das wiederum vom Führungsstil beeinflußt wird. Die letzte Ursache ist also im Führungsstil zu suchen, der nicht nur das Betriebsklima beeinflußt, sondern der auch bei der Konzeption organisatorischer Vorschriften maßgebend ist.

Man muß sich darüber im klaren sein, daß Seitenwege und Nebenpfade vor allem dann eingeschlagen werden, wenn im Betrieb der Eindruck besteht, man könne auf diese Weise die eigenen Ziele besser erreichen. J. B. Batten und J. L. Swab führen dazu aus[9]: Der entscheidende Faktor ist der Leiter einer organisatorischen Einheit. Belohnt ein Vorgesetzter einen Untergebenen in irgendeiner Weise für dessen intrigantes Verhalten, so ermuntert er ihn noch mehr dazu. Reagiert aber ein Vorgesetzter auf Ränkespiel negativ und läßt nur Erfolge gelten, so hält er die Intrige in engen Grenzen. Das Betriebsklima strahlt insbesondere von den oberen Leitungsorganen aus, deren Aktionen und Reaktionen ebenso zu einer positiven wie auch zu einer negativen Grundhaltung der Mehrzahl der Belegschaftsmitglieder führen können.

Wie jede Aktion im Grunde eine Reaktion ist, zeigt das Beispiel des Etatdenkens. Schließlich beruht der Hang, einen vorgegebenen Etat auszunutzen, auf der Vorstellung – die wahrscheinlich durch entsprechende Erfahrungen gestützt wird –, daß sonst eine Kürzung drohe. Wenn die Leitung eines Betriebes keinen anderen Maßstab für die Etats zu entwickeln vermag als die bisherige Ausnutzung derselben, wobei der Sparsame immer der Benachteiligte ist, dann braucht sie sich nicht über derartige Auffassungen ihrer Mitarbeiter zu wundern.

---

[9] Vgl. Batten, J. B./Swab, J. L., How to Crack Down on Company Politics, Personnel, Jan./Febr. 1965, S. 8 ff. (Sinngemäße Wiedergabe nach einer Übersetzung der Verfasser.)

223 Therapie:

Im sachlichen Bereich muß erreicht werden, daß Investitionsentscheidungen auf der Grundlage einer Dringlichkeitsskala getroffen werden, die unter Auswertung der Investitionsrechnungen und anderer Dringlichkeitsgesichtspunkte aufzustellen ist. Bei Nachträgen und Bewilligungen außer der Reihe müssen dann mindestens gleich strenge Maßstäbe angelegt werden.

Bei Nachträgen zu bereits bewilligten Objekten werden in der Regel keine Erträge angegeben, da diese sich gegenüber dem ursprünglichen Antrag nicht ändern oder Änderungen nicht zu ermitteln sind. Somit stehen den Erträgen bzw. Einnahmen des ursprünglichen Antrages auf dem Wege über die Nachträge erhöhte Ausgaben gegenüber, was zu einer Verminderung der errechneten Rentabilität führt. Darum sollte das gesamte Projekt nochmals überprüft werden. Ergibt sich, daß die Rentabilität sich bis unter die festgelegte Rentabilitätsgrenze verschlechtert hat und daß das vielleicht schon in Angriff genommene Projekt nicht mehr rückgängig gemacht werden kann, so sind die Antragsteller zur Verantwortung zu ziehen. Mit diesem strengen Vorgehen wird die Neigung, Organisationslücken auszunutzen, wesentlich vermindert.

Auch für Sonderanträge sind strenge Vorschriften zu erlassen, deren Einhaltung überwacht werden muß. Freilich darf das nicht so weit gehen, daß die Dynamik des Betriebes verlorengeht, indem jeder Anstoß zu schnellem, wirkungsvollem Handeln in der Bürokratie erstickt wird, wie man es etwa an einigen Stellen in der öffentlichen Verwaltung beobachten kann.

Im menschlich-psychologischen Bereich gilt es, eine Änderung der Grundhaltung herbeizuführen. Insbesondere der Hang zur Intrige, der Kern der negativen Grundhaltung, die diese Schwachstelle ermöglicht, muß wirksam bekämpft werden. Dabei sind folgende Gesichtspunkte zu beachten:[10]

1 Man sollte sich vergegenwärtigen, daß es ein gewisses Maß an Ränkespiel in jedem Betrieb gibt. Der Umfang hängt aber direkt vom Verhalten des Vorgesetzten ab und kann von ihm kontrolliert werden.

2 Durch eine ablehnende Haltung gegenüber Intrigen und durch Belohnung auf Grund von erkennbarer Leistung sollte deutlich demonstriert werden, daß sich kein Mitarbeiter durch zweifelhafte Manipulationen einen Vorteil verschaffen kann.

3 Man sollte sich bemühen, Intrige zu erkennen und diese offen und mit Härte bekämpfen.

4 Mittel und Verfahren sollten geschaffen werden, damit die Mitarbeiter über sie unmittelbar betreffende Dinge unterrichtet werden; sie sollen wissen,

welche genau festgelegten Leistungen (qualitativ und quantitativ) von ihnen erwartet werden;

wie weit sie kommen, wenn sie ihren Arbeitsplatz gut oder schlecht ausfüllen;

warum sie arbeiten, im Hinblick auf deutlich festgelegte Ziele und die dazu notwendigen Einzelleistungen.

---

[10] Vgl. Batten, J. B./Swab, J. L., a. a. O., ergänzt von den Verfassern im Hinblick auf deutsche Verhältnisse, vgl. dazu die Ergebnisse einer Umfrage: Blohm, H./Heinrich, L., Wie steht es mit den psychologischen Widerständen bei der Einführung der Planung in der Praxis? Rationalisierung 1964, S. 129ff.

Beispiel für ein völliges Fehlverhalten eines Vorstandsmitglieds bietet ein Großbetrieb der Elektroindustrie. Der betreffende Herr machte mit den Werkleitern gemeinsame Sache, wenn es darum ging, von den „Kaufleuten" nicht genehmigte Investitionen schwarz mit Hilfe der Betriebswerkstätten durchzuführen. Er half also, Beschlüsse zu umgehen, an deren Zustandekommen er selbst mitgewirkt hatte. Derartige Mängel sind nur zu beseitigen, wenn eine starke Revisionsabteilung solche Machenschaften aufspürt und keine falsche Kollegialität die übrigen Vorstandsmitglieder daran hindert, die Spuren zu verfolgen. Tatsächlich ist eine starke Revisionsabteilung unerläßlich, wenn Schwachstellen, wie die hier behandelte, abgestellt oder ihr Entstehen überhaupt verhindert werden soll.

23 Überlastung der Leitungsorgane

230 Art der Schwachstelle:

Obwohl die Entscheidungen über Investitionen zu dem unbestrittenen Aufgabenbereich der oberen Leitungsorgane gehören, ja vielleicht sogar der Zustimmung eines Aufsichtsorganes bedürfen, ist es zweckmäßig, eine gewisse Grenze zu ziehen, unterhalb der Investitionsentscheidungen über einzelne Objekte nach unten delegiert werden. Es besteht andernfalls die Gefahr, daß die obere Leitung mit Nebensächlichkeiten überlastet wird und deren wesentliche Aufgaben darunter leiden. Folgende Wirkungen einer mangelnden Delegierung können beobachtet werden:

1 Der Ausführung wird zuwenig Beachtung geschenkt, so daß den Entscheidungen eine nicht sinnentsprechende und/oder eine zu späte Realisierung folgt. Die Wirkung einer mangelhaften Ausführung ist besonders dann bedrohlich für den Fortbestand des Unternehmens, wenn auch die Erarbeitung und Verarbeitung von Rückmeldungen über die Auswirkungen der Investition fehlt oder lückenhaft ist (vgl. Schwachstelle: „Fehlende Rückmeldungen").
2 Entscheidungen dauern zu lange, so daß der Betrieb sich zu langsam den Umweltbedingungen anpaßt oder zu spät Maßnahmen zur aktiven Gestaltung der Umwelt ergreift. Die Treffsicherheit der Entscheidungen leidet u. U. ebenfalls unter einer zu langsamen Bearbeitung, da die Informationen möglicherweise veralten. Auch wird die Manipulationsneigung erhöht („Schwarzinvestitionen"), wenn die Antragsteller zu lange auf eine Entscheidung warten müssen.
3 Für die wesentlichen Entscheidungen verbleibt zuwenig Zeit; sie können demzufolge nicht mit größtmöglicher Treffsicherheit gefällt werden. Damit wird die „vollständige" Bearbeitung der Investitionsfragen seitens des oberen Leitungsorganes mit einer Verminderung der Qualität wichtiger Entscheidungen erkauft.

231 Diagnose:

Wenn in einem mehrstufigen Betrieb alle Investitionsentscheidungen bei der oberen Leitung zentralisiert sind, kann die dargestellte Schwachstelle bereits vermutet werden. Die Verhältnisse liegen aber in den seltensten Fällen so klar. Es muß deshalb die Frage gestellt werden, wie eine „Überlastung" näher definiert werden kann.

Eine praktisch realisierbare Annäherung zeigt G. Gross[11]. Er empfiehlt den Leitungspersonen eine quantitative Analyse ihrer Arbeitszeit auf der Grundlage geeigneter Aufzeichnungen. Dann könne festgelegt werden:
1 mit welchen Arbeiten man sich künftig nicht mehr befassen will,
2 welche Aufgaben und Verantwortungsbereiche delegiert werden müssen,
3 welche neuen Mitarbeiter benötigt werden,
4 zu welchem Zeitpunkt man sich zweckmäßigerweise mit bestimmten Arbeiten befassen soll,
5 in welcher Hinsicht die Führungstechnik zu verbessern ist.

W. Ruchti fordert eine „Minimierung der Routinearbeiten" durch Delegierung[12]. Von Routine kann man bei Investitionsentscheidungen immer dann sprechen, wenn der Wert der Entscheidung eine Größenordnung unterschreitet, bei der es dem Entscheidungsgremium noch zugemutet werden kann, sich ernsthaft mit dem Problem zu befassen. Wo diese Grenze liegt, kann nicht generell gesagt werden. Zweckmäßig dürfte es sein, alle Investitionsanträge eines gewissen Zeitraumes nach der Investitionssumme je Projekt zu ordnen und in einer Liste mit steigender Investitionssumme festzuhalten[13]. Ist die Verteilung ungleichmäßig, so daß vielleicht 20% der Investitionsanträge 80% der Investitionssumme ausmachen (in Industriebetrieben mit Auftragsfertigung kann ein ähnliches Verhältnis von Großaufträgen und Auftragssumme beobachtet werden), dann kann die Grenze der vom oberen Leitungsorgan zu bearbeitenden Anträge so gezogen werden, daß mit einer relativ geringen Zahl von Anträgen ein Großteil der Investitionssumme erfaßt wird. Zu bedenken ist allerdings, daß die Bedeutung einer Investition nicht allein durch die Ausgabenhöhe, sondern auch durch andere Faktoren bestimmt wird. Eine Sollvorstellung in derartigen Fragen muß sich jeder Organisator durch Auswertung eigener und fremder Erfahrungen erarbeiten; ein Rezept gibt es nicht.

232 Ursachen der Schwachstelle:

In der modernen Organisationsliteratur werden zahlreiche Gründe für die Unterlassung einer sinnvollen Delegierung von Leitungsfunktionen, ohne die eine Entlastung der Leitungsorgane kaum möglich ist, genannt[14]. Es sollen hier nur diejenigen Gründe aufgeführt werden, die für den Investitionsbereich von Bedeutung sind.

Zunächst können schlechte Erfahrungen mit der Delegierung einer weiteren Durchsetzung dieses Prinzips im Wege stehen. Die schlechten Erfahrungen brauchen durchaus nicht in jedem Fall auf einer fehlerhaften Handhabung zu beruhen, der Betrieb kann auch für eine weitgehende Delegierung ungeeignet sein. Das ist zum Beispiel dann der Fall, wenn die Vorteile durch Abstimmungs- und Koordinierungsprobleme aufgehoben werden[15].

---

11 Vgl. Gross, G., Chefentlastung, Grundzüge und Techniken, 4. Aufl., München 1963, S. 115ff.
12 Vgl. Ruchti, W., Why Managers work late, International Management, März 1964, S. 25f.
13 Vgl. Lüder, K., Die Investitionskontrolle, a. a. O., S. 1143.
14 Vgl. Bittel, L. R., Management by Exception, New York 1964 und Höhn, R., Führungsbrevier der Wirtschaft, Bad Harzburg 1966.
15 Vgl. Holzinger, D., Notwendige Voraussetzungen zur sinnvollen Delegation von Leitungsfunktionen, ZfhF 1964, S. 335ff.

Auch übertriebene Erwartungen können zu Enttäuschungen führen. Die Dezentralisation, die Delegation und das Management by Exception sind keine Allheilmittel. So haben neuere Untersuchungen gezeigt, daß auch die General Motors Corporation, die immer als Musterbeispiel gelungener Dezentralisierung und Delegation hingestellt wird, sich gerade durch ein wohlabgewogenes Gleichgewicht von Zentralisierung und Dezentralisierung auszeichnet[16].

Mißerfolge sind zu erwarten, wenn delegiert wird, ohne daß dazu die notwendigen Voraussetzungen gegeben sind. Es ist deshalb positiv zu bewerten, wenn man das Fehlen der Voraussetzungen erkennt und aus diesem Grunde von der Anwendung der genannten Organisationsprinzipien absieht. Folgende Voraussetzungen müssen gegeben sein, damit eine Dezentralisierung Erfolg verspricht:

1 Es müssen leistungsfähige Einrichtungen zur Revision und Kontrolle vorhanden sein.

2 Es müssen organisatorische Querverbindungen bestehen, um die durch Delegierung verursachte Vermehrung der Koordinationsaufgaben durchführen zu können.

3 Die Funktionen und Verantwortungsbereiche müssen klar abgegrenzt sein.

4 Es muß ein bestimmter Geist im Betriebe herrschen, nach dem die Leistungen auf Grund eigener Initiative und nicht auf Grund von Befehlen erbracht werden. Die Zusammenarbeit muß von gegenseitigem Vertrauen getragen sein.

Selbst wenn alle sachlichen Voraussetzungen gegeben sind und sich auch die Leitungsorgane ernsthaft um eine echte Delegierung von Vollmachten bemühen, können die Auswirkungen durch die sogenannte Rückdelegierung weitgehend aufgehoben werden. Darunter ist das Bestreben zu verstehen, die erhaltenen Vollmachten – sei es aus Scheu vor der Verantwortung, sei es aus anderen Gründen – wieder „nach oben" zurückzugeben.

In Klein-, Mittel- und Großbetrieben mit weitgehender örtlicher und organisatorisch-struktureller Zentralisierung ist es im Regelfall weder zweckmäßig noch üblich, Entscheidungen über größere Investitionsvorhaben zu delegieren. Der Hauptgrund ist in der Komplexität der Vorgänge und der daraus resultierenden Koordinierungsnotwendigkeit gegeben.

Die Problematik der organisatorischen Dezentralisierung, der Delegierung von Vollmachten und des Management by Exception tritt in großem Umfang in dezentralisierten Großbetrieben und in Konzernen auf. Hier bleibt schon wegen des Umfanges der anstehenden Entscheidungen kein anderer Weg als den der Arbeitsteilung zwischen den verschiedenen Ebenen der Leitungshierarchie.

233 Therapie:

Soll die Entlastung der Leitung durch Delegation nicht eine isolierte Maßnahme des Investitionsbereiches bleiben, so muß die gesamte Organisation nach den Grundsätzen der Dezentralisation, der Delegation und des Management by Exception aufgebaut sein. Die Voraussetzungen dazu wurden unter dem Abschnitt 232 bereits genannt.

---

16 Vgl. Wolff, H., Das große Erfolgsgeheimnis von General Motors, Fortschrittliche Betriebsführung 1964, S. 97ff.

Die erste konkrete Maßnahme im Investitionsbereich besteht in der Festlegung von Kleininvestitionsfonds. Dazu muß zunächst einmal der Begriff „Kleininvestition" definiert werden. Es wird zweckmäßigerweise ein bestimmter Maximalbetrag *je Objekt* fixiert; man kann sich dabei an der steuerlichen Festlegung der geringwertigen Wirtschaftsgüter (z. Z. 800,— DM) orientieren und auch die steuerliche Festlegung eines selbständigen Wirtschaftsgutes in die betriebsinterne Regelung übernehmen[17]. Das hat den Vorteil einer besseren Überwachungsmöglichkeit, da die Einhaltung der steuerlichen Vorschriften ohnehin überwacht werden muß und so mehrere Überwachungsaufgaben gleichzeitig erledigt werden können. Selbstverständlich ist auch jede, den besonderen betrieblichen Bedingungen Rechnung tragende, andere Regelung möglich.

Als nächster Schritt müssen die in *einer Rechnungsperiode* den genau abzugrenzenden Verantwortungsbereichen zur Verfügung stehenden Etats festgelegt werden. Hier besteht nun die schon an anderer Stelle erwähnte Gefahr, daß die Etats auf jeden Fall ausgeschöpft werden, was praktisch bedeutet, daß ein gewisser Teil der Mittel rentabilitätsmäßig ungünstigen Verwendungszwecken zugeführt wird. Darum sollten die Etats auf der Grundlage einer zukünftige Verhältnisse berücksichtigenden Analyse festgelegt und keinesfalls an der bisherigen Ausnutzung der Etats orientiert werden. Besonders nachteilig wirken sich auch globale Kürzungen in Zeiten finanzieller Anspannungen aus. Die permanente Gefahr globaler Kürzungen erzieht zum „Mehr-Fordern-als-Brauchen". Im Gegenteil, es müssen Nachtragsbewilligungen, sofern sie ausreichend begründet werden, möglich sein. Es ist dabei zu beachten, daß der organisatorische Ablauf so gestaltet wird, daß keine Wege zur Umgehung der Schwierigkeiten des üblichen Bewilligungsverfahrens offen stehen.

24 Mangelnde Koordinierung der Investitionsplanung mit anderen betrieblichen Bereichen

240 Art der Schwachstelle:

Über die Investitionsplanung werden auf lange Sicht die Größe des Unternehmens, die Breite und Tiefe des Produktionsprogrammes, die Art der Produktion, das Vertriebsprogramm, der Rationalisierungsstand, man kann kurz sagen, alle wesentlichen Grundlagen des Leistungserstellungsprozesses fixiert. Deshalb können Investitionsplanung und Investitionsentscheidung nicht isoliert betrachtet werden. Obwohl diese Einsicht bereits weit verbreitet ist, kann doch festgestellt werden, daß zahlreiche Betriebe von einer wirkungsvollen Koordinierung des Investitionsbereiches mit den übrigen betrieblichen Bereichen noch recht weit entfernt sind. Insbesondere sind folgende Koordinierungsmängel zu beobachten:

1 Die Investitionsplanung wird mit den anderen Planungsbereichen, insbesondere der Finanzplanung, der Produktionsplanung und der Absatzplanung, nicht ausreichend koordiniert.

2 Der Zusammenhang mit der Anlagenwirtschaft als Ganzes wird vernachlässigt.

3 Bei der eigenen Entwicklung oder bei der Auftragsentwicklung neuer Betriebsmittel werden betriebswirtschaftliche Gesichtspunkte zuwenig beachtet.

---

[17] Vgl. § 6 Abs. 2 EStG.

Mangelnde Koordinierung der Investitionsplanung

zu 1:
Verfügt ein Betrieb nicht über ein Vollplanungssystem, sondern nur über Teilplanungen, so ist die Gefahr besonders groß, daß die Investitionsplanung mit den anderen Planungsbereichen unzureichend koordiniert wird. Aber auch schon aus der Tatsache, daß die Investitionsplanung stets eine langfristige Planung ist, die übrigen Bereiche aber durchaus nicht immer für einen gleichlangen Zeitraum geplant werden, kann eine mangelhafte Koordinierung resultieren. Teilweise fühlen sich die Verantwortlichen der übrigen Planungsbereiche auch überfordert. Wie, so fragt man sich z. B. im Vertrieb, sollen wir Aussagen über Preise und Absatzmengen in 10 Jahren machen? Davon hängt aber die Auslastung der zu beschaffenden Anlage und damit ihre Wirtschaftlichkeit wesentlich ab.

zu 2:
Schon bei der Vorbereitung der Investitionsentscheidung muß der Zusammenhang mit der gesamten Anlagenwirtschaft berücksichtigt werden. Es muß im Investitionsbereich bekannt sein, ob steigende oder fallende Instandhaltungskosten zu erwarten sind, wie sich der Ausschuß in der Produktion, überhaupt die Qualität der Erzeugnisse mit zunehmendem Alter der Anlagen entwickeln wird, und welche technischen Fortschritte und Marktveränderungen für die Anlagen und die mit ihnen erstellten Produkte zu erwarten sind. Genauso wie die Daten der Anlagenwirtschaft bei der Investitionsentscheidung zu berücksichtigen sind, muß umgekehrt auch die Anlagenwirtschaft Informationen von der Investitionsseite bekommen. Es führt zu fehlerhaften, zumindest wenig aussagefähigen Ergebnissen, wenn keine einheitliche Linie verfolgt wird, insbesondere die Frage unbeantwortet bleibt, ob von den Anlagennutzern eine extensive oder eine intensive Anlagenwirtschaft zu betreiben ist. Es ist z. B. als ein echter Koordinierungsmangel zu werten, wenn für eine Anlage, die möglicherweise in kurzer Zeit verschrottet wird, noch erhebliche Instandhaltungs- oder Reparaturaufwendungen gemacht werden.

zu 3:
Was für die Bewirtschaftung bereits im Einsatz stehender Anlagen gilt, gilt auch für die Entwicklung neuer Betriebsmittel im eigenen Bereich oder durch Auftragsentwicklung. Es ist ein Mangel, wenn technisch-konstruktive Überlegungen allein im Vordergrund der Entwicklungsarbeit stehen. Es genügt nicht, wenn die technische Leistungsfähigkeit einer Maschine alleinige Zielsetzung der Entwicklungsarbeit ist. Der Zusammenhang mit der gesamten Anlagenwirtschaft und mit der Investitionsplanung muß stets gewahrt sein. So wurde z. B. in einem Betrieb der Serienfertigung eine Maschine entwickelt, die die dreifache Leistungsfähigkeit einer alten Maschine aufwies. Allerdings benötigte die neue Maschine Material mit höheren Toleranzanforderungen. Eine Kostenanalyse zeigte dann, daß die erhöhte Leistungsfähigkeit zu keiner Senkung der Herstellkosten führte. Die höheren Toleranzanforderungen an das Material verursachten höhere Materialkosten, wodurch der Vorteil geringerer Fertigungskosten wieder aufgehoben wurde.

241 Diagnose:

Koordinierungsmängel der geschilderten Art werden am besten durch eine gründliche Organisationsprüfung, die sich vorwiegend mit dem Zusammenhang der verschiedenen betrieblichen Bereiche befaßt, festgestellt. Es kommt darauf an, nicht nur die organisatorisch verankerte, formelle Koordinierung festzustellen, sondern auch die informelle, die in erster Linie auf dem Wege bestehender Freundschaften und Bekanntschaften unter Umgehung der offiziellen Berichterstattung erfolgt und unter Umständen Organisationsmängel überdecken, aber auch verstärken kann (z. B. durch informelle Übermittlung falscher Informationen).

Koordinierungsmängel innerhalb der Planung können auch ermittelt werden, indem man von festgestellten Planungsfehlern ausgehend die Ursachen dieser Planungsfehler ergründet. Es könnte also z. B. eine bekanntgewordene Fehlinvestition Ansatzpunkt einer derartigen Untersuchung sein.

Der Zusammenhang des Investitionsbereiches mit der Anlagenwirtschaft kann durch Befragung der beteiligten Stellen, durch eine Überprüfung der Handlungsweise innerhalb der Bereiche an Hand schriftlicher Unterlagen sowie durch kritische Auseinandersetzung mit der Organisation des Zusammenwirkens der betrieblichen Bereiche festgestellt werden.

Zur Feststellung des Koordinierungsstandes zwischen Entwicklungsplanung und Investitionsplanung wäre eine technische Untersuchung neuerer Konstruktionen auf ihre betriebswirtschaftliche Durcharbeitung etwa nach den Prinzipien der Wertanalyse (Value Analysis und Value Engineering)[18] am Platze. Bei festgestellten Einzelfehlern wäre den Ursachen nachzugehen, um grundsätzliche Mängel zu finden.

242 Ursachen der Schwachstelle:

Bei Koordinierungsmängeln innerhalb der Planung handelt es sich im Regelfalle um die Auswirkung falscher Planungsmethoden. Die Vermischung von Vorschau-, Vorgabe-, Meßdaten und Istdaten, das Fehlen von Rückmeldungen, das isolierte Planen einzelner Bereiche und mangelnde Flexibilität sind typische Ursachen für Planungsfehler. G. A. Steiner [19] stellt allgemein folgende Mängel im Planungsbereich heraus; sie betreffen die Entwicklung angemessener Pläne sowie die Aufstellung realistischer Ziele und Strategien:

1 „Spielen" mit der Planung und fehlendes Bestreben zu wirklichen Lösungen zu gelangen.

2 Festlegung unangemessener und nicht ausreichend konkreter Planungsziele.

3 Entwicklung unrealistischer Strategien zur Erreichung der Ziele.

4 Die für die Planung zur Verfügung stehende Zeit und die verfügbaren finanziellen Mittel sind unzureichend.

5 Wenig leistungsfähiges Planungspersonal.

6 Mangelnde Flexibilität der Planung, so daß die Pläne bei der geringsten Abweichung der Wirklichkeit von den Erwartungen bereits unbrauchbar werden.

7 Mangelhafte Sicherstellung einer richtigen Auswertung der Planungsunterlagen.

8 Mangelhafte Festlegung des Zusammenspiels zwischen kurz- und langfristiger Planung.

Die aufgezeigten Mängel dürften zu Koordinierungsschwierigkeiten zwischen den einzelnen Bereichen der Planung, insbesondere aber zwischen der Investitionspla-

---

[18] Zur Wertanalyse vgl. z. B. Lüder, K., Wertanalyse, in: Agthe/Blohm/Schnaufer (Hrsg.), Industrielle Produktion, Baden-Baden/Bad Homburg 1967, S. 533ff.

[19] Vgl. Steiner, G. A., a.a.O., S. 93 f.

nung und den anderen Planungsbereichen führen, da der langfristige Charakter und die besondere Bedeutung der Investitionsplanung dieser eine Sonderstellung geben. Letzte Ursachen mangelnder Koordinierung können ein überzüchteter Ressortgeist, Unwissenheit als Folge mangelnder Schulung sowie ein ungeeigneter Führungsstil sein. Eine Erscheinung besonderer Art ist der „technische Sportgeist", der dazu führt, daß technische Höchstleistungen (z. B. in Gestalt eines besimmten Mengenausstoßes in der Zeiteinheit) ohne Rücksicht auf die wirtschaftlichen Wirkungen angestrebt werden. Man ist dabei u. U. sogar bereit, wirtschaftlich negative Wirkungen durch Manipulation der Daten zu vertuschen, um auf diese Weise die Bewilligung einer Investition und damit technische Höchstleistungen zu erreichen.

243 Therapie:

Die Koordinierungsmängel im Planungsbereich werden am besten durch Aufbau einer „rollenden" Vollplanung beseitigt. Bei der rollenden Planung wird ein längerer Zeitraum von etwa 5–10 Jahren in Umrissen und jeweils ein kurzer Zeitraum etwa bis zu einem Jahr im Detail geplant. Mit Beginn eines jeden Planjahres wird das Folgejahr wieder detailliert festgelegt, es wird aber zugleich die langfristige Planung ein Jahr weitergetrieben und, wenn erforderlich, in dem bereits vorgeplanten Zeitraum geändert. Ein solches Planungssystem ist flexibel und gestattet die Anpassung an wechselnde wirtschaftliche Bedingungen. Sollte die Errichtung eines rollenden Vollplanungssystems nicht realisierbar sein, so muß auf jeden Fall dafür gesorgt werden, daß wenigstens der Finanzbereich und der Vertrieb ausreichend geplant werden und daß eine Koordinierung dieser Bereiche mit der Investitionsplanung stattfindet. Die Beachtung spezieller Planungstechniken, wie die Unterscheidung zwischen Vorgabe-, Vorschau- und Meßdaten sowie Istdaten, ist eine Selbstverständlichkeit und braucht hier nicht näher behandelt zu werden (vgl. Anlage 2).

Um den Zusammenhang mit der Anlagenbewirtschaftung zu sichern, muß dafür gesorgt werden, daß in den Investitionskalkül entsprechende Informationen aus dem Anlagenbereich eingebaut werden und daß diese durch Rückmeldungen korrigiert werden. Zu beachten ist, daß die Anlagenwirtschaft in sich gut aufgebaut werden muß, um die quantitative und qualitative Leistungsfähigkeit der Anlagen aufrechtzuerhalten und eine entsprechende Berücksichtigung bei der Investitionsplanung zu ermöglichen. Dazu ist die Erarbeitung klarer Richtlinien erforderlich; vor allem muß ein Instandhaltungsplan aufgestellt werden, der genaue Wartungsvorschriften enthält. Grundlage dieses Instandhaltungsplanes können die Wartungsvorschriften der Hersteller der Maschinen bzw. Anlagen sein, die entsprechend den betrieblichen Erfahrungen abzuwandeln sind. Die Instandhaltungskosten sollten für die einzelnen Anlagen möglichst detailliert erfaßt und von der Betriebsleitung kritisch beurteilt und gesteuert werden. Weiterhin sollte dafür gesorgt werden, daß bei der Qualitätskontrolle der Erzeugnisse festgestellt wird, wo und in welchem Umfang Ausschuß auf Mängel der Anlagen zurückzuführen ist, um auf diese Weise den Instandhaltungsplan laufend verbessern zu können. Ebenso ist bei der Untersuchung von Überschreitungen der Liefertermine zu verfahren. Eine in sich geordnete Anlagenwirtschaft ist die Voraussetzung ihrer wirkungsvollen Koordinierung mit den übrigen Bereichen, insbesondere mit dem Investitionsbereich.

Bei der Entwicklung neuer Anlagen in eigener Regie oder als Auftragsentwicklung ist es zweckmäßig, spezielle Informationsunterlagen zu schaffen, die alle Verantwortlichen bei der Entwicklungsarbeit über die wirtschaftlichen Auswirkungen verschiedener Gestaltungsmöglichkeiten unterrichten und es so gestatten, die Einhaltung der vorgegebenen Begrenzungen (z. B. hinsichtlich der Kosten) zu überwachen.

Generell kann gesagt werden, daß nur durch bewußt geförderte und organisatorisch abgesicherte Zusammenarbeit aller Bereiche eine Entwicklung möglich ist, die sowohl technischen als auch wirtschaftlichen Gesichtspunkten gerecht wird.

25 Fehlende Alternativen

250 Art der Schwachstelle:

Joel Dean[20] nennt bei Aufzählung von „ten fallacies" auf dem Investitionsgebiet an erster Stelle „No Alternatives" (keine Alternativen), an zweiter Stelle „Must Investment" (Muß-Investition). Er betont die enge Verwandtschaft der beiden Schwachstellen, ein Sachverhalt, der uns veranlaßt hat, sie zusammenzufassen. Auch die vierte Schwachstelle Joel Deans „Routine Replacement" (Routine-Anlagenersatz) gehört in diese Kategorie. In allen Fällen sind die Entscheidungsalternativen von vornherein dadurch eingeengt, daß man einige Möglichkeiten ausläßt; sei es, weil man sie nicht erkennt, sei es, weil man sie für abwegig hält. So kann, insbesondere bei Ersatzinvestitionen, eine Entscheidung im eigentlichen Sinne überhaupt entfallen, da praktisch eine selbstbereitete Zwangssituation gegeben ist. Geht man davon aus, daß in allen Fällen, in denen eine Rechnung als Entscheidungsgrundlage möglich wäre, auch nur die Rechnung die beste Alternative aufzeigen kann, so können sich aus der Einengung der durchgerechneten Möglichkeiten Fehlentscheidungen ergeben. Auch wirkt es sich nicht günstig auf die Grundhaltung der mit Investitionsfragen befaßten Mitarbeiter aus, wenn das Prinzip, die Entscheidungen auf Rechnungen aufzubauen, durchbrochen wird.

251 Diagnose:

Die Schwachstelle kann durch das Studium einer repräsentativen Auswahl von Entscheidungsunterlagen festgestellt werden. Der Prüfer des Unterlagenmaterials sollte sich dabei vor allem auf Ersatzinvestitionen konzentrieren, da in diesem Bereich die Gewohnheit verbreitet ist, einen technisch bedingten Ersatz auch wirtschaftlich als unbedingt erforderlich anzusehen, was aber keinesfalls immer feststeht. So kann das Unbrauchbarwerden einer Anlage durchaus Anlaß sein, einen Produktionszweig aufzugeben, bisher selbst erstellte Vorerzeugnisse fremd zu beziehen usw. In jedem Fall muß der Prüfer bemüht sein, selbst Alternativen zu entwickeln und festzustellen, ob diese ernsthaft erwogen worden sind.

Auch durch eine Analyse der Organisation können Hinweise gewonnen werden. Es ist festzustellen, ob alle Stellen bzw. Personen, die in der Lage wären, Vorschläge ab-

---

[20] Vgl. Dean, J., Measuring the Productivity of Capital, HBR 1/1954, S. 125 ff.

Fehlende Alternativen

zugeben, also Alternativen zu zeigen, ermutigt werden, dies zu tun und ob die Vorschläge auch „ankommen".

In einem Betrieb, der Symptome eines stark betonten Traditionalismus aufweist, ist die Wahrscheinlichkeit, daß die Schwachstelle gegeben ist, größer als in einem Betrieb, in dem Aufgeschlossenheit für den Fortschritt, Mut zur Kritik und Wille zur Zusammenarbeit zu erkennen sind.

252 Ursachen der Schwachstelle:

In zahlreichen Fällen dürfte einfach Bequemlichkeit unmittelbare Ursache der Schwachstelle sein.

Im Falle der Routine-Ersatzinvestition kann eine gewisse formelle Ordnungsmäßigkeit gegeben sein in Gestalt von sorgfältig geführten Anlagekarteien, die alle „wichtigen" Angaben enthalten. Man kann sich in diesem Falle einfach nicht mit dem Gedanken befreunden, daß das Ergebnis einer vielleicht noch auf recht unsicheren Unterlagen aufbauenden Rechnung neue Erkenntnisse bringt. Man verläßt sich vielmehr auf die mit Hilfe der „ordnungsmäßigen" Karteiführung ermittelten Daten.

Schließlich ist die Abneigung gegen „rein theoretische Überlegungen" zu nennen. Wenn eine Maschine in einem vertikalen Arbeitsprozeß, die beispielsweise 50 000 DM kostet, nicht ersetzt würde und der gesamte Arbeitsprozeß wegen der unterlassenen Ersatzinvestition zum Erliegen käme, wodurch vielleicht das Betriebsergebnis in der Größenordnung von 250 000 DM je Jahr vermindert wird, so ergibt sich rechnerisch eine statische Gesamtkapitalrentabilität (bezogen auf die halbe Investitionssumme) von 1000%. Man könnte fragen: Was soll das, hat es einen Sinn, derartige Alternativen überhaupt zu erwägen?

253 Therapie:

Es hat einen Sinn, auch abwegig erscheinende Alternativen in Erwägung zu ziehen. Nur dadurch, daß bei jeder Gelegenheit geprüft wird, ob eingefahrene Verhältnisse noch zweckmäßig sind, kann die Dynamik des Unternehmens gesichert werden. Diese Grundhaltung kann dadurch gefördert werden, daß man die mit Investitionsfragen befaßten Stellen veranlaßt, alle im Bereich des Realisierbaren liegenden Lösungen ernsthaft zu erwägen. Es muß Allgemeingut im Betrieb werden, daß bei jeder bedeutenden Handlung zunächst zu fragen ist: „Was passiert, wenn die Handlung (also z. B. die Ersatzinvestition) unterbleibt?" Die Frage, was geschehen würde, wenn die Investition nicht vorgenommen wird, beantwortet zugleich die Frage, was die Investition bringt. Es kommt auch darauf an, zu erreichen, daß im Betrieb grundsätzlich keine Entscheidungen aus einer Zwangssituation heraus gefällt werden, sondern stets im Hinblick auf einen quantitativ zu bestimmenden Erfolg, mag dieser auch außergewöhnlich hoch sein, wie in dem obigen Beispiel.

Die Organisation muß schließlich so aufgebaut sein, daß ein breiter Strom von Anregungen und Ideen erzeugt und in die richtigen Kanäle gelenkt wird.

26 Über- oder Unterbewertung steuerlicher Gesichtspunkte[21]

260 Art der Schwachstelle:

Schon die älteren Nationalökonomen hatten erkannt, daß die Bedeutung *steuerlicher Momente* oft überschätzt wird. Solche Fehleinschätzungen halten sich recht hartnäckig. Aber nicht nur Überschätzungen sind anzutreffen, sondern auch Unterschätzungen der steuerlichen Wirkungen von Investitionen und damit zusammenhängender Aufwandspositionen, wie Abschreibungen, Zinsen usw.
Joel Dean stellt als eine typische Fehlbeurteilung den Grundsatz „Taxes don't matter" (Steuern spielen keine Rolle)[22] heraus. Ein typischer, das Gegenteil besagender, in Deutschland häufig anzutreffender Glaubenssatz dieser Art könnte etwa folgendermaßen formuliert werden:

„Investitionen, die hohe Abschreibungen (mit steuerlicher Wirkung) zulassen, erbringen Steuervorteile, die auch solche Investitionsvorhaben rechtfertigen können, die in der Bruttorechnung (vor Steuer) unwirtschaftlich erscheinen."

Man ist sich nicht darüber klar, daß im Regelfall Vorteile von heute mit Nachteilen von morgen erkauft werden müssen. Da jede Anlage nur einmal abgeschrieben werden kann, führt z. B. eine erhöhte Abschreibung am Anfang der Nutzungsdauer zu einer entsprechend geringeren Abschreibung gegen Ende der Nutzungsdauer. Lediglich wenn eine Senkung der Steuersätze zu erwarten ist, oder wenn bei stark schwankenden Gewinnen und progressiver Gewinnbesteuerung eine Zuordnung der Abschreibungen in die Jahre hohen Gewinnes möglich ist, ist ein Vorteil, der über Liquiditäts- und Zinsvorteile für den „Steuerkredit" hinausgeht, mittels Abschreibungspolitik zu erreichen. Die Körperschaftsteuer ist im Gegensatz zur Einkommensteuer zwar linear, jedoch kann der gespaltene Satz (im Regelfall 15% für ausgeschüttete, 51% für nicht ausgeschüttete Gewinne) wie eine Progression wirken, wenn bei steigenden Gewinnen die Ausschüttung konstant gehalten wird.

Diese Zusammenhänge werden bei Vorhandensein der Schwachstelle nicht erkannt, zumindest werden sie nicht angemessen bei den Entscheidungen berücksichtigt. Eine solche Fehleinschätzung tritt also keineswegs nur dann auf, wenn Investitionsentscheidungen ohne die Erarbeitung und Auswertung von Investitionsrechnungen gefällt werden. Auch „Nebenrechnungen", die der gesonderten Ermittlung der Steuerwirkungen dienen, ja sogar „Simultanrechnungen", die Steuerwirkungen in den Investitionskalkül einbeziehen, können zu falschen Ergebnissen führen, wenn sie mit zu groben Vereinfachungen arbeiten. Steuerexperten, die nicht ausreichend mit dem Instrumentarium der Investitionsrechnungen vertraut sind, können ebenfalls zu fehlerhaften oder mit den übrigen Entscheidungsunterlagen nicht ausreichend abgestimmten Resultaten gelangen.

Charakteristisch bei der Berücksichtigung steuerlicher Momente ist auch das Bemühen, diese Denkweise zu verbergen. So erbrachte eine Umfrage Gutenbergs zum Investitionsverhalten keine Anhaltspunkte für die Überbetonung steuerlicher Ge-

---
[21] Bei diesen Erörterungen wird das geltende Steuerrecht in seiner Grundkonzeption exemplarisch herangezogen, um die grundlegenden Zusammenhänge zu zeigen. Die Einsichten gelten nach der Steuerreform sinngemäß.
[22] Dean, J., a. a. O., S. 127, Punkt 10 seiner Schwachstellenliste.

sichtspunkte. „Auch die des öfteren in Erscheinung tretende Auffassung, daß steuerliche Vergünstigungen zu betriebswirtschaftlich nicht zu rechtfertigenden Investitionen führen, etwa derart, daß Anschaffungen lediglich deshalb gemacht werden, um zusätzliche Abschreibungsmöglichkeiten zu schaffen, ist durch unsere Untersuchung nicht bestätigt worden.

Es sei aber nochmals darauf hingewiesen, daß große finanzielle Flüssigkeit und steuerliche Vergünstigungen, die Steuerersparnisse zur Folge haben, betriebswirtschaftlich gewünschte Investitionen zu einem früheren Zeitpunkt ermöglichen, als es sonst der Fall gewesen wäre. In diesem Sinne vermögen sie das Investitionstempo zu beschleunigen."[23] An diesen Zusammenhang knüpft auch die sogenannte Investitionssteuer an, die 1973 aus konjunkturpolitischen Erwägungen eingeführt wurde. Wegen ihres temporären Charakters wird auf diese Steuer hier nicht weiter eingegangen.

261 Diagnose:

Die Feststellung einer Über- oder Unterbewertung steuerlicher Gesichtspunkte bei Investitionsentscheidungen erfolgt am besten durch ein Studium der für Investitionen herangezogenen Unterlagen sowie durch Gespräche mit den für Investitionsentscheidungen und die Erstellung der Unterlagen verantwortlichen Personen.

262 Ursachen der Schwachstelle:

Die wichtigste Ursache ist in einer Fehlhaltung der für Investitionsentscheidungen Verantwortlichen zu suchen, die mit zuviel Emotionen und Vorurteilen an Steuerfragen herangehen. Eine solche Fehlhaltung ist besonders dann schädlich, wenn sie mit mangelnder Sachkenntnis der Betreffenden und ihrer Mitarbeiter gepaart ist. Auch die mangelnde Koordinierung der Steuerfragen bearbeitenden Stellen bzw. Personen mit dem Investitionsbereich kann Ursache der Schwachstelle sein.

263 Therapie:

Im Idealfall müßte eine Vollplanung geschaffen werden, die auch eine langfristige Planung aller Steuern (Ziel: Langfristige Minimierung der Steuern) beinhaltet. Eine langfristige Steuerplanung als gesonderter, aber koordinierter Teil der Gesamtplanung ist heute noch eine Ausnahmeerscheinung. Es muß aber mindestens erreicht werden, daß die steuerlichen Wirkungen aller Investitionsentscheidungen in die Investitionskalküle einbezogen werden. Darüber hinaus muß allen Beteiligten einschließlich den Angehörigen der oberen Leitungsebene in geeigneter Form eine Reihe einfacher steuerlicher Grundkenntnisse nahegebracht werden. Damit sollen alle etwa vorhandenen Vorurteile ausgeräumt und falsche Vorstellungen beseitigt werden.

---

[23] Gutenberg, E., Untersuchungen über die Investitionsentscheidungen industrieller Unternehmen, Köln und Opladen 1959, S. 221.
Vgl. hierzu auch: Schwarz, H., Zur Berücksichtigung erfolgssteuerlicher Gesichtspunkte bei Investitionsentscheidungen, BFuP 1962, S. 135 ff.

Spezielle Schwachstellen im Investitionsbereich

264 Exkurs: Das Mindestwissen aller mit Investitionsfragen befaßten Personen über Abschreibungen und Steuern

2640 Abschreibungen

26400 Grundlagen in Stichworten

1 *Definition der Abschreibungen:* Abschreibungen sind Ausdruck für die Wertminderung der Vermögensteile einer Unternehmung. Sie sind der Aufwand (bzw. die Kosten), der (die) einer Abrechnungsperiode für die Wertminderung dieser Vermögensteile zugerechnet wird (werden).

2 *Ursachen:* Abschreibungsursachen können sein:[24]
 a) Abnutzung durch Gebrauch
 b) Natürlicher Verschleiß
 c) Katastrophenverschleiß
 d) Technische Überholung
 e) Wirtschaftliche Überholung (z. B. Änderung des Vertriebsprogrammes)
 f) Ablauf von Rechten
 g) Substanzverringerung (z. B. im Bergbau)
 h) Fehlinvestierung
 i) Sinken der Preise auf dem Beschaffungsmarkt
 k) Geschäftspolitische Gründe

3 *Arten:*
 a) Einzel-, Gruppen-, Gesamtabschreibung
 b) ordentliche – außerordentliche Abschreibungen
 c) bilanzielle – kalkulatorische Abschreibungen
 d) handelsrechtliche – steuerrechtliche Abschreibungen als Unterart der bilanziellen Abschreibungen
 e) direkte – indirekte Abschreibungen

4 *Methoden:*
 a) Lineare Abschreibung. Der Anschaffungswert eines Gutes wird entsprechend seiner voraussichtlichen Nutzungsdauer in jährlich gleichen Beträgen abgeschrieben.
 b) Degressive Abschreibung. Hierbei handelt es sich um eine Abschreibung mit fallenden Quoten. Diese werden dadurch ermittelt, daß man entweder einen bestimmten Prozentsatz von dem jeweiligen Buchwert des Gutes (geometrisch-degressiv) oder mit fallenden Staffelsätzen vom Anschaffungswert (arithmetisch-degressiv oder digital) abschreibt[25].
 c) Abschreibung nach Maßgabe der Inanspruchnahme. Die Höhe der Abschreibungsquoten hängt von der tatsächlichen

---

[24] Vgl. Gutenberg, E., Einführung in die Betriebswirtschaftslehre, Wiesbaden 1958, S. 179.
[25] Jährlicher Abschreibungsbetrag (a_g) bei geometrisch-degressiver Abschreibung:
$a_g = A \cdot d (1 - d)^{m-1}$
Jährlicher Abschreibungsbetrag (a_a) bei digitaler Abschreibung:
$a_a = [n - (m - 1)] \cdot \dfrac{2A}{n(n+1)}$
A = Anschaffungswert
d = geometrisch-degressiver Abschreibungssatz (dezimal)
m = Jahr der Lebensdauer, für das der Abschreibungsbetrag errechnet werden soll
n = Lebensdauer

Inanspruchnahme der abzuschreibenden Anlagen ab, z. B. von der Laufzeit in Stunden (Mengenabschreibung).

26401 *Die steuerlich zulässigen Abschreibungsmethoden*

In Anbetracht der Bedeutung, die gerade der Abschreibung als ein Mittel zur Regulierung des Gewinnes und damit zur Beeinflussung der gewinnabhängigen Steuern zukommt, seien die in Deutschland geltenden steuerlichen und handelsrechtlichen Bestimmungen kurz dargestellt.

Dabei sollen die verschiedenen Abschreibungsmethoden an einem Rechenbeispiel erläutert werden. Es sei eine Maschine angenommen mit einem Anschaffungspreis von DM 95 000,— und DM 5 000,— Nebenkosten für Zufuhr und Aufstellung.

Der abzuschreibende Betrag beträgt DM 100 000,—. Die Lebensdauer der Maschine wird für bilanzielle Zwecke mit 10 Jahren geschätzt; die Jahresabschreibung beträgt also bei linearer Verteilung des Maschineneinstandswertes 10% p. a. = DM 10 000,— (s. Tabelle S. 37).

Die lineare Abschreibung ist handelsrechtlich üblich und steuerlich zulässig. Das Handelsrecht kennt für Geschäftsjahre, die bis 31. 12. 1966 beginnen, keine Vorschriften, wonach bestimmte Abschreibungsmethoden zwingend vorgesehen werden. Lediglich gewinnabhängige Abschreibungen und sprunghafte Methodenänderungen sind mit den Grundsätzen ordnungsmäßiger Buchführung unvereinbar. Das neue Aktienrecht enthält die folgenden Bestimmungen:
Gegenstände des Anlagevermögens sind zu den Anschaffungs- oder Herstellungskosten, vermindert um Abschreibungen oder Wertberichtigungen, anzusetzen (Mußvorschrift). Bei den Gegenständen des Anlagevermögens, deren Nutzung zeitlich begrenzt ist, sind die Anschaffungs- oder Herstellungskosten um planmäßige Abschreibungen oder Wertberichtigungen zu vermindern. Der Plan muß die Anschaffungs- oder Herstellungskosten nach einer den Grundsätzen ordnungsmäßiger Buchführung entsprechenden Abschreibungsmethode auf die Geschäftsjahre verteilen, in denen der Gegenstand voraussichtlich genutzt werden kann.

Im Geschäftsbericht sind die Bewertungs- und Abschreibungsmethoden mindestens alle drei Jahre so vollständig anzugeben, wie es zur Vermittlung eines möglichst sicheren Einblicks in die Vermögens- und Ertragslage der Gesellschaft erforderlich ist. Außerdem sind in jedem Geschäftsbericht wesentliche Änderungen der Bewertungs- und Abschreibungsmethoden sowie die Vornahme außerplanmäßiger Abschreibungen oder Wertberichtigungen zu erörtern; dabei brauchen Einzelheiten nicht angegeben zu werden. Wird durch solche Änderungen ein Überschuß oder Fehlbetrag ausgewiesen, der um mehr als zehn Prozent unter oder über dem Betrag liegt, der ohne die Änderung auszuweisen wäre, so ist der Unterschiedsbetrag anzugeben, wenn er ein halbes Prozent des Grundkapitals übersteigt. Ohne Rücksicht darauf, ob ihre Nutzung zeitlich begrenzt ist, können bei den Gegenständen des Anlagevermögens außerplanmäßige Abschreibungen oder Wertberichtigungen vorgenommen werden, um die Gegenstände mit dem niedrigeren Wert der ihnen am Abschlußstichtag beizulegen ist, oder mit dem niedrigeren Wert, der steuerlich für zulässig gehalten wird, anzusetzen. Bei einer voraussichtlich dauernden Wertminderung müssen solche außerplanmäßigen Abschreibungen vorgenommen werden.

Nach den Bestimmungen der Einkommensteuer (EStG, § 7 Abs. 1) ist bei Gebäuden und sonstigen Wirtschaftsgütern, deren Verwendung oder Nutzung sich erfahrungsgemäß auf einen Zeitraum von mehr als einem Jahr erstreckt, der Betrag der Anschaffungskosten bzw. Herstellungskosten in gleichen Jahresbeträgen auf die betriebsgewöhnliche Nutzungsdauer zu verteilen.

An Stelle der linearen Abschreibung läßt das EStG § 7 Abs. 2 für bewegliche Wirtschaftsgüter des Anlagevermögens auch die Abschreibung in fallenden Jahresbeträgen, die sog. degressive (besser wäre geometrisch-degressive) Abschreibung zu. Sie kann nach einem unveränderlichen Hundertsatz vom jeweiligen Buchwert (Restwert) vorgenommen werden. Der dabei anzuwendende Hundertsatz darf höchstens das Zweifache des bei der Absetzung für Abnutzung in gleichen Jahresbeträgen in Betracht kommenden Hundertsatzes betragen und 20% nicht übersteigen[26].

Eine Besonderheit der degressiven Abschreibung ist dadurch gegeben, daß ihre Anwendung eine zusätzliche Abschreibung wegen außergewöhnlicher technischer oder wirtschaftlicher Abnutzung – im Gegensatz zur linearen Abschreibung – ausschließt. Ein Wechsel von der degressiven zur linearen Abschreibung ist steuerlich ohne weiteres möglich, jedoch kann umgekehrt von einer einmal gewählten linearen Abschreibung nicht auf die degressive Abschreibung übergegangen werden. Im Zeitpunkt des Überganges von der degressiven auf die lineare Abschreibung bemißt sich diese nach dem noch vorhandenen Restwert und der Restlebensdauer des Wirtschaftsgutes[27].

Für die Wahl der degressiven Abschreibung kann neben steuerlichen Zweckmäßigkeitsüberlegungen auch die Tatsache maßgebend sein, daß bekanntermaßen bei einem Anlagegut in den ersten Jahren nur geringfügige Instandhaltungskosten anfallen, mit fortschreitender Lebensdauer jedoch mit einem Anwachsen dieser Kosten zu rechnen ist. Dadurch, daß die Instandhaltungskostenkurve eine steigende, die Abschreibungskurve eine fallende Tendenz aufweist, ist langfristig gesehen ein gewisser Ausgleich gegeben.

Ein Sonderfall der degressiven Abschreibung von Anlagen ist die arithmetisch-degressive oder digitale Abschreibungsmethode. Es handelt sich dabei um eine Abschreibungsmethode, deren jährlicher Abschreibungsbetrag von Jahr zu Jahr arithmetisch abfällt. Die digitale Abschreibung ist z. Z. in Deutschland steuerlich nicht zulässig.

Ebenso wie bei der „Normalabschreibung" ist auch bei Anwendung der steuerlichen Sonderabschreibungsmöglichkeiten z. B. gem. EStG § 7a (Bewertungsfreiheit für Ersatzbeschaffung bei Vertriebenen usw.) oder gem. EStDV § 82 (Bewertungsfreiheit für Anlagen zur Verhinderung, Beseitigung oder Verringerung der Verunreinigungen der Luft) oder gem. EStDV § 79 (Bewertungsfreiheit der Anlagen zur Verhinderung, Beseitigung oder Verringerung von Schäden durch Abwässer) der Grundsatz der Maßgeblichkeit der Handelsbilanz für die Steuerbilanz zu beachten. Das bedeutet, daß die steuerlichen Sonderabschreibungsmöglichkeiten in der Steuer-

---

[26] Besonderheiten für bewegliche Wirtschaftsgüter des Anlagevermögens, die vor dem 8. 3. 1960 bzw. 31. 12. 1960 angeschafft wurden vgl. EStR 1965, Abschn. 43.

[27] Der zweckmäßige Zeitpunkt des Überganges von der geometrisch-degressiven zur linearen Abschreibung bestimmt sich nach der folgenden Formel:

$$m = -\frac{1}{d} + n + 1$$

d = degressiver Abschreibungssatz
n = Lebensdauer
Die Möglichkeit der degressiven Abschreibung ist im Augenblick (1973) ausgesetzt. Daraus geht die Bedeutung der Abschreibungsmethode als Steuerungsinstrument der Konjunkturpolitik hervor.

Über- oder Unterbewertung steuerlicher Gesichtspunkte 37

bilanz nur dann beansprucht werden können, wenn auch in der Handelsbilanz die Sonderabschreibungen durchgeführt werden.

26402 *Rechenbeispiel zu den Abschreibungsmethoden*
Abzuschreibende Anschaffungs- bzw. Herstellungskosten: DM 100 000,—
Lebensdauer: 10 Jahre

Jahr	Lineare AFA		Degressive AFA (25%)	
	Jahres- aufwand DM	Restwert (Jahresende) DM	Jahres- aufwand DM	Restwert (Jahresende) DM
1.	10 000,—	90 000,—	25 000,—	75 000,—
2.	10 000,—	80 000,—	18 750,—	56 250,—
3.	10 000,—	70 000,—	14 063,—	42 187,—
4.	10 000,—	60 000,—	10 546,—	31 641,—
5.	10 000,—	50 000,—	7 910,—	23 731,—
6.	10 000,—	40 000,—	5 933,—	17 798,—
7.	10 000,—	30 000,—	4 450,—*	13 348,—
8.	10 000,—	20 000,—	4 450,—	8 898,—
9.	10 000,—	10 000,—	4 450,—	4 448,—
10.	10 000,—	—	4 448,—	—

* Übergang auf lineare Abschreibung im 7. Jahr der Lebensdauer.

	Degressive AFA (20%)		Digitale AFA	
	Jahres- aufwand DM	Restwert (Jahresende) DM	Jahres- aufwand DM	Restwert (Jahresende) DM
1.	20 000,—	80 000,—	18 180,—	81 820,—
2.	16 000,—	64 000,—	16 362,—	65 458,—
3.	12 800,—	51 200,—	14 544,—	50 914,—
4.	10 240,—	40 960,—	12 726,—	38 188,—
5.	8 192,—	32 768,—	10 908,—	27 280,—
6.	6 554,—**	26 214,—	9 090,—	18 190,—
7.	6 554,—	19 660,—	7 272,—	10 918,—
8.	6 554,—	13 106,—	5 454,—	5 464,—
9.	6 554,—	6 552,—	3 636,—	1 828,—
10.	6 552,—	—	1 828,—	—

** Übergang auf lineare Abschreibung im 6. Jahr der Lebensdauer.

2641 *Steuerliche Auswirkungen von Investitionsentscheidungen*
26410 *Gewinnverlagerung*
1 *Steuerwirkung:* Zinsloser Kredit bei allen gewinnabhängigen Steuern durch Gewinnverlagerung mittels Abschreibungen
2 *Entstehung:* Durch Anwendung von Abschreibungsverfahren, bei denen zu Anfang der Nutzung einer Anlage höhere Abschreibungen zu

Lasten späterer Jahre verrechnet und damit die Gewinne entsprechend gemindert werden, wird praktisch ein zinsloser Steuerkredit erwirkt.

3 *Beispiel:* Siehe Tabelle S. 39.

4 *Beurteilung im Hinblick auf Investitionsentscheidungen:* Durch Anwendung der geometrisch-degressiven Abschreibung kann der auf diese Weise erwirkte Steuerkredit zur Finanzierung weiterer Investitionen herangezogen werden. Bei permanent wachsenden Unternehmen wird ein dauerhafter Vorteil erreicht.

26411 *Langfristige Minimierung progressiver Steuern*

1 *Steuerwirkung:* Verminderung der Progressionswirkung bei der Einkommensteuer durch Egalisierung der Gewinne.

2 *Entstehung:* Bei schwankenden Gewinnen wird durch Verlagerung der Gewinne mittels Abschreibungen über längere Zeit im theoretischen Grenzfall ein gleichmäßiger Gewinn erzielt; der Durchschnittssteuersatz wird dadurch günstiger.

3 *Beispiel:* Einzelfirma, Steuer nach der Splitting-Tabelle 1958.

Jahr	zu versteuernder Gewinn	Einkommensteuer	egalisierter Gewinn	Einkommensteuer	Unterschiede	Unterschiede auf Ausgangsdatum abgezinst $p = 6\%$
1	70 000	21 466	50 000	13 474	—7 992	—7 512
2	70 000	21 466	50 000	13 474	—7 992	—7 113
3	50 000	13 474	50 000	13 474	—	—
4	30 000	6 620	50 000	13 474	+6 854	+5 415
5	30 000	6 620	50 000	13 474	+6 854	+5 141
Summe	250 000	69 646	250 000	67 370	—2 276	—4 078

Die Ersparnis beträgt bei statischer Betrachtung DM 2 276. Bei dynamischer Betrachtung sind die Jahresersparnisse auf das Bezugsdatum abzuzinsen. Bei $p = 6\%$ wäre die Ersparnis auf den Beginn des ersten Jahres bezogen DM 4 078.

4 *Beurteilung im Hinblick auf Investitionsentscheidungen:* Bei gleichbleibenden Steuersätzen können durch Egalisierung der Gewinne Steuervorteile erreicht werden, die um so höher sind, je mehr Progressionsspitzen dadurch vermieden werden.

Über- oder Unterbewertung steuerlicher Gesichtspunkte

Der auf das Ausgangsdatum bezogene Zinsvorteil der geometrisch-degressiven Abschreibung gegenüber der linearen Abschreibung von Anlagegütern[1]

a	Lineare Abschreibung			Geometrisch-degressive Abschreibung[3]				Zinsvorteil
	b	c	d	e	f	g	h	f
n = Jahr (Ende)	Restwert (Anschaffungswert 100000)	AfA	Verminderung der Körperschaftsteuer	Restwert (Anschaffungswert 100000)	AfA	Verminderung der Körperschaftsteuer	g minus d (Zeitwerte)	Barwerte der Differenzen (Spalte h) auf Ausgangsdatum abgezinst mit 6%
1	90000	10000	5000	80000	20000	10000	+5000	+4720
2	80000	10000	5000	64000	16000	8000	+3000	+2670
3	70000	10000	5000	51200	12800	6400	+1400	+1180
4	60000	10000	5000	40960	10240	5120	+120	+100
5	50000	10000	5000	32760	8200	4100	−900	−670
6	40000	10000	5000	26210	6550	3270	−1730	−1220
7	30000	10000	5000	19660	6550	3270	−1730	−1150
8	20000	10000	5000	13110	6550	3280	−1720	−1090
9	10000	10000	5000	6560	6550	3280	−1720	−1020
10	—	10000	5000	—	6560	3280	−1720	−970
	450000[2]	100000	50000	334460[2]	100000	50000	±0	Zinsvorteil (Barwert): +2550

Annahmen:
Anschaffungs- bzw. Herstellkosten 100000,—DM.
Lebensdauer 10 Jahre; = 10% lineare Abschreibung p. a.
Degressive Abschreibung: 20% vom jeweiligen Restwert, Übergang zur linearen Abschreibung im 6. Jahre der Nutzung.
Gewinnbesteuerung: 50% des Gewinnes.
Verzinsung: Mit $p = 6\%$ auf den Beginn des ersten Jahres abgezinst; tatsächliche Steuertermine also nicht berücksichtigt. Durch Berücksichtigung der tatsächlichen Steuertermine würde der Zinsvorteil u. U. noch etwas geringer werden.

Barwert = $\dfrac{\text{Zeitwert}}{q^n}$; $q = 1 + \dfrac{p}{100}$

[1] Vgl. hierzu die Kapitalwertmethode, nach der hier verfahren wurde.
[2] Es ergibt sich außerdem noch ein Vorteil bei der Vermögensbesteuerung, der unter der Voraussetzung, daß der Teilwert = dem Restwert ist, überschlägig so ermittelt werden kann: 1% von Summe der Spalte b minus 1% von Summe der Spalte e. Eine exakte Rechnung müßte den Anteil der Fremdfinanzierung berücksichtigen, die Zahlungen der einzelnen Jahre ebenfalls abzinsen und dem Umstand Rechnung tragen, daß die Vermögensteuer bei Kapitalgesellschaften die Bemessungsgrundlage der Körperschaftsteuer nicht mindert.
[3] Die Vorteile der degressiven Abschreibung werden dadurch verringert, daß der degressive Abschreibungssatz maximal 20% bzw. das Doppelte des linearen Satzes betragen darf.

26412 Ausnutzung von Änderungen der Steuersätze

1 *Steuerwirkung:* Steuerersparnisse durch Verlagerung der Gewinne in Perioden mit günstigen Steuersätzen.

2 *Entstehung:* Stehen Steuersenkungen bevor, so ist es zweckmäßig, Gewinne in die Perioden mit niedrigeren Sätzen zu verschieben. Stehen Erhöhungen bevor, empfiehlt sich die Vorwegnahme von Gewinnen.

3 Die Darstellung eines *Beispieles* erübrigt sich, da die Wirkung evident ist.

4 *Beurteilung im Hinblick auf Investitionsentscheidungen:* Durch Wahl des geeigneten Zeitpunktes der Investition und Anwendung geeigneter Abschreibungsmethoden kann die Verlagerung der Gewinne erreicht werden.

26413 Gewinnegalisierung bei proportionaler Gewinnsteuer

1 *Steuerwirkung:* Indirekte Progression bei der Körperschaftssteuer auch bei proportionalen Steuersätzen.

2 *Entstehung:* Bei schwankenden Gewinnen und gleichbleibender Ausschüttung verändert sich der Durchschnittssteuersatz. Je mehr Gewinne einbehalten werden und dementsprechend mit dem erhöhten Körperschaftsteuersatz für einbehaltene Gewinne besteuert werden, desto höher wird auch der durchschnittliche Steuersatz.

3 *Beispiel:* Gespaltener Körperschaftsteuersatz von 15% für ausgeschüttete und 51% für nichtausgeschüttete Gewinne. Ausschüttung gleichbleibend 0,5 Mio DM/Jahr.

Jahr	Gewinn vor Steuer	Vom Gewinn vor Steuer entfallen auf			Körperschaftsteuer			Körperschaftsteuer in % des Gewinnes vor Steuer
		Ausgeschütteten Gewinn	Einbehaltenen[2]) Gewinn	Körperschaftsteuer[1])	15% auf ausgeschütteten Gewinn	51% auf einbehaltenen Gewinn	51% auf Körperschaftsteuer	(5):(2) × 100
(1)	(Mio DM) (2)	(Mio DM) (3)	(Mio DM) (4)	(Mio DM) (5)	(Mio DM) (6)	(Mio DM) (7)	(Mio DM) (8)	(9)
1	2,0	0,5	0,66	0,84	0,075	0,337	0,428	42%
2	2,5	0,5	0,905	1,095	0,075	0,462	0,558	43,8%
3	3,0	0,5	1,15	1,35	0,075	0,587	0,688	45%

[1]) Die Körperschaftsteuer errechnet sich nach folgender Formel: $KST = 0,51 \cdot G - 0,36 \cdot A$.
[2]) Der einbehaltene Gewinn errechnet sich nach folgender Formel: $E = G - A - KST$.
KST: Körperschaftsteuer, G: Gewinn vor Steuer, A: Ausgeschütteter Gewinn, E: Einbehaltener Gewinn.

4 *Beurteilung im Hinblick auf Investitionsentscheidungen:* Bei gleichbleibenden Steuersätzen und gleichbleibender Ausschüttung bringt eine zeitliche Verlagerung der Gewinne, z. B. durch Anwendung der degressiven Abschreibung, nur den Zinsvorteil für die Verlagerung der Steuerzahlungen und den Liquiditätsvorteil.

Über- oder Unterbewertung steuerlicher Gesichtspunkte

26414 Wahl der Finanzierungsart unter Steuergesichtspunkten

1 *Steuerwirkung:* Verminderung des Gewinnes durch Zinsen für Fremdkapital.

2 *Entstehung:* Während (kalkulatorische) Zinsen für Eigenkapital den steuerpflichtigen Gewinn nicht mindern, sind Fremdkapitalzinsen Betriebsausgaben. Durch Fremdfinanzierung von Investitionsobjekten werden die Fremdkapitalzinsen erhöht.

3 *Beispiel:* Angenommen der Zins für Fremdkapital beträgt 7%, der Hebesatz der Gewerbeertragsteuer beträgt 300%. Um 7% auf Eigenkapital netto zu erwirtschaften, müssen 10,5% brutto (vor Steuer) verdient werden, unter der Annahme der Ausschüttung der 7%.

Beweis:
./. 1000 DM Gewinn vor Steuer
./. 130 DM Gewerbeertragsteuer*
./. 206 DM Körperschaftsteuer für den gesamten steuerpflichtigen (ausgeschütteten und einbehaltenen) Gewinn**
———
664 DM

Für die 1 000 DM Ausschüttung müssen also rd. 1 500 DM verdient werden.

* Hebesatz 300%.
300% von 5% = 15% vom Hundert = 13,05% auf Hundert.
** 15% von 660 DM = 99 DM
51% von 210 DM = 107 DM
———
206 DM.

4 *Beurteilung im Hinblick auf Investitionsentscheidungen:* Die Investitionsentscheidung für beantragte Objekte fällt bei Knappheit an Eigenmitteln u. U. nur dann positiv aus, wenn die Fremdfinanzierung möglich ist. Zu bedenken ist, daß immer, wenn die Verzinsung des Fremdkapitals geringer ist als die Gesamtkapitalrentabilität, die Aufnahme neuen Fremdkapitals die Eigenkapitalrentabilität erhöht. Damit sind mehrere die Investitionstätigkeit begünstigende Momente der Fremdfinanzierung gegeben.

26415 Ausnutzung von Vermögensteuervorteilen

1 *Steuerwirkung:* Verringerung der Vermögensteuer durch Erwerb von Anlagegegenständen mit geringem vermögensteuerlichem Wertansatz.

2 *Entstehung:* Durch alle Vermögenswerte, für die die Vermögensteuer einen geringeren Wertansatz als den tatsächlichen Anschaffungs- oder Herstellungswert (ggf. abzüglich AfA) zuläßt, wird die Bemessungsgrundlage entsprechend vermindert.

3 *Beispiel:* Ein Wohnhaus wird für DM 180000,— erstellt, dessen Einheitswert DM 30000,— beträgt. Es entsteht anfangs in Kapitalgesellschaften nicht nur die rechnerische Steuerersparnis von 1% auf DM 150000,— = DM 1500,— p.a. Da die Vermögensteuer nicht von der Bemessungsgrundlage der Körperschaftsteuer ab-

ziehbar ist, müssen DM 2 350,— brutto verdient werden, um DM 1 000,— Vermögensteuer bezahlen zu können.

Beweis:
DM 2 350,— Gesamtsteuerschuld
DM 310,— = 13,05% Gewerbesteuer (wie 264 14)
DM 2 040,—
DM 1 040,— = 51% Körperschaftsteuer
DM 1 000,— = Vermögensteuer
Tatsächlich beträgt also die Steuerersparnis
150 · 23,50 = 3 525,— DM p. a.

4 *Beurteilung im Hinblick auf Investitionsentscheidungen:* Namentlich für freie Mittel kann eine vermögensteuerlich günstige Anlage – eine Investition – bedeutsam sein. In Kapitalgesellschaften ist der Auswirkung besondere Beachtung zu schenken.

27 Fehlende oder ungeeignete Investitionsrechnung

270 Art der Schwachstelle:

Investitionsrechnungen dienen der Vorbereitung von Investitionsentscheidungen. Sie sollen rationale Entscheidungen ermöglichen, nicht aber die Entscheidung vorwegnehmen.

Eine „Entscheidung durch Rechnung" wäre nur denkbar, wenn sich alle für die Entscheidung notwendigen Überlegungen quantifizieren und simultan in einer Rechnung berücksichtigen ließen. Diese Voraussetzung ist aber grundsätzlich nicht erfüllt. Nicht oder in der eigentlichen Investitionsrechnung nicht quantifizierte Faktoren, wie z. B. Risikoüberlegungen, technische und soziale Gesichtspunkte, spielen bei der Investitionsentscheidung neben dem Ergebnis der Rechnung eine Rolle.

Die Aufgabe der Investitionsrechnung besteht demnach darin, *ein* wesentliches Kriterium für die Investitionsentscheidung zu liefern. Dadurch soll die Treffsicherheit der Entscheidungen erhöht und das Risiko der Vornahme von Fehlinvestitionen vermindert werden. Es wäre jedoch verfehlt, anzunehmen, daß die Durchführung von Investitionsrechnungen Fehlinvestitionen völlig unmöglich macht.

Im Hinblick auf die Investitionsrechnung kann von der Existenz einer Schwachstelle gesprochen werden, wenn folgende Situationen gegeben sind:

1 Über die Vornahme von Investitionen wird ohne vorherige Rechnung (z. B. nach rein technischen Gesichtspunkten) entschieden.

2 Der Investitionsentscheidung geht eine Investitionsrechnung voraus. De facto orientiert sich aber die Entscheidung nicht am Ergebnis der Rechnung. Beispiel: Die Annahmen der Rechnung werden so lange geändert, bis das Ergebnis die vorgefaßte Meinung des Entscheidungsgremiums über die Vorteilhaftigkeit der betreffenden Investition stützt.

3 Der Investitionsentscheidung geht eine Investitionsrechnung voraus. Die angewendeten Rechenmethoden sind jedoch ungeeignet. Beispiel: Alle Investitionsprojekte werden ausschließlich nach der statischen Amortisationsrechnung durchgerechnet.

4 Der Investitionsentscheidung geht eine Investitionsrechnung voraus. Die Rechnung ist jedoch unvollständig. Beispiel: Durch die Realisierung eines Projektes verursachte, zukünftige Folgeinvestitionen (z. B. Ausbau bestimmter Hilfsbetriebe) werden nicht in die Rechnung einbezogen.

5 Der Investitionsentscheidung geht eine Investitionsrechnung voraus. Andere Gesichtspunkte, die für die Vorteilhaftigkeit eines Investitionsprojektes von Bedeutung sind, werden jedoch bei der Investitionsentscheidung nicht ausreichend berücksichtigt. Beispiel: Fragen der technischen Eignung, des Unfallschutzes, der Koordinierung mit anderen Maschinen und Betriebsbereichen bleiben unberücksichtigt.

271 Diagnose:

Die Feststellung von Schwachstellen der Investitionsrechnung erfordert die Offenlegung des Investitionsentscheidungs- und Investitionsrechenprozesses. Wichtige Aufschlüsse über den Umfang und die Art eventuell vorhandener Schwachstellen kann die Erforschung der Haltung von Mitgliedern des Entscheidungsgremiums gegenüber der Brauchbarkeit von Ergebnissen der Investitionsrechnung geben.
Folgende Ansichten sind beispielsweise charakteristisch für eine Fehlhaltung gegenüber der Investitionsrechnung – sie lassen mit großer Wahrscheinlichkeit die Existenz von Schwachstellen erwarten:
„Wir haben Investitionsentscheidungen schon immer so getroffen."
„Das Ergebnis einer Investitionsrechnung kann nie genau sein. Deshalb verzichten wir ganz auf die Rechnung."
„Die Orientierung der Investitionsentscheidung am Ergebnis einer Wirtschaftlichkeitsrechnung bremst unseren technischen Fortschritt und vermindert zumindest auf lange Sicht die Konkurrenzfähigkeit."

272 Ursachen der Schwachstelle:

Als Ursachen für fehlende und ungeeignete Investitionsrechnungen sind im wesentlichen zu nennen:

1 Fehlende Kenntnis der vorhandenen Rechenmethoden, ihrer Anwendbarkeit und Grenzen sowohl bei den Erstellern als auch bei den Verwendern der Rechenergebnisse. Fehlen den Erstellern einer Investitionsrechnung die entsprechenden Kenntnisse der Methoden, so besteht die Gefahr, daß ungeeignete Methoden angewendet werden. Fehlen den Verwendern der Rechenergebnisse die Kenntnisse der Methoden, so besteht die Gefahr, daß die Entscheidung nicht am Ergebnis der Rechnung orientiert wird. Der Grund dafür ist in der fehlenden Bereitschaft der Entscheidenden zu sehen, eine Rechnung zur Grundlage ihrer Entscheidung zu machen, die sie nicht nachvollziehen können.

2 Angst vor einer Einschränkung der unternehmerischen Entscheidungsfreiheit durch die Investitionsrechnung. Diese Ursache des Fehlens einer Investitionsrechnung beruht auf einem Mißverständnis der Aufgaben und Grenzen der Investitionsrechnung. Die Investitionsrechnung soll den Unternehmer in seiner

Entscheidungsfreiheit keineswegs einschränken – sie soll aber seine Entscheidung auf eine rationale Grundlage stellen.

3 Ablehnung der Rechnung auf Grund schlechter Erfahrungen mit der Rechnung in der Vergangenheit. Diese Einstellung gegenüber der Investitionsrechnung kann wiederum dadurch verursacht sein, daß die mit der Erstellung der Rechnungen betrauten Personen nicht ausreichend geschult waren, daß die in die Rechnung eingehenden Daten manipuliert waren, daß es an der notwendigen Kooperation zwischen den technischen und den kaufmännischen Bereichen im Betrieb fehlte oder daß man sich einfach mit zu großen Erwartungen der Rechnungen bediente.

4 Die Vorausschätzung zukünftiger Einnahmen und Ausgaben von Investitionsprojekten wird generell als unmöglich betrachtet („Prediction is impossible")[28].

Es wird in der Praxis manchmal übersehen, daß man sich für jede Entscheidung, deren Auswirkung mittel- bis langfristig in die Zukunft wirkt, mit zukünftigen Entwicklungen auseinandersetzen *muß*. Die Entscheidung auf der Grundlage der Verhältnisse zum Zeitpunkt der Entscheidung bedeutet doch weiter nichts als die Annahme, die Verhältnisse würden sich nicht ändern. Man darf aber mit ziemlicher Sicherheit annehmen, daß normalerweise gerade gleichbleibende Verhältnisse als Ausnahme zu werten sind. Es gilt deshalb, sich mit einer Haltung zu befreunden, die in der amerikanischen Literatur in dem Schlagwort „a poor guess is better than no guess" (eine dürftige Schätzung ist besser als keine Schätzung) zum Ausdruck kommt. Die Methoden, Schätzungen zu verarbeiten, reichen von recht einfachen Faustregeln bis zu anspruchsvollen mathematischen Verfahren (s. insbesondere Kapitel 4).

Eine Variante der hier behandelten Schwachstelle ist es, sich zu sehr in naturwissenschaftlich-mathematische Überlegungen zu verirren, so lange nicht einmal die notwendigen Informationen für einfache Näherungsverfahren tatsächlich erarbeitet werden. Das soll freilich nicht heißen, daß eine gründliche theoretische Fundierung aller angewendeten Verfahren entbehrt werden kann. Man sollte sich auch nicht durch den Abstand zwischen dem Theoretisch-Möglichen und dem Praktisch-Möglichen entmutigen lassen. Tatsächlich kann der unbefriedigende Umgang mit Zukunftsdaten auf zwei völlig entgegengesetzten Ursachen beruhen: einem tiefen Mißtrauen oder einer Abneigung gegenüber wissenschaftlichen Methoden einerseits sowie einer zu theoretischen Grundhaltung, die zu sehr nach naturwissenschaftlicher Exaktheit strebt, andererseits.

273 Therapie:

Die Beseitigung von Schwachstellen der Investitionsrechnung erfordert in erster Linie eine Haltungsänderung gegenüber der Investitionsrechnung und eine Schulung der mit der Investitionsrechnung befaßten Mitarbeiter. Diese Schulung sollte die Methoden der Investitionsrechnung, ihre Fragestellungen, ihre Prämissen sowie die Grenzen ihrer Anwendungsmöglichkeiten zum Gegenstand haben. Wegen der Bedeutung einer eingehenden Kenntnis der Investitionsrechenverfahren für eine erfolgreiche Investitionspolitik werden die einzelnen Verfahren in den folgenden Kapiteln ausführlich behandelt.

---

[28] Vgl. dazu auch Dean, J., a. a. O., S. 126.

3 Verfahren zur Beurteilung einzelner Investitionsprojekte bei sicheren Erwartungen
(„Klassische" Verfahren der Investitionsrechnung)

30 Überblick

Von der Betriebswirtschaftslehre, der Volkswirtschaftslehre und den Ingenieurwissenschaften wurde eine ganze Reihe von Verfahren der Investitionsrechnung entwickelt, die sich sowohl im theoretischen Exaktheitsgrad als auch in der Schwierigkeit der praktischen Durchführung unterscheiden. In bezug auf theoretische Exaktheit und Schwierigkeit der Anwendung ist eine gewisse gegenläufige Tendenz festzustellen: Je exakter eine Rechnung vom theoretischen Standpunkt aus ist, desto schwerer ist sie im allgemeinen zu realisieren.

Die Investitionsrechnungen lassen sich in zwei Hauptgruppen unterteilen: die statischen Verfahren und die dynamischen Verfahren. Der wesentliche Unterschied zwischen beiden Arten von Verfahren besteht darin, daß die dynamischen Verfahren zeitliche Unterschiede im Anfall der Ausgaben und Einnahmen einer Investition wertmäßig berücksichtigen, während das bei den statischen Verfahren nicht der Fall ist. Mit anderen Worten: Bei den dynamischen Verfahren wird diskontiert; das bedeutet, daß beispielsweise eine Einnahme aus der Investition, die im 1. Jahr nach Inbetriebnahme anfällt, höher bewertet wird als eine Einnahme, die zu einem späteren Zeitpunkt anfällt. Die Diskontierung wird durch folgende Überlegung gerechtfertigt: Je früher man Einnahmen aus der Investition erhält (bzw. je länger man Ausgaben hinausschieben kann), desto höher ist der mögliche Zinsertrag, der sich durch Reinvestition der Einnahmen erzielen läßt.

Vom Standpunkt der theoretischen Exaktheit sind die dynamischen Verfahren den statischen unbedingt überlegen. Es ist auch keineswegs so, daß diese Verfahren unüberwindliche rechnerische Schwierigkeiten aufweisen. Daß die statischen Methoden trotzdem noch in großem Umfang angewendet werden, hat sachlich folgende Gründe:

1 Es ist nicht in allen Fällen möglich, detaillierte Schätzungen der Ausgaben und Einnahmen eines Investitionsprojektes für die einzelnen Perioden der Lebensdauer vorzunehmen.
2 Es ist nicht in allen Fällen möglich, die von einem Investitionsprojekt verursachten Einnahmen festzustellen und sie dem Projekt zuzurechnen.
3 Es ist nicht in allen Fällen wirtschaftlich, die verhältnismäßig aufwendigen dynamischen Rechenverfahren anzuwenden.

Im allgemeinen verfügt jeder Betrieb, der überhaupt Investitionsrechnungen durchführt, über mehrere Rechenverfahren, deren Anwendung von der Art des zu untersuchenden Investitionsprojektes abhängt. Ideal ist dieser Zustand insbesondere im Hinblick auf die Aufstellung einer Dringlichkeitsskala der Investitionsprojekte nicht, weil die verschiedenen Beurteilungsmaßstäbe (z. B. Rentabilität, Amortisationszeit, interner Zinssatz) durch subjektive Bewertung auf einen Nenner gebracht werden müssen. Die durch die Rechnung herbeigeführte Objektivierung wird damit zumindest zum Teil wiederaufgehoben. Aus diesem Grunde ist die Anwendung einer einheitlichen Rechenmethode für alle Projekte der Methodenvielfalt vorzuziehen.

Welches Rechenverfahren für einen bestimmten Betrieb am geeignetsten ist, läßt sich nicht allgemeingültig sagen. Um diese Frage beantworten zu können, muß man sowohl die speziellen betrieblichen Bedingungen als auch die einzelnen Verfahren und deren Anwendungsmöglichkeiten und Grenzen kennen. Die folgenden Ausführungen sollen die Kenntnis der Verfahren vermitteln und damit an die Beantwortung der Frage nach dem geeigneten Verfahren im Einzelfall heranführen.

31 Statische Verfahren

310 Kostenvergleichsrechnung

3100 Darstellung des Verfahrens

Die Kostenvergleichsrechnung stellt die Kosten von zwei oder mehr Investitionsalternativen einander gegenüber, um die kostenmäßig günstigste Anlage zu ermitteln. In den Kostenvergleich sind grundsätzlich alle durch das jeweilige Projekt verursachten Kosten einzubeziehen. Eine Ausnahme bilden nur diejenigen Kostenarten, die für alle verglichenen Alternativen die gleiche Höhe aufweisen. Da sich diese Kostenarten nicht auf das Vergleichsergebnis auswirken, können sie außer acht gelassen werden.

Für die Kostenvergleichsrechnung sind im wesentlichen folgende Kostenarten von Bedeutung:
Kalk. Abschreibungen
Kalk. Zinsen
Löhne und Lohnnebenkosten
Materialkosten
Instandhaltungskosten
Energiekosten
Raumkosten
Werkzeugkosten

Die Anwendung des Kostenvergleiches innerhalb der Investitionsrechnung erstreckt sich in der Hauptsache auf zwei Problemkreise: auf das Auswahlproblem und auf das Ersatzproblem. Beim Auswahlproblem geht es darum, festzustellen, welche von mehreren funktionsgleichen Anlagen installiert werden soll. Beim Ersatzproblem geht es darum, festzustellen, ob eine vorhandene Anlage oder ein vorhandenes Verfahren zu einem bestimmten Zeitpunkt durch eine neue Anlage oder ein neues Verfahren ersetzt werden sollte oder ob es zweckmäßiger erscheint, den Ersatzzeitpunkt noch hinauszuschieben. Beide Probleme treten kombiniert auf, wenn für den Ersatz einer vorhandenen alten Anlage mehrere neue Anlagen zur Verfügung stehen.

3101 Lösung des Auswahlproblems
Bei der Lösung des Auswahlproblems mit Hilfe der Kostenvergleichsrechnung kann man entweder die Kosten je Zeitabschnitt oder die Kosten je Leistungseinheit für die verschiedenen Alternativen einander gegenüberstellen. Ist die mengenmäßige Leistung (nicht die Kapazität!) bei allen verglichenen Anlagen gleich, so führen beide Methoden zum selben Ergebnis. Das ist jedoch nicht der Fall, wenn die mengen-

Statische Verfahren

mäßige Leistung unterschiedlich ist: Unter dieser Voraussetzung müssen grundsätzlich die Erträge mit in die Betrachtung einbezogen werden (Gewinnvergleich). Die Auswahl der gewinngünstigsten Alternative ist jedoch unter bestimmten Bedingungen auch mit Hilfe eines Vergleichs der Kosten je Leistungseinheit möglich. Weist nämlich die Alternative mit der höheren Auslastung auch die geringeren Kosten je Leistungseinheit auf, so ist sie auch die gewinngünstigere. Dies läßt sich wie folgt zeigen:

p: Preis
k_I: Variable Kosten je LE bei Alternative I
k_{II}: Variable Kosten je LE bei Alternative II
F_I: Fixe Kosten bei Alternative I
F_{II}: Fixe Kosten bei Alternative II
x_I: Auslastung in LE bei Alternative I
x_{II}: Auslastung in LE bei Alternative II

Aus

$$-k_I - \frac{F_I}{x_I} < -k_{II} - \frac{F_{II}}{x_{II}}$$

$$p - k_I - \frac{F_I}{x_I} < p - k_{II} - \frac{F_{II}}{x_{II}}$$

folgt für $x_{II} > x_I$

$$(p - k_I)x_I - F_I < (p - k_{II})x_{II} - F_{II}$$

falls $p - k_{II} - \frac{F_{II}}{x_{II}} \geq 0$.

Beispiel I: Auswahl der kostengünstigsten Alternative durch Vergleich der Kosten je Zeitabschnitt.

	Anlage I	Anlage II
1 Anschaffungswert (DM)	100 000,—	50 000,—
2 Lebensdauer (Jahre)	8	8
3 Auslastung (LE/Jahr)*	12 000	12 000
4 Abschreibungen (DM)	12 500,—	6 250,—
5 Zinsen (10 % auf $^1/_2$ Anschaffungswert) (DM)	5 000,—	2 500,—
6 Sonstige fixe Kosten (DM)	1 000,—	600,—
7 Fixe Kosten insgesamt (DM)	18 500,—	9 350,—
8 Löhne und Lohnnebenkosten (DM)	4 600,—	12 000,—
9 Material (DM)	1 200,—	1 200,—
10 Energie und sonstige variable Kosten (DM)	770,—	1 800,—
11 Variable Kosten insgesamt (DM)	6 570,—	15 000,—
12 Kosten insgesamt	25 070,—	24 350,—

* Stellt eine Anlage mehrere Erzeugnisse her, so daß eine Angabe der Auslastung in LE/Jahr nicht möglich ist, dann ist in Zeile 3 die Maschinenlaufzeit in Stunden/Jahr anzugeben.

Der Kostenvergleich zeigt, daß bei einer Produktion von 12 000 Leistungseinheiten je Jahr die Anlage II kostengünstiger arbeitet als die Anlage I. Allerdings ist der Kostenunterschied in Höhe von 720,— DM/Jahr verhältnismäßig gering.

Beispiel II: Auswahl der kostengünstigsten Alternative durch Vergleich der Kosten je Leistungseinheit.

	Anlage I	Anlage II
1 Anschaffungswert (DM)	100 000,—	50 000,—
2 Lebensdauer (Jahre)	8	8
3 Auslastung (LE/Jahr)	15 600	12 000
4 Abschreibungen (DM/Jahr)	12 500,—	6 250,—
5 Zinsen (DM/Jahr)	5 000,—	2 500,—
6 Sonstige fixe Kosten (DM/Jahr)	1 000,—	600,—
7 Fixe Kosten je Jahr insgesamt	18 500,—	9 350,—
7a Fixe Kosten je Leistungseinheit	1,18	—,78
8 Löhne und Lohnnebenkosten (DM/LE)	—,39	1,—
9 Material (DM/LE)	—,10	—,10
10 Energie und sonstige variable Kosten (DM/LE)	—,06	—,15
11 Variable Kosten insgesamt (DM/LE)	—,55	1,25
12 Kosten je LE insgesamt	1,73	2,03

Beim vorliegenden Beispiel weist die Anlage I eine Auslastung von 15 600 Leistungseinheiten je Jahr auf, während mit der Anlage II voraussichtlich nur 12 000 Leistungseinheiten je Jahr erstellt werden können. Unter dieser Voraussetzung ist die Anlage I die kostengünstigere. Die Kosten je Leistungseinheit liegen um —,30 DM unter denen der Anlage II. Nach dem oben Gesagten muß II auch die gewinngünstigere Anlage sein, wenn $p \geq 1{,}73$ angenommen werden kann.

Wesentlich für die Investitionsentscheidung ist jedoch nicht nur die Ermittlung der Kosten für eine bestimmte Kapazitätsauslastung, sondern auch die Feststellung, ob eine kritische Auslastung existiert[1]. Dies insbesondere dann, wenn sich die zukünftige Auslastung nur schwer und mit großer Unsicherheit abschätzen läßt. Als kritische Auslastung wird hier diejenige Auslastung bezeichnet, bei der die Kosten je Zeitabschnitt (und damit auch die Kosten je Leistungseinheit) für zwei verglichene Anlagen gleich hoch sind. Vergleicht man mehr als zwei Anlagen miteinander, so erhält man in der Regel auch mehrere kritische Auslastungen.

Für die in den Beispielen I und II durchgerechneten Anlagen liegt die kritische Auslastung bei 13 071 Leistungseinheiten.

Liegt die geschätzte Auslastung der zu beschaffenden Anlage über 13 071 Leistungseinheiten, so ist die Anlage I zu wählen. Im umgekehrten Fall ist dagegen die Anlage II vorzuziehen. Die Orientierung der Entscheidung an der kritischen Auslastung hat den Vorteil, daß man die zukünftige Auslastung nicht exakt angeben muß. Man muß lediglich versuchen zu schätzen, ob eine Über- oder Unterschreitung der kritischen Auslastung wahrscheinlicher ist.

---

[1] Zur kritischen Auslastung vgl. auch Gutenberg, E., Grundlagen der Betriebswirtschaftslehre, Band 1, Die Produktion, 6. Aufl., Berlin–Göttingen–Heidelberg 1961, S. 293 ff. Brandt, H., Investitionspolitik des Industriebetriebs, Wiesbaden 1959, S. 51 f.

Statische Verfahren

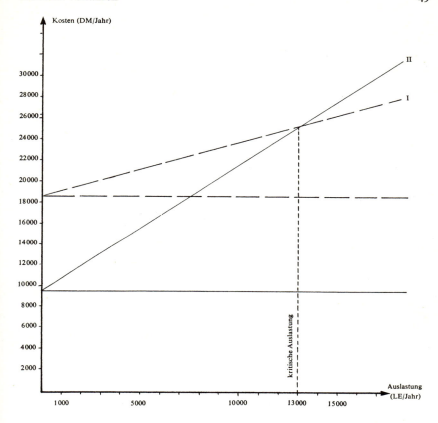

3102 Lösung des Ersatzproblems

Die Kostenvergleichsrechnung kann auch herangezogen werden, um während der Lebensdauer einer Investition zu überprüfen, ob es nicht wirtschaftlicher ist, die vorhandene Anlage durch eine neue zu ersetzen. Ebenso wie bei der Lösung des Auswahlproblems sind hier die Kosten je Zeitabschnitt — bei unterschiedlicher mengenmäßiger Leistung die Kosten je Leistungseinheit — einander gegenüberzustellen. Man kann darüber hinaus die Existenz einer kritischen Auslastung überprüfen, bei der — zu einem bestimmten Zeitpunkt — die Kosten der alten Anlage gleich den Kosten der neuen Anlage sind.

Beispiel III: Zu einem bestimmten Zeitpunkt soll festgestellt werden, ob der Ersatz einer vorhandenen Anlage durch eine neue Anlage wirtschaftlich ist.

	Alte Anlage	Neue Anlage
I. Angaben zur Kostenvergleichsrechnung		
1 Anschaffungswert (DM)	50 000,—	100 000,—
2 Lebensdauer (Jahre)	8	8
3 Auslastung (LE/Jahr)	12 000,—	16 200,—
4 Restlebensdauer der alten Anlage (Jahre)	3	—
5 Vergleichsperiode (Jahre)	3	3

4 Blohm-Lüder, Investition 3. A.

	Alte Anlage	Neue Anlage
6 Restbuchwert der alten Anlage zu Beginn der Vergleichsperiode (DM)	18 750,—	—
7 Restbuchwert der alten Anlage am Ende der Vergleichsperiode (DM)	—	—
8 Liquidationserlös der alten Anlage zu Beginn der Vergleichsperiode (DM)	9 750,—	—
9 Liquidationserlös der alten Anlage am Ende der Vergleichsperiode (DM)	—	—
10 Liquidationsverlust während der Vergleichsperiode* (DM/Jahr)	3 000,—	
11 Zinsentgang während der Vergleichsperiode** (DM/Jahr)	2 012,50	
II. Durchführung des Kostenvergleichs		
12 Abschreibungen (DM/Jahr)	6 250,—	12 500,—
13 Liquidationsverlust (DM/Jahr)	—	3 000,—
14 Zinsen (10% auf $^1/_2$ Anschaffungswert) (DM/Jahr)	2 500,—	5 000,—
15 Zinsentgang bei Ersatz (DM/Jahr)	—	
16 Sonstige fixe Kosten (DM/Jahr)	600,—	
17 Fixe Kosten je Jahr insgesamt	9 350,—	23 512,50
18 Fixe Kosten je Leistungseinheit (17 : 3)	—,78	1,45
19 Löhne und Lohnnebenkosten (DM/LE)	1,—	—,39
20 Material (DM/LE)	—,10	—,10
21 Energie und sonstige variablen Kosten (DM/LE)	—,15	—,06
22 Kosten je Leistungseinheit insgesamt	2,03	2,—

$$* \ L_v = \frac{(R_b - L_b) - (R_e - L_e)}{v} \ (DM/Jahr)$$

$$** \ L_z = (1 - \frac{L_b + L_e}{A_a}) \cdot Z \ (DM/Jahr)$$

L_v = Liquidationsverlust vor Steuer
R_b = Restbuchwert der alten Anlage zu Beginn der Vergleichsperiode
L_b = Liquidationserlös der alten Anlage zu Beginn der Vergleichsperiode
R_e = Restbuchwert der alten Anlage am Ende der Vergleichsperiode
L_e = Liquidationserlös der alten Anlage am Ende der Vergleichsperiode
L_z = Zinsentgang
Z = Zinskosten der alten Anlage je Jahr $= \frac{A_a}{2} \cdot i$
v = Vergleichsperiode
A_a = Anschaffungswert der alten Anlage

Während der Vergleichsperiode betragen die Kosten je Leistungseinheit der Ersatzanlage 2,— DM, die der vorhandenen Anlage 2,03 DM. Daraus ergibt sich, daß unter den Prämissen dieses Beispiels ein Ersatz der vorhandenen Anlage am Ende des 5. Jahres ihrer Lebensdauer vorteilhaft ist.

Die Belastung der Ersatzanlage mit Liquidationsverlust und Zinsentgang, die beim Ersatz entstehen, wird in der betriebswirtschaftlichen Literatur zum Teil befürwortet, zum Teil aber auch abgelehnt. Deshalb soll im folgenden zu diesem Punkt noch ausführlich Stellung genommen werden.

1 Verrechnung des Liquidationsverlustes

Mit Hilfe der Kostenvergleichsrechnung soll geprüft werden, ob es wirtschaftlicher ist, während einer bestimmten Vergleichsperiode mit der vorhandenen Anlage

Statische Verfahren

weiterzuarbeiten oder sie durch eine neue Anlage zu ersetzen. Die Fragestellung lautet also: Ist es zweckmäßig die vorhandene Anlage jetzt oder am Ende der Vergleichsperiode durch eine neue Anlage zu ersetzen? Dabei wird unterstellt, daß am Ende der Vergleichsperiode die gleiche neue Anlage beschafft würde wie zum gegenwärtigen Zeitpunkt[2]. Kostenunterschiede zwischen den verglichenen Alternativen ergeben sich demnach nur während der Vergleichsperiode. Die Beantwortung der oben genannten Frage kann also durch einen Vergleich der durchschnittlichen jährlichen Kosten während der Vergleichsperiode erfolgen. Diejenige Alternative ist vorteilhafter, die im Vergleichszeitraum die niedrigeren Kosten je Zeitabschnitt bzw. je Leistungseinheit (bei unterschiedlicher Auslastung) aufweist.

Die Beantwortung der Frage nach dem zweckmäßigen Ersatzzeitpunkt erfordert die Berücksichtigung des Liquidationsverlustes[3], mit dem die Ersatzanlage zu belasten ist:

$$L_v = \frac{(R_b - L_b) - (R_e - L_e)}{v} \text{ (DM/Jahr)}$$

Dieser durchschnittliche Liquidationsverlust je Jahr der Vergleichsperiode hängt von folgenden Größen ab:

a) dem Restbuchwert der alten Anlage zu Beginn (R_b) und am Ende der Vergleichsperiode (R_e). Die Differenz des Restbuchwertes je Jahr der Vergleichsperiode ist bei linearer Abschreibung identisch mit dem jährlichen Abschreibungsbetrag der alten Anlage. Aus diesem Grunde wirkt sich die Komponente „Restbuchwertdifferenz" des Liquidationsverlustes nicht auf die Vorteilhaftigkeit des Ersatzes aus, da beide Alternativen mit diesem Betrag belastet werden[4]. Das wiederum bedeutet, daß es für die Vorteilhaftigkeit des Ersatzes gleichgültig ist, ob die in den Liquidationsverlust eingehenden Restbuchwerte steuerliche, bilanzielle oder kalkulatorische Restbuchwerte sind. Es ist lediglich darauf zu achten, daß die Abschreibungen der alten Anlage dem in den Liquidationsverlust eingehenden Restbuchwert entsprechen (entweder steuerlich oder bilanziell oder kalkulatorisch). Will man den Liquidationsverlust nach Abzug von Ertragsteuern ermitteln, so ist es zweckmäßig, steuerliche Abschreibungen und Restbuchwerte zugrunde zu legen;

b) den erzielbaren Liquidationserlösen bei Verkauf oder anderweitiger Nutzung der alten Anlage zu Beginn (L_b) und am Ende der Vergleichsperiode (L_e);

c) der Länge der Vergleichsperiode (v). Vergleichsperiode ist der Zeitraum, um den die Vornahme der Ersatzinvestition aufgeschoben wird, wenn man sie zum gegenwärtigen Zeitpunkt unterläßt[5]. Die Vergleichsperiode kann kleiner, gleich

---

[2] Die gleiche Annahme machen z. B. Schneider, E., Wirtschaftlichkeitsrechnung, 4. Aufl., Tübingen/Zürich 1962, S. 98 f.
Jonas, H., Investitionsrechnung, Berlin 1964, S. 113.

[3] Ist L_v negativ, so handelt es sich um einen „Liquidationsgewinn", der in gleicher Weise zu berücksichtigen ist wie ein Liquidationsverlust.

[4] Darauf haben u. a. Jacob und Langen hingewiesen. Vgl. Jacob, H., Das Ersatzproblem in der Investitionsrechnung und der Einfluß der Restnutzungsdauer alter Anlagen auf die Investitionsentscheidung, ZfhF 1957, S. 134 f.
Langen, H., Der Einfluß des Restbuchwertes alter Anlagen auf Investitionsentscheidungen, NB 1963, S. 173 ff.

[5] Zum Begriff der Vergleichsperiode vgl. Terborgh, G., Leitfaden der betrieblichen Investitionspolitik, deutsche Übersetzung von H. Albach, Wiesbaden 1962, S. 96 ff.

oder größer als die Rest-Abschreibungsdauer sein, sie kann jedoch nicht über die technische Rest-Lebensdauer der vorhandenen Anlage hinausgehen.

Die Befürworter einer Belastung der neuen Anlage mit dem *Restbuchwert* der alten Anlage unter den betriebswirtschaftlichen Autoren gehen von folgenden Prämissen aus:

a) Der Liquidationsverlust während der gesamten Vergleichsperiode ist identisch mit dem Restbuchwert der alten Anlage[6]. Das gilt unter der Voraussetzung $L_b = L_e$ und v = Rest-Abschreibungsdauer der alten Anlage, und/oder

b) der Restbuchwert der alten Anlage ist nicht über die Vergleichsperiode, sondern über die gesamte Abschreibungsdauer der neuen Anlage zu verteilen[7].

Die Prämisse a) kennzeichnet lediglich einen Spezialfall der oben genannten Verrechnung des Liquidationsverlustes. Eine Auswirkung des Restbuchwertes auf den wirtschaftlichen Ersatzzeitpunkt ergibt sich aber erst, wenn man auch die Prämisse b) unterstellt. Diese Prämisse ist aber u. E. nicht gerechtfertigt, denn es gibt keinen objektiven Gesichtspunkt der dafür spricht, einen Verlust, der während der Rest-Abschreibungsdauer der alten Anlage entsteht, auf die Gesamt-Abschreibungsdauer der neuen Anlage zu verteilen[8]. Zusammenfassend ist also festzustellen, daß eine Ersatzanlage mit dem Liquidationsverlust der alten Anlage, nicht aber mit deren Restbuchwert zu belasten ist.

2 Verrechnung des Zinsentganges

Ebensowenig wie die Abschreibungen der alten Anlage dürfen auch die auf sie verrechneten kalkulatorischen Zinsen die Ersatzentscheidung beeinflussen. Deshalb wird in Analogie zum Liquidationsverlust als Korrekturposten für die Abschreibung auf die alte Anlage der Zinsentgang als Korrekturposten für die der alten Anlage zugerechneten kalkulatorischen Zinsen eingesetzt. Der Zinsentgang je Jahr der Vergleichsperiode errechnet sich wie folgt:

$$L_z = \frac{A_a}{2} \cdot i - \frac{L_b + L_e}{2} \cdot i$$

Man kann die Belastung der neuen Anlage mit dem Zinsentgang auch so interpretieren, daß im Falle des Ersatzes die neue Anlage den auf die alte Anlage verrechneten kalkulatorischen Zins zu tragen hat, soweit er den kalkulatorischen Zins auf den Liquidationserlös übersteigt[9]. Diese Interpretation wird deutlich, wenn man den Ausdruck für den Zinsentgang L_z geringfügig umformt

$$L_z = (1 - \frac{L_b + L_e}{A_a}) \cdot \frac{A_a}{2} \cdot i = (1 - \frac{L_b + L_e}{A_a}) \cdot Z \text{ (DM/Jahr)}$$

---

[6] Vgl. z. B. Gutenberg, E., Der Stand der wissenschaftlichen Forschung auf dem Gebiet der Investitionsplanung, ZfhF 1954, S. 560f.

[7] Vgl. z. B. Brandt, H., a. a. O., S. 60 und S. 106.
Gutenberg, E., Der Stand der wissenschaftlichen Forschung auf dem Gebiet der Investitionsplanung, a. a. O., S. 561.

[8] Vgl. auch Männel, W., Der Einfluß des Restbuchwertes alter Anlagen auf Investitionsentscheidungen, Diskussionsbeitrag zum gleichnamigen Aufsatz von H. Langen, NB 1964, S. 117.

[9] Sofern bei der alten Anlage keine kalkulatorischen Zinsen verrechnet werden, beträgt der „Zinsentgang" $L_z = -(\frac{L_b + L_e}{2}) \cdot i$, d. h. die Kosten der neuen Anlage werden um die Zinsen auf den Liquidationserlös vermindert.

3103 Prämissen und Anwendungsmöglichkeiten der Kostenvergleichsrechnung

Eine Beurteilung der Anwendungsmöglichkeiten der Kostenvergleichsrechnung auf dem Investitionsgebiet setzt die Kenntnis der wesentlichen Prämissen dieses Verfahrens voraus. Es sind hier zu nennen:

1 Die Kostenvergleichsrechnung unterstellt, daß die Erträge der verglichenen Investitionsprojekte gleich hoch sind. Nur unter dieser Prämisse führt die Kostenvergleichsrechnung zu einem aussagefähigen Ergebnis, da es der Unternehmung letztlich nicht um eine Kostenminimierung, sondern um eine Gewinnmaximierung geht.

Wie gezeigt wurde, kann man allerdings auch bei unterschiedlich hohen Erträgen aus dem Ergebnis eines Kostenvergleichs auf der Basis von Kosten je Leistungseinheit unter bestimmten Voraussetzungen Schlüsse bezüglich der Gewinn-Vorteilhaftigkeit ziehen. Vorausgesetzt werden muß,

- daß auf den verglichenen Anlagen das gleiche Erzeugnis hergestellt wird (Anlagen zur Massen- oder Sortenproduktion),
- daß die Anlage mit der höheren Produktionsmenge die niedrigeren Kosten je Leistungseinheit aufweist,
- daß der Preis unabhängig von der Produktionsmenge ist und die Kosten je Leistungseinheit der günstigeren Anlage nicht unterschreitet.

2 Die Kostenvergleichsrechnung arbeitet mit Durchschnittswerten (durchschnittliche Auslastung, durchschnittliche Kosten). Entweder bildet man „echte" Durchschnitte der voraussichtlichen Kosten während der Lebensdauer der Anlagen oder man unterstellt der Einfachheit halber, daß die wahrscheinlichen Kosten des ersten Jahres nach Durchführung des Vergleiches (sie sind normalerweise am einfachsten und genauesten zu schätzen) die Durchschnittskosten repräsentieren.

3 Sofern die Kostenvergleichsrechnung nur für eine bestimmte Auslastung durchgeführt wird (starre Kostenvergleichsrechnung), berücksichtigt sie grundsätzlich keine Unterschiede in der Zusammensetzung der Kosten bei den verglichenen Anlagen. Es wird also nicht ermittelt inwieweit beispielsweise variable Kosten durch fixe Kosten oder inwieweit Löhne durch Abschreibungen und Zinsen substituiert werden.

4 Die Kostenvergleichsrechnung liefert keinen absoluten Maßstab für die Beurteilung der Wirtschaftlichkeit einer Investition. Sie kann lediglich zur Auswahl einer von mehreren Alternativen herangezogen werden.

5 Wie alle statischen Investitionsrechnungen berücksichtigt auch die Kostenvergleichsrechnung zeitliche Unterschiede im Anfall der Kosten nicht.

Aus den genannten Prämissen ergibt sich, daß die Kostenvergleichsrechnung in erster Linie zur Beurteilung von Ersatz- und Rationalisierungsinvestitionen verwendet werden sollte. Nur bei diesen Investitionsarten kann man im allgemeinen gleichbleibende Erträge unterstellen. In vielen Fällen ist man gerade bei Ersatz- und Rationalisierungsinvestitionen auf die Kostenvergleichsrechnung angewiesen, da es sich um Maschinen und Anlagen handelt, die sich innerhalb eines Produktionsablaufes befinden und mit deren Hilfe nur Teilbearbeitungen des Endproduktes vorgenommen werden. Erfahrungsgemäß ist es sehr schwierig, diesen Maschinen und Anlagen Erträge zuzurechnen; man ist in diesem Fall schon deshalb auf die Kostenvergleichsrechnung als einzig anwendbare Methode angewiesen.

311 Amortisationsrechnung

3110 *Darstellung des Verfahrens*

Die statische Amortisationsrechnung (andere Bezeichnungen für die gleiche Methode sind: Kapitalrückflußrechnung, pay-back-, pay-off- oder pay-out-Rechnung) ermittelt den Zeitraum, in welchem der Kapitaleinsatz einer Investition über die Erlöse wieder in die Unternehmung zurückgeflossen ist. Dabei wird unterstellt, daß der Gewinn und die Abschreibungen der Amortisation des Kapitaleinsatzes dienen. Den auf diese Weise ermittelten Zeitraum bezeichnet man als Amortisations- oder Wiedergewinnungszeit. Formelmäßig ausgedrückt bestimmt man den Zeitpunkt m, für den die Gleichung:

$$I_0 = \sum_{t=1}^{m} (G_t + A_t)$$

erfüllt ist (I_0 = Kapitaleinsatz; G_t = Gewinn im Jahr t; A_t = Abschreibung im Jahr t).

Beim Vergleich mehrerer alternativer Investitionsprojekte wird das mit der kürzesten Amortisationszeit als das Vorteilhafteste betrachtet.

Die Summe aus dem jährlichen Gewinn und den jährlichen Abschreibungen wird auch als Rückfluß oder Cash-Flow einer Investition bezeichnet. Streng genommen ist der Rückfluß jedoch die Differenz zwischen Einnahmen und Ausgaben. Dieser Differenzbetrag entspricht näherungsweise der Summe aus Gewinn und Abschreibungen, was sich wie folgt ableiten läßt:

Rückfluß = Einnahmen — Ausgaben
 = Ertrag — Aufwand + (Einnahmen $\neq$ Ertrag)
 + (Aufwand $\neq$ Ausgaben)
 — (Ertrag $\neq$ Einnahmen)
 — (Ausgaben $\neq$ Aufwand)
 $\approx$ Gewinn + Abschreibungen

Da die Amortisationszeit in der Investitionsrechnung in erster Linie als Risikomaßstab verwendet wird, spielt die Art der Finanzierung keine Rolle. Als wesentliche Position, um die der Gewinn zu berichtigen ist, damit man den Rückfluß erhält, verbleibt der Aufwand, der keine Ausgaben darstellt. Diese Position umfaßt im wesentlichen die Abschreibungen. Soweit bei der Gewinnermittlung kalkulatorische Zinsen abgezogen wurden, sind sie in Höhe des die Fremdkapitalzinsen übersteigenden Betrages dem Rückfluß ebenfalls zuzurechnen.

Auf Grund der obigen Überlegungen läßt sich auch eindeutig die Frage beantworten, ob dem Gewinn die steuerlichen oder die kalk. Abschreibungen bei der Ermittlung des Rückflusses zuzurechnen sind.

Wurden bei der Gewinnermittlung die steuerlichen Abschreibungen abgesetzt (handelt es sich also um einen steuerlichen Gewinn), so ergibt sich der Rückfluß aus Gewinn (vor Steuerabzug) und steuerlichen Abschreibungen. Wurden bei der Gewinnermittlung die kalkulatorischen Abschreibungen abgesetzt (handelt es sich also um einen betriebswirtschaftlichen Gewinn), so ergibt sich der Rückfluß als Summe aus Gewinn und kalkulatorischen Abschreibungen. Der errechnete Rückfluß muß unter sonst gleichbleibenden Bedingungen gleich hoch sein. M. a. W.: der Rückfluß vor Ertragsteuerabzug ist von der Höhe der Abschreibungen unabhängig.

Statische Verfahren

Die Amortisationsrechnung läßt sich auch unter Verwendung des Rückflusses nach Ertragsteuerabzug (Gewinn nach Steuerabzug + steuerliche Abschreibungen) durchführen. In diesem Fall ist der Rückfluß selbstverständlich nicht mehr unabhängig von der Höhe der Abschreibungen und damit auch von der Abschreibungsmethode (vgl. dazu auch Anlage 4, S. 186).

Die Amortisationsrechnung kann in zwei Varianten durchgeführt werden – als Durchschnittsrechnung und als Kumulationsrechnung.

3111 *Durchschnittsrechnung*

Die Amortisations-Durchschnittsrechnung arbeitet mit durchschnittlichen Rückflüssen, durch die der Kapitaleinsatz dividiert wird. Die Amortisationszeit ergibt sich nach folgender Formel

$$m = \frac{I_0}{G + A} = \frac{\text{Kapitaleinsatz (DM)}}{\text{durchschnittlicher Rückfluß (DM/Jahr)}} \text{ (Jahre)}$$

Beispiel IV: Errechnung der durchschnittlichen Amortisationszeit zweier Anlagen.

	Anlage I	Anlage II
Kapitaleinsatz (DM)	100 000,—	100 000,—
Lebensdauer (Jahre)	5	5
Abschreibung (DM/Jahr)	20 000,—	20 000,—
Durchschnittlicher Gewinn (DM/Jahr)	8 000,—	10 000,—
Durchschnittlicher Rückfluß (DM/Jahr)	28 000,—	30 000,—
Amortisationszeit (Jahre)	3,57	3,33

Die durchschnittliche Amortisationszeit der Anlage II liegt um rund 0,25 Jahre oder 3 Monate unter der Amortisationszeit der Anlage I. Demzufolge ist die Anlage II als die vorteilhaftere zu bezeichnen.

3112 *Kumulationsrechnung*

Im Gegensatz zur Durchschnittsrechnung berücksichtigt die Amortisations-Kumulationsrechnung Unterschiede in der Höhe der jährlichen Rückflüsse wäh-

Beispiel V: Errechnung der Amortisationszeit zweier Anlagen mit Hilfe der Kumulationsrechnung.

	Anlage I	Anlage II
Kapitaleinsatz (DM)	100 000,—	100 000,—
Lebensdauer (Jahre)	5	5
Abschreibung (DM/Jahr)	20 000,—	20 000,—
Rückfluß (DM/Jahr)		
1. Jahr	30 000,—	20 000,—
2. Jahr	40 000,—	20 000,—
3. Jahr	30 000,— = 100 000,—	30 000,—
4. Jahr	20 000,—	40 000,— = 110 000,—
5. Jahr	20 000,—	40 000,—
Amortisationszeit (Jahre)	3	3,75

rend der Lebensdauer eines Investitionsprojektes. An die Stelle der durchschnittlichen Rückflüsse treten die effektiven jährlichen Rückflüsse der untersuchten Projekte.

Die Amortisationszeit läßt sich bei dieser Rechnung nicht mit Hilfe einer Formel bestimmen. Man addiert vielmehr die jährlichen Rückflüsse so lange, bis sie die Höhe des Kapitaleinsatzes erreicht haben. Der Zeitraum, in dem das der Fall ist, stellt die gesuchte Amortisationszeit dar.

Bei der Anlage I ist die Summe der jährlichen Rückflüsse nach Ablauf von drei Jahren gleich dem Kapitaleinsatz. Bei der Anlage II beträgt die Summe der Rückflüsse nach Ablauf von vier Jahren 110 000,— DM. Wenn man unterstellt, daß die 40 000,— DM des vierten Jahres gleichmäßig über das Jahr verteilt anfallen, so ist nach drei Jahren und neun Monaten der Kapitaleinsatz wiedergewonnen.

Nach der Kumulationsrechnung wird die Anlage I als die vorteilhaftere betrachtet, weil ihre Amortisationszeit um neun Monate unter der der Anlage II liegt.

An Stelle der rechnerischen Ermittlung der Amortisationszeit nach dem Kumulationsverfahren ist auch eine graphische Bestimmung möglich.

Die Amortisationszeit ergibt sich als Abszissenwert des Schnittpunktes zwischen der 100%-Linie und der Kurve der kumulierten Rückflüsse.

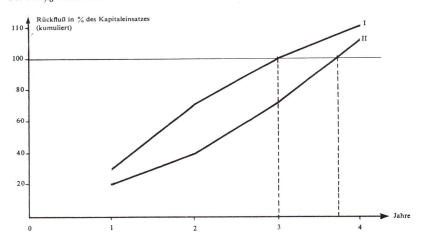

3113 *Prämissen und Anwendungsmöglichkeiten der Amortisationsrechnung*

Der statischen Amortisationsrechnung liegen folgende wesentliche Prämissen zugrunde:
1 Es wird lediglich der Zeitraum bis zur Rückgewinnung des eingesetzten Kapitals betrachtet. Die Restlebensdauer nach Ablauf der Amortisationszeit und die Gewinnentwicklung in diesem Zeitraum bleiben außer acht. Aus diesem Grund erlaubt die Amortisationsrechnung keine Aussage über die Rentabilität eines Investitionsprojektes. Es ist durchaus möglich, daß sich die Amortisationszeiten und die Rentabilitäten zweier Investitionsprojekte entgegengesetzt verhalten, d. h. das Projekt mit der kürzeren Amortisationszeit weist die geringere Rentabilität auf und umgekehrt.

2 In ihrer Variante als Durchschnittsrechnung arbeitet die Amortisationsrechnung mit durchschnittlichen Rückflüssen. Sie ist deshalb nur dort zu empfehlen, wo die Rückflüsse während der Lebensdauer als relativ konstant angenommen werden können. Ist diese Voraussetzung nicht gegeben, wie etwa im oben angeführten Beispiel, dann führt die Kumulationsrechnung zu einem zuverlässigeren Ergebnis.

3 Wie alle statischen Investitionsrechnungen berücksichtigt auch die Amortisationsrechnung zeitliche Unterschiede im Anfall der Rückflüsse nicht.

Trotz der genannten Vereinfachungen findet die statische Amortisationsrechnung in der Praxis in großem Umfang Anwendung, wie mehrere empirische Untersuchungen gezeigt haben. Für die weite Verbreitung dürften insbesondere zwei Gründe maßgebend sein:

a) Die einfache Errechnung der Amortisationszeit.

b) Das Bestreben der Unternehmungsleitung, dem Risikogesichtspunkt bei den Investitionsentscheidungen Rechnung zu tragen. Man kann von der Überlegung ausgehen, daß die Rückgewinnung des Kapitaleinsatzes um so unsicherer wird, je länger die Amortisationszeit ist, da mit zunehmender Entfernung von der Gegenwart auch die Unsicherheit der geschätzten Größen wächst. Je kürzer also die Amortisationszeit ist, desto größer ist auch die Sicherheit der Rückgewinnung des Kapitaleinsatzes.

Die Amortisationszeit ist allerdings ein recht grober und globaler Risikomaßstab, der nicht kritiklos angewendet werden sollte. Darüber hinaus erscheint es nicht zweckmäßig, die Investitionsentscheidung *allein* auf Grund der Amortisationszeit zu fällen (zumindest bei Investitionen, bei denen der Risikogesichtspunkt nicht im Vordergrund steht). Es sollte daneben noch ein Rentabilitätsmaßstab verwendet werden.

312 Rentabilitätsrechnung

3120 Darstellung des Verfahrens

Die statische Rentabilitätsrechnung setzt den durchschnittlichen Jahresgewinn einer Investition zum Kapitaleinsatz ins Verhältnis. Das Ergebnis dieser Rechnung ist die durchschnittliche jährliche Verzinsung des eingesetzten Kapitals.

$$R = \frac{\text{Gewinn (DM/Jahr)}}{\text{Kapitaleinsatz (DM)}} \cdot 100 \ (\%/\text{Jahr})$$

Je nachdem wie man die Begriffe Gewinn und Kapitaleinsatz definiert, lassen sich eine ganze Reihe unterschiedlicher Rentabilitätsgrößen für das gleiche Projekt errechnen. Interessant ist dazu beispielsweise eine Feststellung G. Terborghs[10]: Auf einer Arbeitstagung, an der sachverständige Mitarbeiter aus 14 Unternehmungen teilnahmen, ergab sich, daß von allen 14 Unternehmungen eine andere Variante der statischen Rentabilität zur Beurteilung der Investitionsprojekte verwendet wurde.

Wie man die Begriffe Gewinn und Kapitaleinsatz in der Rentabilitätsrechnung zweckmäßig definiert, läßt sich nicht allgemeingültig sagen. Unabdingbar für ein brauchbares Ergebnis beim Rentabilitätsvergleich ist allerdings, daß bei allen Pro-

---

[10] Vgl. Terborgh, G., a. a. O., S. 68.

jekten die gleichen Definitionen zugrunde gelegt werden. Außerdem sollte man noch folgende weitere Gesichtspunkte beachten:

1 Unter Gewinn ist jeweils der *zusätzliche* Gewinn zu verstehen, der durch das Investitionsprojekt verursacht wird. Bei Durchführung einer Rationalisierungsinvestition besteht dieser zusätzliche Gewinn in der Kostenersparnis gegenüber dem bisher angewendeten Verfahren.

Unter Kapitaleinsatz ist jeweils der *zusätzliche* Kapitaleinsatz zu verstehen, der für die Durchführung des Investitionsprojektes erforderlich ist. Vom Anschaffungswert einer neuen Anlage ist also beispielsweise der erzielbare Liquidationserlös für eine ausscheidende alte Anlage abzusetzen. Soweit eine Investition zusätzliches Umlaufvermögen erfordert, ist dieses Umlaufvermögen in die Position Kapitaleinsatz mit einzubeziehen.

2 Mit Hilfe der Rentabilitätsrechnung soll die durchschnittliche jährliche Verzinsung eines Investitionsprojektes errechnet werden. Es ist deshalb unzweckmäßig, bei der Gewinnermittlung kalkulatorische Zinsen auf das Eigenkapital abzuziehen. Eine solche Vorgehensweise würde dazu führen, daß man nicht die tatsächliche Durchschnittsverzinsung eines Investitionsprojektes erhält, sondern nur die über den kalkulatorischen Zins hinausgehende Verzinsung.

Für die Verrechnung von Fremdkapitalzinsen gilt folgendes: Soll die Vorteilhaftigkeit einer Investition zunächst ohne Berücksichtigung von Finanzierungsgesichtspunkten ermittelt werden (wie das normalerweise der Fall ist), so sind bei der Gewinnermittlung keine Fremdkapitalzinsen abzusetzen. Will man hingegen die Rentabilität des in einem Investitionsprojekt eingesetzten Eigenkapitals errechnen, dann ist der Gewinn nach Abzug von Fremdkapitalzinsen zu verwenden.

3 Die Rentabilität eines Investitionsprojektes kann sowohl vor als auch nach Abzug von Ertragsteuern errechnet werden. Im ersten Fall ist der Gewinn vor Ertragsteuerabzug, im zweiten Fall der Gewinn nach Ertragsteuerabzug in die Formel einzusetzen. Grundsätzlich läßt sich sagen, daß die Rentabilität nach Ertragsteuerabzug nur dann zu einer anderen Präferenzordnung der Investitionsprojekte führt als die Rentabilität vor Ertragsteuerabzug, wenn die Steuerbelastung unterschiedlich hoch ist. Bei unterschiedlicher Ertragsteuerbelastung sollte man deshalb die Rentabilität nach Steuer als Grundlage für die Investitionsentscheidung verwenden.

4 Der Errechnung der Rentabilität kann man entweder den ursprünglichen Kapitaleinsatz oder den durchschnittlichen Kapitaleinsatz zugrunde legen[11]. Für den Fall, daß die Position Kapitaleinsatz nur abnutzbare Wirtschaftsgüter des Anlagevermögens enthält, wird der durchschnittliche Kapitaleinsatz mit 50% des ursprünglichen Kapitaleinsatzes angenommen. Für den Fall, daß die Position Kapitaleinsatz neben abnutzbaren Wirtschaftsgütern auch nicht abnutzbare Wirtschaftsgüter (im wesentlichen Grundstücke und Umlaufvermögen) enthält, wird ein durchschnittlicher Kapitaleinsatz in Höhe der Summe aus 50% des ursprünglichen Kapitaleinsatzes der abnutzbaren Wirtschaftsgüter und 100%

---

[11] Es ist nicht zweckmäßig, den Gewinn auf den Rest-Kapitaleinsatz eines jeden Jahres der Lebensdauer zu beziehen, da man in diesem Fall kein einheitliches Kriterium für die Beurteilung eines Investitionsvorhabens besitzt. Vgl. auch Brandt, H., a. a. O., S. 38f.

Statische Verfahren

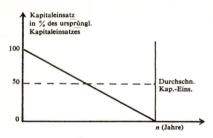
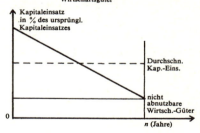

des ursprünglichen Kapitaleinsatzes der nicht abnutzbaren Wirtschaftsgüter angenommen.

Legt man der Errechnung der Rentabilität den durchschnittlichen Gewinn einer Investition und den gesamten ursprünglichen Kapitaleinsatz zugrunde, dann ist die Rechnung nur exakt, wenn man annehmen kann, daß sich der Kapitaleinsatz während der Lebensdauer des Investitionsprojektes nicht amortisiert oder daß es nicht möglich ist, die amortisierten Kapitalteile ihrerseits wieder zinsbringend anzulegen. Kann diese letztere Unterstellung nicht gemacht werden, so wären dem Gewinn der Investition die Gewinne der reinvestierten Kapitalteile zuzuschlagen. Da aber eine Isolierung dieser Gewinne normalerweise nicht möglich ist, erscheint es zweckmäßig, den Gewinn einer Investition nicht auf den gesamten ursprünglichen Kapitaleinsatz, sondern auf den durchschnittlichen Kapitaleinsatz zu beziehen. Es wird dabei unterstellt, daß dieser Kapitaleinsatz dem durchschnittlichen, noch nicht amortisierten Kapitaleinsatz entspricht.

Die praktischen Konsequenzen der Wahl der Kapitaleinsatzgröße sind allerdings nicht so schwerwiegend, wie das vielleicht zunächst scheinen mag, denn die Präferenzordnung verschiedener Investitionsprojekte ist bei Verwendung des gesamten ursprünglichen Kapitaleinsatzes genau die gleiche wie bei Verwendung des durchschnittlichen Kapitaleinsatzes. Unterschiede ergeben sich nur in der absoluten Höhe der Rentabilitäten.

Beispiel VI: Errechnung der Rentabilität zweier Anlagen auf der Basis des ursprünglichen und des durchschnittlichen Kapitaleinsatzes (vor Abzug von Zinsen und Ertragsteuern).

	Anlage I	Anlage II
Ursprünglicher Kapitaleinsatz (DM)	100 000,—	100 000,—
(Abnutzbare Wirtschaftsgüter)		
Durchschnittlicher Kapitaleinsatz (DM)	50 000,—	50 000,—
Lebensdauer (Jahre)	5	5
Durchschnittlicher Gewinn (DM/Jahr)	8 000,—	10 000,—
R_1 (Ursprünglicher Kapitaleinsatz) (%/Jahr)	8	10
R_2 (Durchschnittlicher Kapitaleinsatz) (%/Jahr)	16	20

Die Rentabilität der Anlage II ist höher als die Rentabilität der Anlage I (sowohl bezogen auf den ursprünglichen als auch auf den durchschnittlichen Kapitaleinsatz). Nach der statischen Rentabilitätsrechnung ist demnach die Anlage II die vorteilhaftere.

3121 Prämissen und Anwendungsmöglichkeiten der Rentabilitätsrechnung

Der statischen Rentabilitätsrechnung liegen folgende Prämissen zugrunde, deren man sich bei Anwendung dieser Methode bewußt sein sollte:

1 Der Gewinn wird für jede Periode (gewöhnlich ein Jahr) der Lebensdauer des Investitionsprojektes als gleichbleibend angenommen. Das wird entweder dadurch erreicht, daß man den durchschnittlichen Gewinn ermittelt oder noch einfacher dadurch, daß man nur den Gewinn des ersten Jahres schätzt und ihn als „Durchschnittsgewinn" in der Rechnung einsetzt.

Beim Vergleich zweier Investitionsprojekte ist der durch die Durchschnittsbildung entstehende Fehler besonders groß, wenn die Gewinnentwicklung bei beiden Projekten in entgegengesetzter Richtung verläuft. Der Kapitaleinsatz – ursprünglich eingesetztes Kapital oder Durchschnittswert – wird über die gesamte Lebensdauer des Investitionsprojektes als gleichbleibend angenommen. Im Gegensatz dazu nimmt jedoch der Kapitaleinsatz während der Lebensdauer ab, zumindest wenn man unterstellt, daß Gewinne erzielt werden und damit die verrechneten Abschreibungen über die Erträge wieder in die Unternehmung zurückfließen.

2 Beim Vergleich der Rentabilitäten zweier Investitionsprojekte werden Unterschiede in der Höhe des Kapitaleinsatzes und in der Lebensdauer normalerweise nicht berücksichtigt. Das ist aber streng genommen nur dann zulässig, wenn man von der „Prämisse der vollständigen Alternativen" ausgeht. Das bedeutet, daß die Kapitaleinsatz-Differenz während der Gesamt-Lebensdauer oder der Gesamt-Kapitaleinsatz während der Lebensdauer-Differenz die gleiche Rentabilität aufweisen müssen wie das untersuchte Projekt.

	Anlage I	Anlage II
Durchschnittlicher Kapitaleinsatz (DM)	10 000,—	8 000,—
Lebensdauer (Jahre)	5	5
Durchschnittlicher Gewinn (DM/Jahr)	1 000,—	1 200,—
Rentabilität (%/Jahr)	10	15

Beide Anlagen sind nur vergleichbar, wenn man unterstellt, daß die Kapitaleinsatz-Differenz in Höhe von 2 000,— DM ebenfalls eine Rentabilität von 15% aufweist.

3 Wie alle statischen Investitionsrechnungen berücksichtigt auch die Rentabilitätsrechnung zeitliche Unterschiede im Anfall der Gewinne nicht.

Die Anwendung der statischen Rentabilitätsrechnung setzt voraus, daß eine Zurechnung des Gewinnes auf das untersuchte Investitionsprojekt möglich ist. Demzufolge erstreckt sich der Anwendungsbereich im wesentlichen auf Erweiterungsinvestitionen. Die Beurteilung von Rationalisierungsinvestitionen, bei denen keine Zurechnung der Erträge möglich ist, kann nur unter bestimmten Voraussetzungen mit Hilfe der Rentabilitätsrechnung erfolgen. Diese Voraussetzungen sind:

a) Es darf keine Änderung der Erträge durch die Einführung des neuen Verfahrens eintreten (mit der Rationalisierung darf keine Erweiterung verbunden sein).

b) Es muß technisch und marktmäßig möglich sein, auf die Einführung des neuen Verfahrens zu verzichten und mit dem alten Verfahren während der gesamten Lebensdauer des neuen Verfahrens weiterzuarbeiten (allerdings mit höheren Kosten).

Sind diese beiden Voraussetzungen erfüllt, dann läßt sich auch für Rationalisierungsinvestitionen die Rentabilität errechnen. Dabei besteht der Gewinn des neuen Verfahrens in der Kostenersparnis gegenüber dem vorhandenen Verfahren.

32 Dynamische Verfahren

320 Allgemeines

Die dynamischen Methoden der Investitionsrechnung haben gemeinsam, daß zeitliche Unterschiede im Anfall der Ausgaben und Einnahmen einer Investition wertmäßig berücksichtigt werden. Das bedeutet, daß alle mit einem Investitionsprojekt verbundenen Ausgaben und Einnahmen auf einen bestimmten Zeitpunkt aufgezinst bzw. abgezinst und damit gleichnamig gemacht werden[12]. Die Durchführung dieser sog. Diskontierung erfordert zunächst die Erläuterung einiger grundlegender Begriffe, die für alle dynamischen Methoden gelten.

1 *Kapitaleinsatz:* Investitionssumme = Ausgaben für die Beschaffung oder Herstellung des erforderlichen Anlage- und Umlaufvermögens.

2 *Rückfluß (Cash-flow):* Einnahmen — Ausgaben (ohne Kapitaleinsatz) = Gewinn + Abschreibungen[13].

Je nachdem, ob der Kapitalwert oder der interne Zinssatz vor oder nach Abzug von Ertragsteuern errechnet werden soll, ist entsprechend der Rückfluß vor oder nach Abzug von Ertragsteuern anzusetzen. In der amerikanischen Literatur versteht man normalerweise unter Cash-flow die Summe aus dem Gewinn nach Ertragsteuerabzug und den Abschreibungen.

3 *Liquidationserlös:* Einnahmen aus dem Verkauf des Investitionsobjektes am Ende der Lebensdauer.

4 *Zeitwert:* Der Zeitwert einer Ausgabe oder einer Einnahme ist der Wert, den sie im Zeitpunkt ihres Entstehens hat (Wert vor Diskontierung).

5 *Bezugszeitpunkt:* Der Bezugszeitpunkt ist derjenige Zeitpunkt, auf den die Ausgaben und Einnahmen einer Investition auf- bzw. abgezinst werden (im allgemeinen gleich dem Zeitpunkt der Inbetriebnahme).

6 *Barwert:* Der Barwert einer Ausgabe oder einer Einnahme ist ihr Wert im Bezugszeitpunkt (Wert nach Diskontierung).

7 *Abzinsungsfaktoren:* Zur Ermittlung des Barwertes der Ausgaben und Einnahmen, die nach dem Bezugszeitpunkt anfallen, sind die Zeitwerte mit den Abzinsungsfaktoren zu multiplizieren: Zeitwert × Abzinsungsfaktor = Barwert.

Für einen am Ende der Periode t^* anfallenden Betrag, dessen Barwert jeweils *am Ende der Perioden* $t = 1, \ldots, t^*$ mit einem Zinssatz p (in %) bzw. i (dezimal) *verzinst* werden soll, gilt der Abzinsungsfaktor (Bezugszeitpunkt: Ende der Periode $t = 0$)

$$\frac{1}{q^{t^*}} = \frac{1}{(1+i)^{t^*}} = \frac{1}{\left(1+\frac{p}{100}\right)^{t^*}}$$

---

[12] Zur Begründung dieses Vorgehens vgl. S. 45.
[13] Vgl. dazu auch S. 54.

62 Verfahren zur Beurteilung einzelner Investitionsprojekte

Die Abzinsungsfaktoren können aus Tabellenwerken entnommen werden[14].

8 *Aufzinsungsfaktoren:* Zur Ermittlung des Barwertes der Ausgaben und Einnahmen, die vor dem Bezugszeitpunkt anfallen, sind die Zeitwerte mit den Aufzinsungsfaktoren zu multiplizieren: Zeitwert × Aufzinsungsfaktor = Barwert.

Die Aufzinsungsfaktoren sind zu den Abzinsungsfaktoren reziprok. Für einen am Ende der Periode $-t^*$ anfallenden Betrag, der jeweils *am Ende der Perioden* $t = -t^* + 1, \ldots, 0$ mit einem Zinssatz p *verzinst* werden soll, gilt der Aufzinsungsfaktor (Bezugszeitpunkt: Ende der Periode $t = 0$)

$$q^{t^*} = (1 + i)^{t^*} = (1 + \frac{p}{100})^{t^*}$$

Ebenso wie die Abzinsungsfaktoren können auch die Aufzinsungsfaktoren aus Tabellenwerken entnommen werden.

9 *Wiedergewinnungsfaktoren (Annuitätenfaktoren):* Die Wiedergewinnungsfaktoren dienen der Umrechnung von Barwerten bestimmter Ausgaben und/oder Einnahmen in jährlich gleichbleibende Beträge (Annuitäten): Barwert × Wiedergewinnungsfaktor = Annuität. Soll ein Barwert über t^* Perioden bei einem Zinssatz p in eine äquivalente Reihe gleichbleibender Beträge transformiert werden, die jeweils am Ende der Perioden $t = 1, \ldots, t^*$ anfallen, so gilt der Wiedergewinnungsfaktor (Bezugszeitpunkt: Ende der Periode $t = 0$)

$$\frac{q^{t^*}(q-1)}{q^{t^*}-1} = \frac{(1+i)^{t^*} \cdot i}{(1+i)^{t^*}-1}$$

Die Wiedergewinnungsfaktoren liegen ebenso wie die Auf- und Abzinsungsfaktoren tabelliert vor.

10 *Barwertfaktoren (Rentenbarwertfaktoren):* Die Barwertfaktoren dienen der Ermittlung des Barwerts einer Reihe jährlich gleichbleibender Beträge (Annuitäten):

Annuität × Barwertfaktor = Barwert

Die Barwertfaktoren sind zu den Wiedergewinnungsfaktoren reziprok. Soll der Barwert einer Reihe gleichbleibender Beträge ermittelt werden, die jeweils am Ende der Perioden $t = 1, \ldots, t^*$ anfallen und mit dem Zinssatz p zu verzinsen sind, so gilt der Barwertfaktor (Bezugszeitpunkt: Ende der Periode $t = 0$)

$$\frac{q^{t^*}-1}{q^{t^*}(q-1)} = \frac{(1+i)^{t^*}-1}{(1+i)^{t^*} \cdot i}$$

11 *Kapitalwert:* Der Kapitalwert einer Investition ist definiert als Barwert der Einnahmen abzüglich Barwert der Ausgaben (einschließlich Kapitaleinsatz) für einen bestimmten Diskontierungs-Zinssatz[15] oder – was dasselbe ist – als Barwert der Rückflüsse abzüglich Barwert des Kapitaleinsatzes.

12 *Interner Zinssatz:* Der interne Zinssatz einer Investition ist derjenige Diskontierungs-Zinssatz, für den sich ein Kapitalwert von Null ergibt[16].

---

[14] Vgl. z. B. Spitzer, S./Foerster, E., Tabellen für die Zinseszinsen- und Rentenrechnung, 12. Aufl., Wien o. J.
[15] Vgl. Schneider, E., a. a. O., S. 15.
[16] Vgl. Schneider, E., a. a. O., S. 10.

Dynamische Verfahren

321 Kapitalwertmethode

3210 *Darstellung des Verfahrens*

Bei der Kapitalwertmethode (present value method) ist — wie der Name schon sagt — der Kapitalwert einer Investition das Kriterium für ihre Vorteilhaftigkeit. Nach dieser Methode ist eine Investition um so vorteilhafter, je höher bei gegebenem Kalkulationszinssatz ihr Kapitalwert ist. Der Kapitalwert stellt einen Maßstab für die Verzinsung des investierten Kapitals dar — je höher der Kapitalwert desto höher auch die Verzinsung. Die Grundgleichung der dynamischen Methoden der Investitionsrechnung, nach der sich auch der Kapitalwert errechnet, lautet:

$$C_0 = \frac{R_1}{q} + \frac{R_2}{q^2} + \ldots + \frac{R_n}{q^n} + \frac{L}{q^n} - I_0$$

Gesucht: Kapitalwert C_0
Gegeben: Jährliche Rückflüsse während der Lebensdauer $R_1, R_2, \ldots, R_n$
Liquidationserlös am Ende der Lebensdauer L
Kapitaleinsatz im Bezugszeitpunkt I_0
Lebensdauer n
Kalkulationszinssatz p_k und damit auch die Abzinsungsfaktoren
$\frac{1}{q}, \ldots, \frac{1}{q^n}$

Es ist hierbei vereinfachend unterstellt worden, daß der Kapitaleinsatz in einer Summe im Bezugszeitpunkt erfolgt (d. h. der Kapitaleinsatz muß nicht diskontiert werden), und daß die Rückflüsse jeweils am Ende eines jeden Jahres anfallen.

Da man die Werte der Abzinsungsfaktoren für den festgelegten Kalkulationszinssatz p_k und für die verschiedenen Zeitpunkte einer Tabelle entnehmen kann, erfordert die Errechnung des Kapitalwertes lediglich noch Multiplikations-, Additions- und Subtraktionsoperationen. Vom rechnerischen Standpunkt aus gesehen ist die Bestimmung des Kapitalwertes einer Investition denkbar einfach.

Je nachdem, ob der errechnete Kapitalwert positiv, null oder negativ ist, ist die effektive Verzinsung (eff. Zinssatz $= p_e$) des noch nicht amortisierten Kapitaleinsatzes größer, gleich oder kleiner als der Kalkulationszinssatz p_k. Es gelten folgende Beziehungen[17]:

$C_0 > 0 \rightarrow p_e > p_k$
$C_0 = 0 \rightarrow p_e = p_k$ ($=$ interner Zinssatz r)
$C_0 < 0 \rightarrow p_e < p_k$

Die Verzinsung des noch nicht amortisierten Kapitaleinsatzes muß durchaus nicht mit der Verzinsung des gesamten ursprünglichen Kapitaleinsatzes übereinstimmen.

Die Höhe der Verzinsung des ursprünglichen Kapitaleinsatzes ist — im Gegensatz zur Verzinsung des noch nicht amortisierten Kapitaleinsatzes — von der Höhe der Verzinsung der reinvestierten Rückflüsse des Projektes während der Restlebensdauer abhängig.

---

[17] Diese Beziehungen stimmen mit den bei Brandt genannten Beziehungen überein. Brandt definiert lediglich den Kapitalwert anders. Vgl. Brandt, H., a. a. O., S. 80.

Beispiel VII: Errechnung des Kapitalwertes einer Investition. Kapitaleinsatz im Bezugszeitpunkt 0: 100 000,— DM

Lebensdauer: 5 Jahre
Liquidationserlös am Ende der Lebensdauer: null
Kalkulationszinssatz: 5%

Jahr	Rückfluß (Zeitwert)	Abzinsungsfaktor für $p_k = 5\%$	Rückfluß (Barwert)
1	30 000,—	0,952	28 560,—
2	40 000,—	0,907	36 280,—
3	30 000,—	0,864	25 920,—
4	20 000,—	0,823	16 460,—
5	20 000,—	0,784	15 680,—

Barwerte der Rückflüsse insgesamt	122 900,—
Abzüglich: Kapitaleinsatz	100 000,—
Kapitalwert	+ 22 900,—

Der errechnete Kapitalwert in Höhe von 22 900,— DM besagt, daß die Verzinsung des noch nicht amortisierten Kapitals über 5% liegt.

3211 *Alternativ-Vergleich*

Beim Vergleich zweier oder mehrerer alternativer Investitionsprojekte mit Hilfe der Kapitalwertmethode sind einige wesentliche Voraussetzungen zu beachten. Nur wenn diese Voraussetzungen gegeben sind, führt der Vergleich zu einem einwandfreien Ergebnis.

1 Die verglichenen Alternativen müssen bezüglich Kapitaleinsatz und Lebensdauer gleich sein (es muß sich um sog. vollständige Alternativen handeln) [18]. Wenn diese Gleichheit nicht von vornherein gegeben ist, dann muß sie durch Berücksichtigung der Differenzinvestition hergestellt werden.

Beispiel VIII: Vergleich zweier alternativer Investitionsprojekte mit Hilfe der Kapitalwertmethode

Jahr	Projekt I		Projekt II	
	Kapitaleinsatz	Rückfluß (Zeitwert)	Kapitaleinsatz	Rückfluß (Zeitwert)
0	100 000,—	—,—	60 000,—	—,—
1		30 000,—		25 000,—
2		40 000,—		25 000,—
3		30 000,—		25 000,—
4		20 000,—		
5		20 000,—		

---

[18] Vgl. z. B. Schneider, E., a. a. O., S. 33 ff.
Brandt, H., a. a. O., S. 95 ff.

Dynamische Verfahren

Da der Kapitaleinsatz des Projektes I um 40000,— DM über dem Kapitaleinsatz des Projektes II liegt und da die Lebensdauer des Projektes I die Lebensdauer des Projektes II um zwei Jahre überschreitet, sind beide Projekte in dieser Form zunächst nicht vergleichbar.

Für die Vorteilsentscheidung ist die Berücksichtigung der Differenzinvestition in irgendeiner Weise erforderlich. Man kann hierbei drei verschiedene Wege beschreiten:

a) Man unterstellt, daß der interne Zinssatz der Differenzinvestition mit dem für die Projekte I und II angesetzten Kalkulationszinssatz übereinstimmt[19]. Unter dieser Voraussetzung kann die Differenzinvestition beim Vergleich außer acht gelassen werden. Es sind lediglich die Kapitalwerte der Projekte I und II miteinander zu vergleichen.

Jahr	Projekt I				Projekt II			
	Kapital-einsatz	Rückfluß (Zeitwert)	Abzin-sungs-faktor für $p = 5\%$	Netto-Rückfluß (Barwert)	Kapital-einsatz	Rückfluß (Zeitwert)	Abzin-sungs-faktor für $p = 5\%$	Netto-Rückfluß (Barwert)
0	100000,—	—,—	1,0	—100000,—	60000,—	—,—	1,0	—60000,—
1		30000,—	0,952	28560,—		25000,—	0,952	23800,—
2		40000,—	0,907	36280,—		25000,—	0,907	22675,—
3		30000,—	0,864	25920,—		25000,—	0,864	21600,—
4		20000,—	0,823	16460,—				
5		20000,—	0,784	15680,—				
Kapitalwert = ΣNetto-Rückfluß....				+ 22900,—	Kapitalwert = ΣNetto-Rückfl.			+ 8075,—

Der Vergleich zeigt, daß bei einem Kalkulationszinssatz von 5% eine Verwirklichung des Projektes I vorteilhaft ist, da sein Kapitalwert um 14825,— DM über dem Kapitalwert des Projektes II liegt.

b) Man kann nicht unterstellen, daß der interne Zinssatz der Differenzinvestition mit dem für die Projekte I und II angesetzten Kalkulationszinssatz übereinstimmt. Es ist aber möglich, die der Differenzinvestition zuzurechnenden Rückflüsse zu ermitteln. In diesem Fall erfolgt die Entscheidung durch Vergleich des Kapitalwertes des Projektes I mit der Summe der Kapitalwerte des Projektes II und der Differenzinvestition.

Jahr	Projekt I				Projekt II				Differenzinvestition			
	Kapital-einsatz	Rückfluß (Zeitwert)	Abzin-sungs-faktor für $p=5\%$	Netto-Rückfluß (Barwert)	Kapital-einsatz	Rückfluß (Zeitwert)	Abzin-sungs-faktor für $p=5\%$	Netto-Rückfluß (Barwert)	Kapital-einsatz	Rückfluß (Zeitwert)	Abzin-sungs-faktor für $p=5\%$	Netto-Rückfluß (Barwert)
0	100000,—	—,—	1,0	—100000,—	60000,—	—,—	1,0	—60000,—	40000,—	—,—	1,0	—40000,—
1		30000,—	0,952	28560,—		25000,—	0,952	23800,—		20000,—	0,952	19040,—
2		40000,—	0,907	36280,—		25000,—	0,907	22675,—		20000,—	0,907	18140,—
3		30000,—	0,864	25920,—		25000,—	0,864	21600,—		20000,—	0,864	17280,—
4		20000,—	0,823	16460,—						15000,—	0,823	12345,—
5		20000,—	0,784	15680,—						10000,—	0,784	7840,—
Kapitalwert = ΣNetto-Rückfluß			+22900,—	Kapitalwert = ΣNetto-Rückfluß			+ 8075,—	Kapitalwert = ΣNetto-Rückfluß			+34645,—	

---

[19] Prämisse der vollständigen Alternativen. Vgl. dazu z. B. Schneider, E., a. a. O., S. 34.

$34\,645 + 8\,075 = 42\,720 \geq 22\,900$

Der Vergleich zeigt, daß bei einem Kalkulationszinssatz von 5% eine Verwirklichung der Investition II und der Differenzinvestition vorteilhaft ist, da die Summe der Kapitalwerte beider Investitionen um 19 820,— DM über dem Kapitalwert der Investition I liegt.

c) Man kann nicht unterstellen, daß der interne Zinssatz der Differenzinvestition mit dem für die Projekte I und II angesetzten Kalkulationszinssatz übereinstimmt. Die Rückflüsse der Differenzinvestition lassen sich nicht ermitteln.

In diesem Fall bildet man die **Kapitaleinsatzdifferenz** und die **Rückflußdifferenz** zwischen den Projekten I und II und bestimmt den zugehörigen Kapitalwert. Dieser Kapitalwert bringt die auf die Differenzinvestition zu erzielende Verzinsung bei Realisierung des Projektes I zum Ausdruck. Die Vorteilsentscheidung hängt nun davon ab, ob der Kapitalwert der Differenzinvestition bei Realisierung des Projektes II wahrscheinlich über oder unter dem Kapitalwert der Differenzinvestition bei Realisierung des Projektes I liegt.

Gegenüber dem unter b) beschriebenen Verfahren hat das hier dargestellte Verfahren folgende Vorteile:

(1) Die Vorteilsentscheidung erfordert lediglich die Bestimmung des Kapitalwertes der Differenzinvestition. Die Kapitalwerte der Projekte I und II müssen nicht errechnet werden.

(2) Die Vorteilsentscheidung erfordert nicht die Kenntnis des Kapitalwertes der Differenzinvestition bei Realisierung des Projektes II. Es muß lediglich eine Vorstellung darüber bestehen, ob dieser Kapitalwert über oder unter einem bestimmten Wert liegt (nämlich über oder unter dem Kapitalwert der Differenzinvestition bei Realisierung des Projektes I).

Jahr	Projekt I		Projekt II		Differenzinvestition			
	Kapital-einsatz	Rückfluß (Zeitwert)	Kapital-einsatz	Rückfluß (Zeitwert)	Kapital-einsatz	Rückfluß (Zeitwert)	Abzinsungsfaktor für $p = 5\%$	Netto-Rückfluß (Barwert)
0	100 000,—	—,—	60 000,—	—,—	40 000,—	—,—	1,0	−40 000,—
1		30 000,—		25 000,—		5 000,—	0,952	4 760,—
2		40 000,—		25 000,—		15 000,—	0,907	13 605,—
3		30 000,—		25 000,—		5 000,—	0,864	4 320,—
4		20 000,—		—,—		20 000,—	0,823	16 460,—
5		20 000,—		—,—		20 000,—	0,784	15 680,—
Kapitalwert der Differenzinvestition = Σ Netto-Rückfluß								+14 825,—

Der Vergleich zeigt, daß eine Verwirklichung des Projektes I dann vorteilhaft ist, wenn von der Differenzinvestition bei anderweitiger Anlage und einem Kalkulationszinssatz von 5% ein Kapitalwert von weniger als 14 825,— DM erwartet werden kann.

2 Die Rückflüsse müssen bis zum Ende der Lebensdauer der verglichenen Investitionsprojekte zum Kalkulationszinssatz reinvestiert werden können. Man wählt deshalb zweckmäßig den Kalkulationszinssatz bereits im Hinblick auf diese Prämisse.

Nur wenn diese Voraussetzung gegeben ist, macht der Kapitalwert eine Aussage über die Verzinsung des *gesamten* ursprünglichen Kapitaleinsatzes einer Investition. Andernfalls bezieht sich die Aussage lediglich auf die noch nicht amortisierten Kapitalteile. Da das noch nicht amortisierte Kapital zweier Investitionsprojekte aber in der Regel unterschiedlich hoch ist (selbst bei gleichem ursprünglichem Kapitaleinsatz), ist ein Vergleich auf dieser Basis nicht möglich. Das Fehlen der unter 1 genannten Voraussetzung der vollständigen Alternativen stört die Vergleichbarkeit.

3 Der Bezugszeitpunkt muß bei allen verglichenen Alternativen der gleiche sein, da die Höhe des Kapitalwertes einer Investition vom Bezugszeitpunkt abhängt[20]. Kapitalwerte, die sich auf unterschiedliche Zeitpunkte beziehen, sind nicht vergleichbar.

3212 *Einnahmen und Ausgaben, die bei der Kapitalwertermittlung zu berücksichtigen sind*

In der betriebswirtschaftlichen Investitionsliteratur werden unterschiedliche Auffassungen darüber vertreten, ob bei der Ermittlung des Kapitalwertes oder des internen Zinssatzes einer Investition mit Ausgaben/Einnahmen oder mit Aufwendungen/Erträgen zu rechnen ist[21]. Eine Entscheidung dieser Frage setzt voraus, daß man das Ziel der dynamischen Investitionsrechnung festlegt. Sieht man als Ziel die Ermittlung der Verzinsung des Kapitaleinsatzes für ein bestimmtes Investitionsprojekt unter Berücksichtigung seiner Gesamtlebensdauer an, so ist dafür allein die Höhe und die zeitliche Verteilung der von diesem Projekt verursachten Ausgaben und Einnahmen maßgebend.

Da das betriebliche Rechnungswesen in erster Linie Aufwendungen und Erträge sowie Kosten und Leistungen erfaßt, erleichtert es die praktische Durchführung der Investitionsrechnung u. U. erheblich, wenn man mit Aufwendungen und Erträgen anstatt mit Ausgaben und Einnahmen rechnet (genauso wie man den Rückfluß näherungsweise gleich Gewinn + Abschreibungen setzt). Man sollte sich allerdings darüber im klaren sein, daß es sich hier tatsächlich nur um eine Näherungslösung handelt.

Bei der Erörterung der Frage, welche Kategorien von Ausgaben und Einnahmen in die dynamische Investitionsrechnung einzubeziehen sind, ist zunächst ausdrücklich festzustellen, daß nur diejenigen Ausgaben und Einnahmen Berücksichtigung finden können, die *zusätzlich* anfallen. Mit anderen Worten: Von den durch das Investitionsprojekt tatsächlich entstehenden Ausgaben und Einnahmen sind die tatsächlich entfallenden Ausgaben und Einnahmen abzusetzen. Es handelt sich hier um eine *Differenzbetrachtung* gegenüber der Situation der Unternehmung vor Durchführung des Investitionsprojektes.

I. Kapitaleinsatz

1 + Forschungs- und Entwicklungsausgaben
2 + Ausgaben für die Beschaffung von Grundstücken
3 + Ausgaben für die Beschaffung oder Herstellung von Maschinen und maschinellen Anlagen

---

[20] Vgl. Schneider, E., a. a. O., S. 17.
[21] Vgl. z. B. Schneider, E., a. a. O., S. 1 ff.
Brandt, H., a. a. O., S. 90 ff.

4 + Ausgaben für die Beschaffung sonstigen Anlagevermögens
5 + Ausgaben für die Beschaffung zusätzlichen Umlaufvermögens
6 + Ausgaben für künftige Ersatzinvestitionen, Folgeinvestitionen und Großreparaturen
7 + Installierungsausgaben

8 = Brutto-Kapitaleinsatz
9 — Erlöse aus dem Verkauf nicht mehr benötigter, alter Anlagen
10 — Ausgaben für vermiedene Großreparaturen

11 = Netto-Kapitaleinsatz

II. Rückfluß

1 + Umsatzerlöse   (DM/Jahr)
2 + Eigenleistungen (DM/Jahr)

3 = Erträge   (DM/Jahr)
4 — Löhne   (DM/Jahr)
5 — Material   (DM/Jahr)
6 — Instandhaltung (DM/Jahr)
7 — Werkzeuge   (DM/Jahr)
8 — Energie   (DM/Jahr)
9 — Sonstige Aufwendungen (keine Abschreibungen)   (DM/Jahr)

10 = Rückfluß vor Abzug von Ertragsteuern   (DM/Jahr)
11 — Abschreibungen (DM/Jahr)

12 = Gewinn vor Abzug von Ertragsteuern   (DM/Jahr)
13 — Ertragsteuern (DM/Jahr)

14 = Gewinn nach Abzug von Ertragsteuern   (DM/Jahr)
15 + Abschreibungen (DM/Jahr)

16 = Rückfluß nach Abzug von Ertragsteuern   (DM/Jahr)

Dem jährlichen Rückfluß ist am Ende der Lebensdauer noch der eventuell entstehende Liquidationserlös aus dem Verkauf der alten Anlage und/oder aus dem Verkauf des Umlaufvermögens hinzuzuzählen. Bei Errechnung des Kapitalwertes oder des internen Zinssatzes nach Ertragsteuerabzug ist der Liquidationserlös um die auf ihn entfallenden Ertragsteuern zu vermindern.

322 Interne-Zinssatz-Methode

3220 *Darstellung des Verfahrens*

Die Interne-Zinssatz-Methode (discounted cash-flow method) unterscheidet sich von der Kapitalwertmethode dadurch, daß die Grundgleichung der dynamischen Methoden[22] für einen Kapitalwert von $C_0 = 0$ nach dem Diskontierungszinssatz aufgelöst wird. Den gesuchten Diskontierungszinssatz bezeichnet man als internen Zinssatz einer Investition.

$$C_0 = \frac{R_1}{q} + \frac{R_2}{q^2} + \ldots + \frac{R_n}{q^n} + \frac{L}{q^n} - I_0$$

---

[22] Vgl. S. 63.

Dynamische Verfahren

Gesucht: Abzinsungsfaktor q bzw. interner Zinssatz r
Gegeben: Jährliche Rückflüsse während der Lebensdauer $R_1, R_2, \ldots, R_n$
Liquidationserlös am Ende der Lebensdauer L
Kapitaleinsatz im Bezugszeitpunkt I_0
Lebensdauer n
Kapitalwert $C_0 = 0$

Bei der Grundgleichung handelt es sich um eine Gleichung n-ten Grades (n = Lebensdauer), die für Werte von $n > 3$ nur näherungsweise zu lösen ist. Die Näherungslösung erreicht man durch Diskontierung mit mehreren (mindestens 2) Versuchszinssätzen und durch anschließendes Interpolieren. Im Normalfall führt die lineare Interpolation zu einem ausreichend genauen Ergebnis.

Zur Bestimmung des internen Zinssatzes einer Investition muß zwar ein Kalkulationszinssatz nicht festgelegt werden, wohl aber zur Ermittlung der Vorteilhaftigkeit eines einzelnen Projekts. Vorteilhaft ist ein Projekt nämlich dann, wenn sein interner Zinssatz mindestens gleich dem Kalkulationszinssatz ist.

Beispiel IX: Errechnung des internen Zinssatzes einer Investition

Kapitaleinsatz im Bezugszeitpunkt 0: 100000,— DM
Lebensdauer: 5 Jahre
Liquidationserlös am Ende der Lebensdauer: 0
Versuchszinssätze: 10%; 20%

Jahr	Kapitaleinsatz	Rückfluß (Zeitwert)	Versuchszinssatz 10%		Versuchszinssatz 20%		Zinsen	Amortisation	Noch nicht amortisiertes Kapital
			Abzinsungsfaktor für $p = 10\%$	Netto-Rückfluß (Barwert)	Abzinsungsfaktor für $p = 20\%$	Netto-Rückfluß (Barwert)			
0	100000,—	—,—	1,0	—100000,—	1,0	—100000,—	—,—	—,—	100000,—
1		30000,—	0,909	27270,—	0,833	24990,—	13800,—	16200,—	83800,—
2		40000,—	0,826	33040,—	0,694	27760,—	11564,—	28436,—	55364,—
3		30000,—	0,751	22530,—	0,579	17370,—	7640,—	22360,—	33004,—*
4		20000,—	0,683	13660,—	0,482	9640,—	4555,—	15445,—	17559,—
5		20000,—	0,621	12420,—	0,402	8040,—	2441,—*	17559,—	0,—
Kapitalwert = Σ Netto-Rückfluß				+ 8920,—		— 12200,—	40000,—	100000,—	

* Auf- und Abrundungsfehler wurden in diesem Wert ausgeglichen.

Die errechneten Kapitalwerte betragen $C_{01} = +8920,—$ und $C_{02} = -12200,—$. Der gesuchte interne Zinssatz muß demnach zwischen 10% und 20% liegen. Er kann rechnerisch oder graphisch durch lineare Interpolation ermittelt werden.

Rechnerische Methode:

$$r = p_1 - C_{01} \frac{p_2 - p_1}{C_{02} - C_{01}} \; (\%)$$

$$r = 10 - 8920 \; \frac{20 - 10}{-12200 - 8920} = 14{,}2\%$$

Graphische Methode[23]: In ein Koordinatensystem, das auf der Abszisse den Kapitalwert und auf der Ordinate den Zinssatz enthält, trägt man folgende Größen ein,
1. den zum Versuchszinssatz p_1 gehörenden Kapitalwert,
2. den zum Versuchszinssatz p_2 gehörenden Kapitalwert.

---

[23] Vgl. Reul, R. I., Profitability Index for Investments, HBR 4/1957, S. 128.

Verbindet man nun die Punkte P_1 und P_2 durch eine Gerade, so kann man auf der Ordinate den gesuchten internen Zinssatz ablesen.

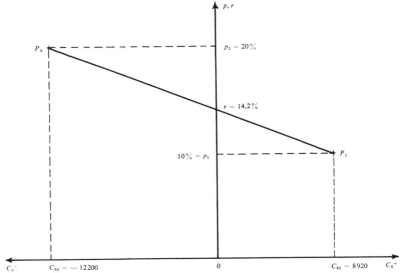

Das Ergebnis der Rechnung besagt, daß sich das noch nicht amortisierte Kapital jährlich mit 14,2% verzinst. Ist der Kalkulationszinssatz geringer als 14,2%, so ist das Investitionsprojekt vorteilhaft.

Im rechten Teil der Tabelle auf Seite 69 ist der Rückfluß in Zins- und Amortisationsbetrag aufgeteilt. Multipliziert man das gebundene Kapital eines jeden Jahres mit dem internen Zinssatz, so erhält man die jährlich anfallenden Zinsen. Die Differenz zwischen Rückfluß und Zinsen dient dann der Amortisation des eingesetzten Kapitals (im vorliegenden Beispiel wurde bei Errechnung der Zinsen nicht mit dem Näherungswert für den internen Zinssatz in Höhe von 14,2%, sondern mit dem genaueren Wert von 13,8% gearbeitet). Der gesamte Kapitaleinsatz in Höhe von 100000,— DM verzinst sich nur dann jährlich mit 14,2%, wenn die Rückflüsse bis zum Ende der Lebensdauer des Projektes zu diesem Zinssatz reinvestiert werden können.

3221 *Alternativ-Vergleich*

Die Voraussetzungen, die beim Alternativ-Vergleich mit Hilfe der Interne-Zinssatz-Methode zu machen sind, entsprechen im wesentlichen denen der Kapitalwertmethode.

1 Die verglichenen Alternativen müssen bezüglich Kapitaleinsatz und Lebensdauer gleich sein. Ist diese Gleichheit nicht von vornherein gegeben, so muß sie hergestellt werden. Man kann hier wiederum die drei bereits bei der Kapitalwertmethode angegebenen Wege beschreiten:

a) Man unterstellt, daß der interne Zinssatz der Differenzinvestition mit dem internen Zinssatz des Projektes II übereinstimmt. Unter dieser Voraussetzung kann die Differenzinvestition beim Vergleich außer acht gelassen werden (Projekt II ist hier das Projekt mit dem geringeren Kapitaleinsatz und/oder der kürzeren Lebensdauer).

Dynamische Verfahren

b) Man kann nicht unterstellen, daß der interne Zinssatz der Differenzinvestition mit dem internen Zinssatz des Projektes II übereinstimmt. Es ist aber möglich, die der Differenzinvestition zuzurechnenden Rückflüsse zu ermitteln. In diesem Fall sind Kapitaleinsatz und Rückflüsse der Differenzinvestition den entsprechenden Größen des Projektes II zuzuzählen, und es ist der interne Zinssatz zu errechnen. Dieser interne Zinssatz von Projekt II und Differenzinvestition ist dem internen Zinssatzes des Projektes I gegenüberzustellen.

Projekt I

Jahr	Kapital-einsatz	Rückfluß (Zeitwert)	Versuchszinssatz 10%		Versuchszinssatz 20%	
			Abzinsungs-faktor für $p = 10\%$	Netto-Rückfluß (Barwert)	Abzinsungs-faktor für $p = 20\%$	Netto-Rückfluß (Barwert)
0	100 000,—	—,—	1,0	—100 000,—	1,0	—100 000,—
1		30 000,—	0,909	27 270,—	0,833	24 990,—
2		40 000,—	0,826	33 040,—	0,694	27 760,—
3		30 000,—	0,751	22 530,—	0,579	17 370,—
4		20 000,—	0,683	12 660,—	0,482	9 640,—
5		20 000,—	0,621	12 420,—	0,402	8 040,—
Kapitalwert = Σ Netto-Rückfluß				+ 8 920,—		— 12 200,—

$$r_1 = 10 - 8920 \frac{20 - 10}{-12200 - 8920} = 14{,}2\%$$

Projekt II + Differenzinvestition

Jahr	Projekt II		Differenzinvestition		Projekt II + Differenzinvestition		Versuchszinssatz 15%		Versuchszinssatz 25%	
	Kapital-einsatz	Rückfluß (Zeitwert)	Kapital-einsatz	Rückfluß (Zeitwert)	Kapital-einsatz	Rückfluß (Zeitwert)	Abzinsungs-faktor für $p = 15\%$	Netto-Rückfluß (Barwert)	Abzinsungs-faktor für $p = 25\%$	Netto-Rückfluß (Barwert)
0	60 000,—		40 000,—		100 000,—		1,0	—100 000,—	1,0	—100 000,—
1		25 000,—		20 000,—		45 000,—	0,870	39 150,—	0,8	36 000,—
2		25 000,—		20 000,—		45 000,—	0,756	34 020,—	0,64	28 800,—
3		25 000,—		20 000,—		45 000,—	0,658	29 610,—	0,512	23 040,—
4				15 000,—		15 000,—	0,572	8 580,—	0,41	6 150,—
5				10 000,—		10 000,—	0,497	4 970,—	0,328	3 280,—
Kapitalwert = Σ Netto-Rückfluß								+ 16 330,—		— 2 730,—

$$r_{II, D} = 15 - 16330 \frac{25 - 15}{-2730 - 16330} = 23{,}5\%$$

Der Vergleich zeigt, daß eine Verwirklichung der Investition II und der Differenzinvestition vorteilhaft ist, da der interne Zinssatz um 9,3% über dem internen Zinssatz der Investition I liegt.

c) Man kann nicht unterstellen, daß der interne Zinssatz der Differenzinvestition mit dem internen Zinssatz des Projektes II übereinstimmt. Darüber hinaus lassen sich die Rückflüsse der Differenzinvestition nicht ermitteln.
In diesem Fall bildet man – wie bei der Kapitalwertmethode beschrieben – die Kapitaleinsatz- und die Rückflußdifferenz zwischen den Projekten I und II und ermittelt den internen Zinssatz dieser Differenzinvestition. Der interne Zinssatz bringt die – bei Realisierung des Projektes I – auf die Differenzinvestition zu er-

zielende Verzinsung zum Ausdruck. Die Vorteilsentscheidung hängt nun davon ab, ob der interne Zinssatz der Differenzinvestition bei Realisierung des Projektes II wahrscheinlich über oder unter dem internen Zinssatz der Differenzinvestition bei Realisierung des Projektes I liegt.

Jahr	Projekt I		Projekt II		Differenzinvestition		Versuchszinssatz 10%		Versuchszinssatz 20%	
	Kapitaleinsatz	Rückfluß (Zeitwert)	Kapitaleinsatz	Rückfluß (Zeitwert)	Kapitaleinsatz	Rückfluß (Zeitwert)	Abzinsungsfaktor für $p=10\%$	Netto-Rückfluß (Barwert)	Abzinsungsfaktor für $p=20\%$	Netto-Rückfluß (Barwert)
0	100 000,—		60 000,—		40 000,—		1,0	—40 000,—	1,0	—40 000,—
1		30 000,—		25 000,—		5 000,—	0,909	4 545,—	0,833	4 165,—
2		40 000,—		25 000,—		15 000,—	0,826	12 390,—	0,694	10 410,—
3		30 000,—		25 000,—		5 000,—	0,751	3 755,—	0,579	2 895,—
4		20 000,—				20 000,—	0,683	13 660,—	0,482	9 640,—
5		20 000,—				20 000,—	0,621	12 420,—	0,402	8 040,—
Kapitalwert = Σ Netto-Rückfluß								+ 6 770,—		— 4 850,—

$$r_D = 10 - 6770 \cdot \frac{20-10}{-4850-6770} = \underline{15{,}8\%}$$

Der Vergleich zeigt, daß eine Verwirklichung des Projektes I dann vorteilhaft ist, wenn bei Realisierung des Projektes II von der Differenzinvestition eine Verzinsung von weniger als 15,8% erwartet wird.

2 Die Rückflüsse müssen bis zum Ende der Lebensdauer der verglichenen Investitionsprojekte zum internen Zinssatz reinvestiert werden können. Bei Verwendung der Interne-Zinssatz-Methode zur Durchführung des Alternativ-Vergleichs ist es nicht erforderlich, die Ausgaben und Einnahmen der verglichenen Projekte auf den gleichen Zeitpunkt zu beziehen, da der interne Zinssatz unabhängig vom Bezugspunkt ist.

323 Prämissen und Anwendungsbereich der Kapitalwertmethode und der Interne-Zinssatz-Methode

Da die Prämissen der Kapitalwertmethode und der Interne-Zinssatz-Methode weitgehend übereinstimmen, werden sie hier zusammen behandelt. Es sind im wesentlichen folgende Punkte zu beachten:

1 Die Errechnung des Kapitalwertes oder des internen Zinssatzes einer Investition setzt voraus, daß sämtliche mit der Investition verbundenen Einnahmen und Ausgaben sowohl ihrer Höhe als auch ihrer zeitlichen Verteilung nach bekannt sind. Das bedeutet:

a) Es muß möglich sein, die Ausgaben und insbesondere die Einnahmen des zu überprüfenden Investitionsprojektes von den übrigen Ausgaben und Einnahmen des Unternehmens zu isolieren und sie dem Projekt zuzurechnen.

b) Es muß möglich sein, die zukünftigen Ausgaben und Einnahmen des zu überprüfenden Investitionsprojektes zu schätzen, und zwar bis zum Ende der Lebensdauer oder bis zum Ende des Zeitraumes, der mit Hilfe der Rechnung erfaßt werden soll.

Die Isolierung der Ausgaben und Einnahmen ist grundsätzlich um so leichter möglich, je größer das Investitionsprojekt ist und je mehr es eine selbständige Produktionseinheit bildet. Die Schätzung der zukünftigen Ausgaben und Einnahmen gestaltet sich grundsätzlich um so schwieriger, je geringer die Erfahrungen sind, die auf dem Gebiet vorhanden sind, auf dem die Investition getätigt werden soll, und je dynamischer die Entwicklung auf diesem Gebiet ist.

2 Beim Vergleich mehrerer Alternativen mit Hilfe der Kapitalwertmethode oder der Internen-Zinssatz-Methode müssen vollständige Alternativen vorausgesetzt werden[24]. Das bedeutet:

a) Bei unterschiedlicher Höhe des Kapitaleinsatzes der verglichenen Alternativen ist die Differenzinvestition zu berücksichtigen.

b) Bei unterschiedlicher Lebensdauer der verglichenen Alternativen ist die Differenzinvestition zu berücksichtigen. Ist der ursprüngliche Kapitaleinsatz bei beiden Alternativen gleich, so ist die Differenzinvestition, die am Ende der Lebensdauer der kurzlebigeren Alternative getätigt werden muß, gleich dem Barwert der Rückflüsse dieser Alternative am Ende ihrer Lebensdauer.

c) Ein Vergleich mehrerer Alternativen ist nur auf der Basis der Verzinsung des gesamten ursprünglichen Kapitaleinsatzes möglich. Das wiederum setzt eine Annahme über die Höhe der Verzinsung der Rückflüsse voraus, die bei Reinvestition bis zum Ende der Lebensdauer zu erzielen ist. Im einfachsten Fall unterstellt man, daß sich die reinvestierten Rückflüsse zum Kalkulationszinssatz (bei der Kapitalwertmethode) oder zum internen Zinssatz (bei der Interne-Zinssatz-Methode) verzinsen.

Auf dieser Annahme beruht auch eine Erscheinung, die zunächst verblüffend wirkt: Beim Vergleich zweier alternativer Investitionsprojekte, einmal mit Hilfe der Kapitalwertmethode und einmal mit Hilfe der Interne-Zinssatz-Methode, kann man zu entgegengesetzten Ergebnissen kommen, obgleich beide Methoden auf dieselbe Grundgleichung zurückgehen[25].

Beispiel X:

Jahr	Alternative I		Alternative II	
	Kapitaleinsatz (Zeitwert)	Rückfluß (Zeitwert)	Kapitaleinsatz (Zeitwert)	Rückfluß (Zeitwert)
0	100	—	100	—
1		100		30
2		30		40
3		20		100

Kapitalwert $C_{0\mathrm{I}}$ für $p = 5\%$: +39,8   Kapitalwert $C_{0\mathrm{II}}$ für $p = 5\%$: +51,3

Interner Zinssatz r_I: 34%   Interner Zinssatz r_II: 25%

Der Kapitalwert bezeichnet die Investition II als vorteilhaft, da $C_{0\mathrm{II}} > C_{0\mathrm{I}}$; der interne Zinssatz hingegen bezeichnet die Investition I als vorteilhaft, da $r_\mathrm{I} > r_\mathrm{II}$.

Der Verlauf der Kapitalwerte beider Investitionen in Abhängigkeit vom Kalkulationszinssatz kann graphisch etwa wie folgt dargestellt werden[26]:

---

[24] Auf diese Prämisse wurde auf den Seiten 64 ff. und 70 ff. bereits ausführlich eingegangen.
[25] Vgl. S. 63 und S. 68.
[26] Graphische Darstellung vgl. z. B. Schneider, E., a.a.O., S. 41.

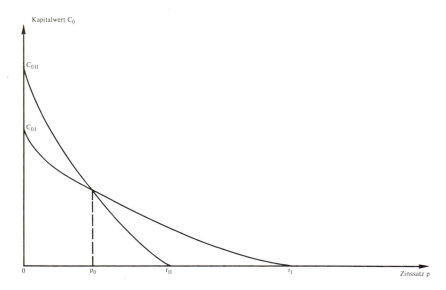

Das Schaubild zeigt, daß bei dem angegebenen Verlauf der Kapitalwertkurven die Investitionsentscheidungen auf Grund von Kapitalwert und internem Zinssatz immer dann einander entgegengesetzt sein müssen, wenn der Kalkulationszinssatz $p < p_0$ ist. Für $p > p_0$ stimmen die Entscheidungen überein.

Daß Kapitalwert und interner Zinssatz in gewissen Fällen zu entgegengesetzten Vorteilsentscheidungen führen, ist die Folge der obengenannten Prämisse, die besagt, daß die Rückflüsse zum Kalkulationszinssatz bzw. zum internen Zinssatz reinvestiert werden. Auf unser Beispiel angewendet bedeutet das:

a) II ist gegenüber I vorteilhaft, wenn die Rückflüsse beider Investitionen zu einem Zinssatz von 5% bis zum Ende der Lebensdauer der Projekte reinvestiert werden können. Diese Aussage macht der Kapitalwert.

b) I ist gegenüber II vorteilhaft, wenn die Rückflüsse der Investition I zu einem Zinssatz von 34% und die Rückflüsse der Investition II zu einem Zinssatz von 25% bis zum Ende der Lebensdauer der Projekte reinvestiert werden können. Diese Aussage macht der interne Zinssatz.

Welche der beiden Investitionen nun tatsächlich gegenüber der anderen vorteilhaft ist, hängt davon ab, ob die Rückflüsse zu einem Zinssatz von 5% oder zu Zinssätzen von 34/25% reinvestiert werden können. Nehmen wir an, dieser Zinssatz beträgt 5%, so ist die Aussage der Interne-Zinsatz-Methode deshalb falsch, weil der Rechnung eine Verzinsung der Rückflüsse von 34/25% zugrunde gelegt wurde.

3 Die Interne-Zinssatz-Methode ist nur unter der Voraussetzung anwendbar, daß sie ein eindeutiges Ergebnis liefert, d. h. es muß ein, aber auch nur ein positiver interner Zinssatz existieren. Diese Voraussetzung ist nicht notwendig bei jeder Investition erfüllt, da der interne Zinssatz aus einer Gleichung n-ten Grades errechnet wird. Eine Gleichung n-ten Grades hat aber n Lösungen, von denen entweder keine positiv ist oder eine positiv ist oder mehrere positiv sind.

Dynamische Verfahren

Eine Investition mit zwei positiven Zinssätzen zeigt das folgende Beispiel[27].

Beispiel XI:

Jahr	Zeitwert		Barwert für $p = 10\%$		Barwert für $p = 25\%$	
	Ausgaben	Einnahmen	Ausgaben	Einnahmen	Ausgaben	Einnahmen
0	72,727	—	72,727	—	72,727	—
1	—	170,909	—	155,37	—	136,73
2	100	—	82,64	—	64	—
	172,727	170,909	155,367	155,37	136,727	136,73

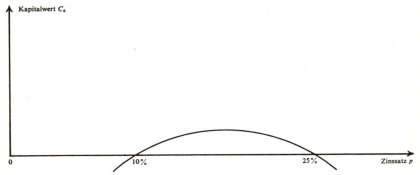

Der Kapitalwert dieser Investition ist sowohl bei einem Kalkulationszinssatz von 10% als auch bei einem Kalkulationszinssatz von 25% gleich Null. Die Investition weist demnach zwei positive interne Zinssätze auf.

Kilger[28] hat jedoch festgestellt, daß alle Investitionen, die sich eindeutig in eine Phase mit Ausgabenüberschüssen und eine Phase mit Einnahmenüberschüssen trennen lassen, im praktisch relevanten Bereich jeweils nur einen Lösungswert aufweisen können[29]. Da aber Investitionen dieser Art der Normalfall sind, schränkt die Prämisse der Eindeutigkeit der Lösungen die praktische Brauchbarkeit der Interne-Zinssatz-Methode kaum ein. „Zahlungsreihen, die in den ersten Perioden nur Auszahlungen und in den folgenden Perioden nur Einzahlungsüberschüsse enthalten, dürften für den überwiegenden Teil der in der Praxis auftretenden Investitionen typisch sein, so daß die interne Zinsfußmethode viel weniger an Bedeutung verloren hat, als es die vielen kritischen Stellungnahmen vermuten lassen"[30].

---

[27] Vgl. Bierman, H./Smidt, S., The Capital Budgeting Decision, 4. Aufl., New York 1963, S. 42.
[28] Vgl. Kilger, W., Zur Kritik am internen Zinsfuß, ZfB 1965, S. 765 ff.
[29] Die Kapitalwertfunktion besitzt im Bereich $0 \le p < \infty$ genau eine Nullstelle, wenn gilt:
 1. $C_0(p = 0) > 0$
 2. $C_0(p)$ fällt mit steigendem p
 3. Es gibt ein p^* $(0 < p^* < \infty)$, für das gilt $C_0(p^*) < 0$
 Diese Bedingungen sind erfüllt, wenn die Summe der Zeitwerte der Netto-Zahlungen positiv ist und wenn sich die Lebensdauer eines Investitionsprojektes aufteilen läßt in einen Bereich $0 \le t < t^*$ mit negativen Netto-Zahlungen (Phase mit Ausgabenüberschüssen) und einen Bereich $t^* < t < n$ mit positiven Netto-Zahlungen (Phase mit Einnahmenüberschüssen).
[30] Kilger, W., a. a. O., S. 797.

Aus den Annahmen ergibt sich, daß sich Kapitalwertmethode und Interne-Zinssatz-Methode in erster Linie zur Beurteilung von Erweiterungsinvestitionen, nur in Ausnahmefällen auch zur Beurteilung von Ersatz- und Rationalisierungsinvestitionen eignen. Mit Hilfe der beiden Methoden können aber auch andere Fragestellungen beantwortet werden, wie z. B. die Frage „Kauf oder Miete?" oder die Frage „Fremdbezug oder Eigenfertigung?" .

324 Spezielle Methoden der dynamischen Investitionsrechnung

3240 Vereinfachte Interne-Zinssatz-Methode

Für den Fall, daß die jährlichen Rückflüsse eines Investitionsprojektes konstant sind, kann der interne Zinssatz auf einfache Weise unter Verwendung von Wiedergewinnungsfaktoren-Tabellen errechnet werden. Eine Diskontierung mit zwei Versuchszinssätzen und eine anschließende Interpolation ist nicht erforderlich.

Die Vereinfachung der Interne-Zinssatz-Methode ergibt sich mathematisch wie folgt:

$$I_0 = \frac{R}{q} + \frac{R}{q^2} + \ldots + \frac{R}{q^n}$$

$$I_0 = \frac{R}{q}\left(1 + \ldots + \frac{1}{q^{n-1}}\right)$$

$$I_0 = R \cdot \frac{q^n - 1}{q^n(q-1)}$$

$$\frac{I_0}{R} = \frac{q^n - 1}{q^n(q-1)}$$

I_0 = Kapitaleinsatz (DM)
R = Rückfluß (DM/Jahr)
$\frac{1}{q}, \ldots, \frac{1}{q^n}$ = Abzinsungsfaktoren
n = Lebensdauer (Jahre)

Der Ausdruck $\frac{q^n - 1}{q^n(q-1)}$ gibt den Barwert einer nachschüssigen Rente von 1,— DM bei gegebenem Zinssatz p und gegebener Anzahl von Zinsperioden n an. Den reziproken Wert bezeichnet man als Wiedergewinnungsfaktor. Er entspricht der Höhe der nachschüssigen Rente, die man bei Einsatz von 1,— DM Kapital und gegebenem Zinssatz p während n Zinsperioden erzielen kann.

Für einen gegebenen Wert von $\frac{I_0}{R}$ und für eine gegebene Lebensdauer eines Investitionsprojektes kann man den zugehörigen internen Zinssatz aus einer Tabelle der Barwerte einer nachschüssigen Rente von 1,— DM ablesen. Solche Tabellen finden sich in jeder finanzmathematischen Formelsammlung[31].

Beispiel XII:

Es soll der interne Zinssatz einer Anlage mit folgenden Daten errechnet werden:
Kapitaleinsatz im Zeitpunkt 0: 100 000,— DM
Rückfluß: 30 000,— DM/Jahr über die gesamte Lebensdauer
Lebensdauer: 5 Jahre

$$\frac{I_0}{R} = \frac{100\,000,-}{30\,000,-} = 3,33$$

---

[31] Vgl. z. B. Spitzer, S./Foerster, E., a.a.O., S. 213 ff.
Bierman, H./Smidt, S., a.a.O., S. 215 ff.

Dynamische Verfahren

Auszug aus einer Tabelle der Barwerte einer nachschüssigen Rente von 1,— DM

n	1%	...	14%	15%	16%	...
1	0,990	...	0,877	0,870	0,862	...
2	1,970	...	1,647	1,626	1,605	...
3	2,941	...	2,322	2,383	2,246	...
4	3,902	...	2,914	2,855	2,798	...
5	4,853	...	3,433	3,352	3,274	...

Der gesuchte interne Zinssatz beträgt etwa 15,25%.

Da der Grenzwert des Ausdrucks $\dfrac{R}{I_0} = \dfrac{q^n(q-1)}{q^n-1}$ für $n \to \infty$ gleich $q - 1 = \dfrac{p}{100}$ wird, beträgt der interne Zinssatz für große Werte von n näherungsweise $\dfrac{R}{I_0} \cdot 100$.

Das bedeutet, daß sich die Interne-Zinssatz-Methode für große Lebensdauern weiter vereinfacht. Die Abweichung zwischen Näherungswert und tatsächlichem Wert ist um so geringer, je größer n und $\dfrac{R}{I_0}$ sind.

Abweichung zwischen effektivem Wert und Näherungswert für verschiedene $\dfrac{R}{I_0}$ und n

	n = 10		n = 15		n = 20	
	Näherungswert	Effektivwert	Näherungswert	Effektivwert	Näherungswert	Effektivwert
$\dfrac{R}{I_0} = 0,2$	20%	15%	20%	18%	20%	19,5%
$\dfrac{R}{I_0} = 0,3$	30%	27,5%	30%	29,3%	30%	29,8%
$\dfrac{R}{I_0} = 0,4$	40%	38,3%	40%	39,7%	40%	40%

Die wesentlichen Prämissen der vereinfachten Internen-Zinssatz-Methode sind:
1 Das Kapital muß in einer Summe im Zeitpunkt Null eingesetzt werden.
2 Die jährlichen Rückflüsse müssen während der gesamten Lebensdauer konstant sein.
3 Der Liquidationserlös der Anlage am Ende der Lebensdauer muß Null sein.

3241 *Annuitätenmethode*

Die Annuitätenmethode ist ebenso wie die Interne-Zinssatz-Methode und die Kapitalwertmethode eine Variante der dynamischen Investitionsrechnung. Da sie stets zum gleichen Ergebnis wie die Kapitalwertmethode führt, ist ihre Anwendung nur dann zu empfehlen, wenn die Kapitalwertmethode nicht angewendet werden kann und/oder wenn der rechnerische Aufwand gegenüber der Kapitalwertmethode geringer ist.

Wesentliches Kennzeichen der Annuitätenmethode ist die Umrechnung der Barwerte von Investitionssumme und Rückfluß in gleiche Jahresbeträge (Annuitäten). Diese Umrechnung erfolgt mit Hilfe der Wiedergewinnungsfaktoren, die für eine gegebene Lebensdauer n und einen gegebenen Kalkulationszinssatz p aus Tabellen entnommen werden können. Es gilt:

Barwert der Investitionssumme $\times$ Wiedergewinnungsfaktor = Annuität der Investitionssumme (A_I)

Barwert der Rückflüsse $\times$ Wiedergewinnungsfaktor = Annuität der Rückflüsse (A_R)

Je nachdem, ob die Differenz zwischen der Annuität der Rückflüsse und der Annuität der Investitionssumme größer, gleich oder kleiner als Null ist, ist die Verzinsung des noch nicht amortisierten Kapitaleinsatzes größer, gleich oder kleiner als der Kalkulationszinssatz[32]. Es gelten demnach folgende Beziehungen[33]:

$$A_R > A_I \rightarrow p_e > p_k$$
$$A_R = A_I \rightarrow p_e = p_k$$
$$A_R < A_I \rightarrow p_e < p_k$$

Beispiel XIII: Es soll untersucht werden, ob eine Anlage mit den folgenden Daten eine Verzinsung von 10% erwirtschaftet:

Kapitaleinsatz im Zeitpunkt Null: 100 000,— DM

Rückfluß: 30 000,— DM/Jahr über die gesamte Lebensdauer

Lebensdauer: 5 Jahre

Kalkulationszinssatz: 10%

Eine Ermittlung des Barwertes der Rückflüsse und eine Umrechnung in gleichbleibende jährliche Beträge erübrigt sich in diesem Fall, weil die Rückflüsse über die gesamte Lebensdauer hinweg konstant sind. Es muß lediglich eine Umrechnung des Kapitaleinsatzes erfolgen.

$$A_R = 30\,000,- \text{ DM/Jahr}$$
$$A_I = 100\,000,- \times 0{,}2638 = 26\,380,- \text{ DM/Jahr}$$

Die Annuität der Rückflüsse ist um 3620,— DM/Jahr größer als die Annuität der Investitionssumme. Demzufolge liegt die Effektivverzinsung über dem angenommenen Kalkulationszinssatz von 10% (sie beträgt genau 15,25% wie in Beispiel XII errechnet wurde).

Die Prämissen der Annuitätenmethode sind die gleichen wie die der Kapitalwertmethode. Ihre Anwendung ist im wesentlichen auf die folgenden beiden Fälle beschränkt:

1 Die jährlichen Rückflüsse eines Investitionsprojektes sind konstant. Der Kapitaleinsatz erfolgt jedoch nicht in einer Summe im Zeitpunkt Null, sondern er ist über mehrere Perioden verteilt. Unter diesen Voraussetzungen kann die vereinfachte Interne-Zinssatz-Methode nicht angewendet werden. Es empfiehlt sich daher eine Anwendung der Annuitätenmethode, da sie den geringsten Rechen-

---

[32] Zur Verzinsung des gesamten Kapitaleinsatzes vgl. S. 64f.
[33] Vgl. auch die für die Kapitalwertmethode geltenden, entsprechenden Bedingungen. Dieser Vergleich zeigt, daß beide Methoden stets zum selben Ergebnis führen.

Dynamische Verfahren

aufwand erfordert. Prinzipiell steht allerdings auch einer Anwendung der Kapitalwertmethode oder der Interne-Zinssatz-Methode nichts im Wege.

2 Soll mit Hilfe einer dynamischen Rechenmethode festgestellt werden, ob es vorteilhaft ist, eine vorhandene alte Anlage durch eine neue Anlage zu ersetzen, dann empfiehlt sich ebenfalls die Anwendung der Annuitätenmethode[34]. Da bei Ersatzproblemen im allgemeinen weder die Einnahmenreihe der neuen Anlage bekannt ist noch die Restlebensdauer der alten Anlage mit der Gesamtlebensdauer der neuen Anlage übereinstimmt, können Kapitalwertmethode und Interne-Zinssatz-Methode nicht ohne weiteres angewendet werden. Die Annuitätenmethode findet hier ihr Hauptanwendungsgebiet.

3242 Baldwin-Methode

Wenn der interne Zinssatz einer Investition die Verzinsung des gesamten ursprünglichen Kapitaleinsatzes wiedergeben soll, dann muß vorausgesetzt werden, daß die Rückflüsse dieser Investition bis zum Ende der Lebensdauer zu einem Zinssatz reinvestiert werden können, der gleich dem errechneten internen Zinssatz ist[35]. Diese Prämisse greift Baldwin[36] an, denn er hält sie wohl mit Recht für unrealistisch. Er unterstellt deshalb nicht, daß sich die Rückflüsse in Höhe des internen Zinssatzes der jeweiligen Investition verzinsen, sondern daß eine Verzinsung in Höhe der durchschnittlichen, zu erwartenden Gesamtrentabilität des Unternehmens erfolgt.

Unter dieser Annahme errechnet sich der interne Zinssatz r' wie folgt:

1 Bezugszeitpunkt der Rechnung ist der Zeitpunkt, in welchem die erste DM Kapital eingesetzt wird. Alle folgenden Investitionsausgaben sind mit der zu erwartenden Gesamtrentabilität des Unternehmens auf diesen Bezugszeitpunkt abzuzinsen. Der Barwert der gesamten Investitionsausgaben beträgt

$$I_0 + \frac{I_1}{q_R} + \frac{I_2}{q_R^2} + \ldots + \frac{I_m}{q_R^m} = \sum_{t=0}^{m} \frac{I_t}{q_R^t} = I_{BA}$$

$I_0, I_1, \ldots, I_m$ = Investitionsausgaben in den Perioden 0 bis m

$\frac{1}{q_R}$ = Abzinsungsfaktoren auf der Grundlage der zu erwartenden Gesamtrentabilität des Unternehmens (R)

BA = Barwert im Bezugszeitpunkt

2 Alle Rückflüsse des Investitionsprojektes sind unter Verwendung von q_R auf das Ende der Lebensdauer aufzuzinsen, d. h. man errechnet den Barwert der Rückflüsse am Ende der Lebensdauer des Investitionsprojektes.

$$Rü_1 \cdot q_R^{n-1} + Rü_2 \cdot q_R^{n-2} + \ldots + Rü_n = \sum_{t=1}^{n} Rü_t \cdot q_R^{n-t} = Rü_{BE}$$

$Rü_1, \ldots, Rü_n$ = Rückflüsse während der Lebensdauer
BE = Barwert am Ende der Lebensdauer
n = Lebensdauer

---

[34] Zur Ermittlung des günstigsten Ersatzzeitpunktes einer vorhandenen Anlage vgl. z. B. Schneider, E., a. a. O., S. 96 ff.
[35] Vgl. S. 72.
[36] Vgl. Baldwin, R. H., How to Assess Investment Proposals, HBR 2/1959, S. 98 ff.

3 Es ist die Bedingungsgleichung der Interne-Zinssatz-Methode aufzustellen, d. h. der Barwert der Investitionsausgaben zum Bezugszeitpunkt ist mit dem Barwert der Rückflüsse zum Bezugszeitpunkt gleichzusetzen. Löst man diese Gleichung nach $q_{r'}$ bzw. r' auf, so erhält man den gesuchten internen Zinssatz.

$$I_{BA} = \frac{Rü_{BE}}{q_{r'}^n}$$

$$q_{r'}^n = \frac{Rü_{BE}}{I_{BA}}$$

$$r' = (q_{r'} - 1) \cdot 100 = \left(\sqrt[n]{\frac{Rü_{BE}}{I_{BA}}} - 1\right) \cdot 100$$

Der Wurzelausdruck läßt sich logarithmisch lösen.

Beispiel XIV: Für eine Investition mit folgenden Daten soll der interne Zinssatz r' nach der Baldwin-Methode errechnet werden:

Kapitaleinsatz im Bezugszeitpunkt 0: 100 000,— DM
Lebensdauer $n = 5$ Jahre
Zu erwartende Gesamtrentabilität der Unternehmung: $R = 10\%$

Periode	Investitions-ausgaben (Zeitwert = BA)	Rückflüsse (Zeitwert)	Aufzinsungs-faktor q_R für $R = 10\%$	Rückflüsse (BE)
0	100 000,—			
1		30 000,—	1,464	43 920,—
2		40 000,—	1,331	53 240,—
3		30 000,—	1,21	36 300,—
4		20 000,—	1,1	22 000,—
5		20 000,—	1,0	20 000,—
	100 000,—			175 460,—

$$I_{BA} = \frac{Rü_{BE}}{q_{r'}^n}$$

$$100\,000 = \frac{175\,460}{q_{r'}^5}$$

$$q_{r'}^5 = 1{,}7546$$

$$q_{r'} = \sqrt[5]{1{,}7546} = 1{,}12; \quad r' = 12\%$$

Das Ergebnis besagt, daß sich der gesamte ursprüngliche Kapitaleinsatz von 100 000,— jährlich mit 12% verzinst, wenn die Rückflüsse bis zum Ende des 5. Jahres zu 10% reinvestiert werden können. Der interne Zinssatz nach Baldwin (r') und der allgemeine interne Zinssatz (r) sind nur dann identisch, wenn die zu erwartende Gesamtrentabilität einer Unternehmung (R) genau gleich dem internen Zinssatz (r) des untersuchten Investitionsprojektes ist.

Der Anwendungsbereich der Baldwin-Methode entspricht etwa dem Anwendungsbereich der Interne-Zinssatz-Methode. Beim Alternativvergleich geht die Baldwin-Methode von wirklichkeitsnäheren Prämissen aus als die Interne-Zinssatz-Methode, und sie ist darüber hinaus rechentechnisch einfacher durchzuführen.

Dynamische Verfahren

Gegen das von Baldwin vorgeschlagene Verfahren spricht im wesentlichen folgendes: Der errechnete interne Zinssatz r' einer Investition ist von der Höhe der Verzinsung der reinvestierten Rückflüsse und damit von der Höhe der in Zukunft zu erwartenden Gesamtrentabilität des Unternehmens abhängig. Die zukünftige Gesamtrentabilität des Unternehmens wird aber wiederum von der Art der Investitionen und deren Verzinsung bestimmt. M. a. W.: Die Baldwin-Methode setzt die Festlegung einer Größe voraus (nämlich R), die strenggenommen erst nach Durchführung der Rechnung und Aufstellung eines Investitionsprogrammes ermittelt werden kann.

Außerdem sind folgende weitere Gesichtspunkte zu beachten:

1 Es muß eine durchschnittliche Gesamtrentabilität des Unternehmens für einen weit in die Zukunft reichenden Zeitraum festgelegt werden. Bei Unternehmungen und Branchen, die ständig mit wirtschaftlichen und technischen Änderungen und Entwicklungen zu rechnen haben, bedeutet das, daß die Erreichung einer etwa für einen Zeitraum von 10 Jahren im voraus geplanten Gesamtrentabilität sehr unsicher ist. Man muß sich unter solchen Voraussetzungen fragen, ob die Baldwin-Methode tatsächlich eine wirklichkeitsnähere Aussage liefert als die Interne-Zinssatz-Methode in ihrer herkömmlichen Form.

2 Verteilen sich die Investitionsausgaben über mehrere Perioden, so verlangt Baldwin eine Abzinsung auf den Zeitpunkt der Verausgabung der ersten DM[37]. Es wird also unterstellt, daß die gesamten Investitionsausgaben zum Bezugszeitpunkt der Unternehmung bereits zur Verfügung stehen und daß sie bis zum Zeitpunkt ihrer Verausgabung eine Verzinsung in Höhe der durchschnittlichen zu erwartenden Rentabilität des Unternehmens erbringen.

Erfolgt die Finanzierung des Investitionsprojektes auf andere Weise, etwa durch Wiedereinsatz bereits zurückgeflossener Beträge des gleichen Projektes, so ist das Baldwin-Verfahren entsprechend abzuändern. Aus dieser Überlegung ergibt sich, daß der mit Hilfe der Baldwin-Methode errechnete interne Zinssatz r' nicht nur von der zukünftigen Gesamtrentabilität des Unternehmens, sondern auch von der Art der Finanzierung des Investitionsprojektes abhängig ist.

3243 Dynamische Amortisationsrechnung[38]

Die dynamische Amortisationsrechnung ermittelt den Zeitraum, in welchem der Kapitaleinsatz eines Investitionsprojektes zuzüglich einer bestimmten Verzinsung der Unternehmung wieder zurückgeflossen ist. Es wird bestimmt durch die Beziehung

$$I_0 = \sum_{t=1}^{m} \frac{Rü_t}{q^t}$$

Die statische Amortisationsrechnung, die den Zeitraum ermittelt, in welchem der Kapitaleinsatz ohne Verzinsung wieder zurückgeflossen ist[39], erscheint demnach als Grenzfall der dynamischen Amortisationsrechnung für eine Verzinsung von Null. Daraus wiederum folgt, daß die dynamische Amortisationszeit (m_d) unter sonst gleichen Bedingungen stets größer sein muß als die statische Amortisationszeit (m_s).

---

[37] Vgl. Baldwin, R. H., a. a. O., S. 100.
[38] Vgl. hierzu insbesondere Lüder, K., Zur dynamischen Amortisationsrechnung, DB 1966, S. 117ff.
[39] Vgl. S. 54.

Die dynamische Amortisationsrechnung weist auch Berührungspunkte mit der Kapitalwertrechnung auf. Wandelt man die dynamische Amortisationsrechnung dahingehend ab, daß man nicht mehr den Zeitpunkt sucht, in dem bei gegebenem Kalkulationszinssatz die Bedingung $C_0 = 0$ erfüllt ist, sondern prüft man bei autonom gesetztem m_d („Höchstamortisationszeit"), ob C_0 größer, gleich oder kleiner Null ist, so handelt es sich bereits um eine Form der Kapitalwertmethode. Der Unterschied besteht lediglich noch darin, daß nicht die Lebensdauer, sondern die Höchstamortisationszeit vorgegeben wird.

Der Zusammenhang zwischen statischer Amortisationsrechnung, dynamischer Amortisationsrechnung und Kapitalwertrechnung läßt sich wie folgt darstellen:

Methode	Größen	
	Gegebene Größen	Gesuchte Größe
Statische Amortisationsrechnung	Kalkulationszinssatz $p = 0\%$ Kapitalwert $C_0 = 0$ $\sum_{1}^{m_s}$ Rückflüsse	Amortisationszeit m_s
Dynamische Amortisationsrechnung	Kalkulationszinssatz $p = x\%$ Kapitalwert $C_0 = 0$ $\sum_{1}^{m_d}$ Rückflüsse	Amortisationszeit m_d
Kapitalwertrechnung	Kalkulationszinssatz $p = x\%$ Lebensdauer n (Jahre) $\sum_{1}^{n}$ Rückflüsse	Kapitalwert C_0

Beispiel XV: Gesucht sind die statische (m_s) und die dynamische Amortisationszeit (m_d) eines Investitionsprojektes.
Kapitaleinsatz $I_0 = 100\,000,-$ DM (Das Kapital wird in voller Höhe im Zeitpunkt 0 eingesetzt)
Lebensdauer $n = 10$ Jahre
Kalkulationszinssatz $p = 10\%$.

Wie aus der nachfolgenden Tabelle zu ersehen ist, beträgt die statische Amortisationszeit (m_s) des Projekts 5 Jahre, die dynamische (m_d) etwas mehr als 7 Jahre (nach Ablauf von 7 Jahren ergibt sich ein Barwert der Rückflüsse von 99 385 DM).

Die Zusammenhänge zwischen statischer und dynamischer Amortisationsrechnung lassen sich graphisch sehr gut veranschaulichen. In der folgenden Graphik werden beide Rechenverfahren unter Verwendung der Zahlen des obigen Beispiels einander gegenübergestellt (C_0 = Kapitalwert der Investition = Barwert der Rückflüsse — Barwert des Kapitaleinsatzes).

Dynamische Verfahren

Jahr	Rückflüsse = Gewinn + Abschreibungen (Zeitwert)	Abzinsungsfaktoren für $p = 10\%$	Rückfluß (Barwert)
1	10 000	0,909	9 090
2	15 000	0,826	12 390
3	20 000	0,751	15 020
4	25 000	0,683	17 075
5	30 000	0,621	18 630
6	30 000	0,564	16 920
7	20 000	0,513	10 260
8	20 000	0,467	9 340
9	15 000	0,424	6 360
10	15 000	0,386	5 790
	200 000		120 875

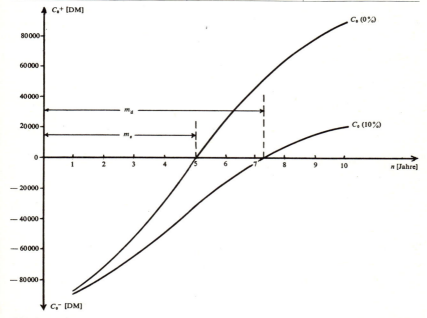

Die dynamische Amortisationszeit eignet sich wie die statische Amortisationszeit als grober Maßstab zur Beurteilung des Risikos einer Investition[40]. Sie ist hingegen kein geeigneter Maßstab für die Beurteilung der Verzinsung des eingesetzten Kapitals, da sie die Restlebensdauer nach Ablauf der Amortisationszeit außer acht läßt.

Als Risikomaßstab hat jedoch die dynamische Amortisationszeit gegenüber der statischen Amortisationszeit einen entscheidenden Nachteil: Die Höhe der dynamischen Amortisationszeit ist vom gewählten Kalkulationszinssatz abhängig. Bestimmt sich die Höhe des Kalkulationszinssatzes aber nach subjektiven Überlegungen, werden insbesondere Risikogesichtspunkte bei der Festlegung des Kal-

---

[40] Vgl. S. 57.

kulationszinssatzes berücksichtigt, dann beeinflussen subjektive Risikovorstellungen (Kalkulationszinssatz) den „objektiven" Risikomaßstab (dynamische Amortisationszeit). Die statische Amortisationszeit unterliegt demgegenüber nicht den subjektiven Einflüssen der Wahl des Kalkulationszinssatzes und erscheint deshalb zur Messung des Risikos einer Investition grundsätzlich geeigneter.

Diese Aussage gilt für den Fall, daß mit Hilfe der Amortisationszeit das Risiko der nominalen Erhaltung des eingesetzten Kapitals beurteilt werden soll. Will man hingegen das Risiko der realen Erhaltung des Kapitals ermitteln, so ist die dynamische Amortisationsrechnung vorzuziehen. Die Höhe des Kalkulationszinssatzes müßte sich in diesem Fall an der jährlichen Geldentwertungsrate orientieren.

325 MAPI-Methode

3250 *Vorbemerkungen*

Bei der MAPI-Methode handelt es sich um ein Verfahren der Investitionsrechnung, das am Machinery and Allied Products Institute, Washington, von George Terborgh entwickelt wurde. Terborgh selbst hat das Verfahren im Laufe der Zeit immer wieder ausgebaut und weiterentwickelt, um eine breitere Anwendung zu ermöglichen. Mittlerweile liegt bereits die dritte Version des MAPI-Verfahrens vor. Nach der ersten „Generation" des MAPI-Verfahrens, veröffentlicht um 1950[41], folgte mit dem Buch „BUSINESS INVESTMENT POLICY" (mit dem bei uns das MAPI-Konzept durch die deutsche Übersetzung praktisch erst bekannt wurde) die zweite Version[42]. Dort ist die – mittlerweile auch in der Praxis weitgehend bekannte – MAPI-Formel entwickelt worden. Durch eine Reihe von kleineren Schriften[43] eingeleitet und in Terborghs neuestem Buch: „BUSINESS INVESTMENT MANAGEMENT"[44] zusammengefaßt und ausgebaut, entstand die dritte Fassung der MAPI-Methode. Diese bringt eine Reihe von Erweiterungen und Änderungen gegenüber den früheren Versionen. Allerdings betont Terborgh selbst, daß durch die dritte Version die alten MAPI-Darstellungen in keiner Weise überholt seien, sondern nur ergänzt und verbessert wurden. Lediglich Unternehmen, die beabsichtigen, das MAPI-Verfahren neu einzuführen, wird empfohlen, sich gleich der dritten Verfahrens-Version zuzuwenden[45].

---

[41] Es ist niedergelegt in den drei Schriften:
Terborgh, G.: Dynamic Equipment Policy (1949),
MAPI Replacement Manual (1950),
Company Procedural Manual on Equipment Analysis (1951).
[42] Vgl. dazu Terborgh, G., Business Investment Policy, Washington 1958, ins Deutsche übersetzt und bearbeitet von H. Albach, Leitfaden der betrieblichen Investitionspolitik, Wiesbaden 1962.
[43] Terborgh, G., Studies in the Analysis of Business Investment Projects, 6 Hefte, Washington 1960/61.
Terborgh, G., Studies in Business Investment Strategy, 9 Hefte, Washington 1963–65.
Vgl. auch Lüder, K., Die MAPI-Methode, in: Industrielle Produktion, hrsg. von Agthe/Blohm/Schnaufer, Baden-Baden/Bad Homburg 1967, S. 395–412.
[44] Terborgh, G.: Business Investment Management, A MAPI-Study and Manual, Washington/DC 1967.
[45] Vgl. Terborgh, G.: Business Investment Management, a. a. O., Vorwort, S. IV: „In diesem Zusammenhang muß betont werden, daß das neue MAPI-System frühere Varianten in keiner Weise verwirft oder hinfällig werden läßt. Unternehmen, die sich der Mühe unterzogen haben, die frühere (zweite Variante) einzuführen – was auch schon kein geringes Unterfangen darstellt – und die ihre Formulare und Abläufe entsprechend angelegt haben, haben keinen Grund, diese zu ändern. Andere, die bei Null beginnen, werden zweifelsohne die neue Version vorziehen".

3251 Darstellung der 2. Version des MAPI-Verfahrens

Es gibt theoretisch einwandfreie Verfahren der Investitionsrechnung, die allerdings voraussetzen, daß eine Vielzahl von Faktoren zu berücksichtigen ist, daß Größen geschätzt werden müssen, die weit in der Zukunft liegen, und daß mehr oder weniger komplizierte mathematische Operationen durchzuführen sind. Dadurch wird die Anwendung theoretisch einwandfreier Methoden der Investitionsrechnung in der betrieblichen Praxis erheblich erschwert. Andererseits gibt es Faustregeln und einfache Verfahren der Investitionsrechnung (z. B. die statische Amortisationsrechnung), die verhältnismäßig leicht anzuwenden sind und in der Praxis auch in erheblichem Umfang angewendet werden, vom Standpunkt der Theorie aber als unzureichend bezeichnet werden müssen.

Das Machinery and Allied Products Institute (MAPI-Institut) und sein Forschungsdirektor Terborgh haben versucht, zwischen diesen beiden Gegensätzen einen Kompromiß zu finden. Das Ergebnis ist die MAPI-Methode, die sowohl auf theoretisch einwandfreien Grundlagen basiert als auch einfach anzuwenden ist.

Beide Ziele werden bei der 2. Version durch eine Einschränkung des Anwendungsbereiches miteinander in Einklang gebracht werden. Die MAPI-Methode geht grundsätzlich von einer bestimmten Fragestellung aus und ist nur bei der Existenz ganz bestimmter Voraussetzungen anwendbar, worauf Terborgh ausdrücklich hinweist[46].

Die Fragestellung der 2. Version des MAPI-Verfahrens lautet: Ist es für einen Betrieb vorteilhafter, eine vorhandene Anlage im gegenwärtigen Zeitpunkt oder erst in einem Jahr zu ersetzen?

Zur Beantwortung dieser Frage wird die MAPI-Rentabilitätszahl herangezogen, deren Formel lautet:

$$r = \frac{(2) + (3) - (4) - (5)}{(1)} \cdot 100 \ (\%/\text{Jahr})$$

(1) Nettoinvestitionsausgaben zu Beginn des Vergleichsjahres = Anschaffungswert der neuen Anlage abzüglich des Liquidationserlöses der alten Anlage und gegebenenfalls vermiedener Ausgaben für eine Großreparatur der alten Anlage.

(2) Durch die Vornahme der Investition im nächsten Jahr verursachter, zusätzlicher Rückfluß (vor Abzug von Ertragsteuern) = Umsatzsteigerung + Verminderung der laufenden Kosten.

(3) Vermiedener Kapitalverzehr des nächsten Jahres bei Vornahme der Investition = Verminderung des Liquidationserlöses der bestehenden Anlage im nächsten Jahr + Anteil des nächsten Jahres an den Ausgaben für Großreparaturen, falls diese bei Weiterverwendung der alten Anlage notwendig werden. Der Anteil des nächsten Jahres an den Ausgaben für Großreparaturen ergibt sich, indem man die Gesamtausgaben durch die Verlängerung der Nutzungsdauer der alten Anlage dividiert.

(4) Kapitalverzehr der neuen Anlage im nächsten Jahr (KV_1), d. h. Verminderung des durch die neue Anlage gebundenen Kapitals oder, was dasselbe ist: Differenz zwischen dem Barwert der Rückflüsse der Jahre 1 bis n zu Beginn des 1. Jahres

---

[46] Vgl. Terborgh, G.: Leitfaden der betrieblichen Investitionspolitik; a. a. O., S. 44.

und dem Barwert der Rückflüsse der Jahre 2 bis n zu Beginn des 2. Jahres (Kalkulationszinssatz = interner Zinssatz = 8,25%)[47].

Der Kapitalverzehr der neuen Anlage wird mit Hilfe der MAPI-Diagramme errechnet. Jedem dieser drei MAPI-Diagramme der 2. Version liegt ein anderer sog. Normverlauf der Rückflüsse während der Nutzungsdauer eines Investitionsprojektes zugrunde. Der aus dem Diagramm abgelesene Prozentsatz, multipliziert mit dem Anschaffungswert der neuen Anlage und dividiert durch 100 ergibt den in die obige Formel einzusetzenden Kapitalverzehr.

(5) Ertragsteuern, die bei Realisierung des Investitionsprojektes im nächsten Jahr zusätzlich anfallen (auf die Positionen (2) und (3) entfallende Ertragsteuern).

Die MAPI-Rentabilitätszahl r kann als „interner Zinssatz des Ersatzes" (interner Zinssatz der Differenzinvestition zwischen neuer und alter Anlage) betrachtet werden. Der Ersatz ist vorteilhaft, wenn die MAPI-Rentabilitätszahl den Kalkulationszinssatz übersteigt.

MAPI-Diagramme

a) *MAPI-Diagramm Nr. 1 (Normverlauf: Standard)*[48]

Bei diesem Diagramm ist ein linearer Verlauf der Rückflüsse des neuen Projektes in Abhängigkeit von der Nutzungsdauer unterstellt. Die Rückflüsse vermindern sich jährlich um einen konstanten Betrag, so daß die Rückflüsse nach Ablauf der Hälfte der Nutzungsdauer noch halb so hoch sind wie zu Beginn. Diese Bedingung wird bei Existenz eines Liquidationserlöses am Ende der Nutzungsdauer entsprechend modifiziert.

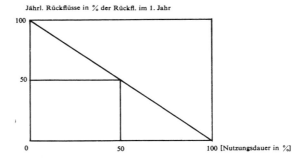

---

[47] Für KV_1 gilt

$$KV_1 = R\ddot{u}_1 - I_0(q-1)$$
$$= I_0 - (I_0 \cdot q - R\ddot{u}_1)$$
$$= \sum_{t=1}^{n} \frac{R\ddot{u}_t}{q^t} - \sum_{t=2}^{n} \frac{R\ddot{u}_t}{q^{t-1}}$$

[48] Die MAPI-Diagramme wurden mit freundlicher Genehmigung des Betriebswirtschaftlichen Verlages Dr. Th. Gabler GmbH entnommen aus: Terborgh, G., Leitfaden ..., a. a. O., S. 175, 177, 179.
MAPI-Diagramm Nr. 1 vgl. Terborgh, G., Leitfaden ..., a. a. O., S. 175.

Dynamische Verfahren

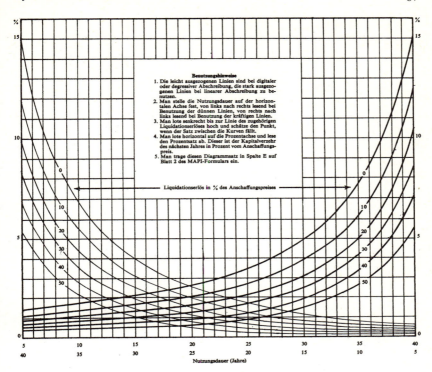

b) *MAPI-Diagramm Nr. 2 (Normverlauf: Variante A)*[49]

Bei diesem Diagramm ist ein konkaver Verlauf der Rückflüsse des neuen Projektes in Abhängigkeit von der Nutzungsdauer unterstellt. Die Rückflüsse vermindern sich um einen jährlich zunehmenden Betrag, so daß sie nach Ablauf der Hälfte der Nutzungsdauer noch $2/3$ der Rückflüsse zu Beginn der Nutzungsdauer betragen.

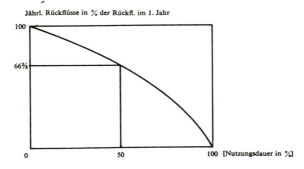

---

[49] Vgl. Terborgh, G., Leitfaden ..., a.a.O., S. 177.

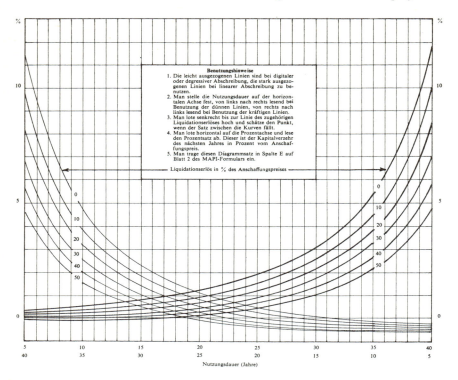

c) *MAPI-Diagramm Nr. 3 (Normverlauf: Variante B)*[50]

Bei diesem Diagramm ist ein konvexer Verlauf der Rückflüsse des neuen Projektes in Abhängigkeit von der Nutzungsdauer unterstellt. Die Rückflüsse vermindern sich um einen jährlich abnehmenden Betrag, so daß sie nach Ablauf der Hälfte der Nutzungsdauer noch $1/3$ der Rückflüsse zu Beginn der Nutzungsdauer betragen.

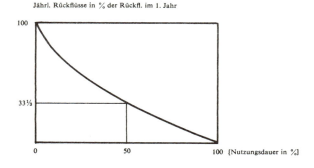

[50] Vgl. Terborgh, G., Leitfaden ..., a. a. O., S. 179.

Dynamische Verfahren

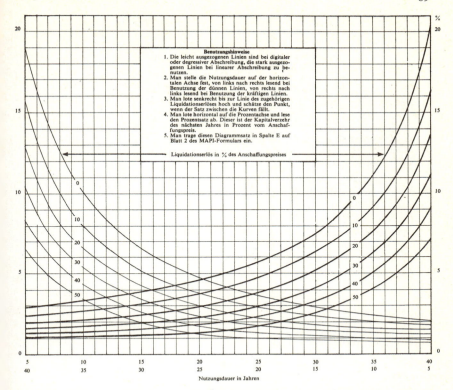

Beispiel XVI: Es ist darüber zu entscheiden, ob drei alte Handfräsmaschinen durch eine neue, automatische Fräsmaschine ersetzt werden sollen. Dabei könnten zwei Arbeitskräfte eingespart werden. Die mengenmäßige Leistung je Zeitabschnitt der automatischen Fräsmaschine entspricht der mengenmäßigen Leistung der drei Handfräsmaschinen. Der Anschaffungswert der automatischen Fräsmaschine beträgt 100 000,— DM. Auf die drei vorhandenen Anlagen kann noch ein Liquidationserlös von 30 000,— DM vor Ertragsteuerabzug erzielt werden. Da diese Anlagen steuerlich schon voll abgeschrieben sind, beträgt der Liquidationserlös nach Ertragsteuerabzug bei einem Ertragsteuersatz von 50% noch 15 000,— DM.

Das auf den folgenden Seiten abgedruckte Formular schlägt Terborgh in der 2. Version des MAPI-Verfahrens zur Errechnung der MAPI-Rentabilität vor. Für das vorliegende Beispiel sind die durch den Ersatz bedingten Änderungen der Rückflüsse dort direkt eingetragen worden.[51]

Die Errechnung der MAPI-Rentabilitätszahl erfordert darüber hinaus noch folgende Angaben:

Normverlauf	Standard
Nutzungsdauer der neuen Maschine	10 Jahre
Liquidationserlös in % vom Anschaffungswert	10
Abschreibungsmethode	linear
Ertragsteuersatz in %	50

[51] Terborgh, G., Leitfaden..., a.a.O., S. 152 f.

MAPI-Formular

Blatt 1

I. Nettoinvestitionssumme
 1 Anschaffungswert .... DM 100 000,—
 2 Liquidationserlös der zu ersetzenden Anlage .... DM 15 000,—
 3 Vermiedene Ausgaben für Großreparaturen .... DM   —,—
 4 Summe aus 2 und 3 .... DM 15 000,—
 5 Nettoinvestitionssumme (1./. 4) .... DM 85 000,—

II. Vorteile aus dem Investitionsvorhaben im nächsten Jahr
 A. Zusätzliche Rückflüsse
  6 Wahrscheinlicher Ausnutzungsgrad   (Std./Jahr) ....

Umsatzänderungen	Erhöhung	Verminderung
7 Qualitätsänderung der Produkte	DM	DM ....
8 Änderung der Ausbringungsmenge	DM	DM ....
9 Insgesamt	DM .... A	DM .... B

Änderungen der laufenden Kosten	Erhöhung	Verminderung
10 Einzellöhne		DM 15 000,—
11 Gemeinkostenlöhne und Gehälter		
12 Lohnnebenkosten		DM 6 000,—
13 Instandhaltungskosten		DM 1 200,—
14 Werkzeugkosten......................		
15 Kosten für Roh-, Hilfs- und Betriebsstoffe		
16 Kosten für Ausschuß und Nacharbeit		DM 500,—
17 Stillstandskosten		
18 Energiekosten........................		
19 Raumkosten..........................		
20 Vermögensteuer und Versicherung	DM 600,—	
21 Kosten für Fremdbezug		
22 Lagerkosten		
23 Sicherheit		
24 Anpassungsfähigkeit		
25 Sonstige Kosten		
26 Insgesamt	DM 600,— A	DM 22 700,— B

 27 Nettoumsatzänderung (9 A ./. 9 B) .... DM   —,—
 28 Nettoänderung der laufenden Kosten
    (26 B ./. 26 A) .... DM 22 100,—
 29 Zusätzliche Rückflüsse (27 + 28) .... DM 22 100,—

 B. Vermiedener Kapitalverzehr
  30 A Verringerung des Liquidationserlöses der alten Anlage während
       des nächsten Jahres .... DM   3 000,—
  30 B Anteil des nächsten Jahres an Ausgaben für Großreparaturen
       der alten Anlage .... DM   —,—
  30   Summe = durch die Investition vermiedener Kapitalverzehr.. DM   3 000,—

 C. Gesamtvorteil
  31 Zusätzliche Rückflüsse + vermiedener Kapitalverzehr des näch-
     sten Jahres (29 + 30) .... DM 25 100,—

Dynamische Verfahren 91

III. Errechnung des MAPI-Rentabilitätsmaßstabes Blatt 2
32 Zusätzlicher Rückfluß und vermiedener Kapitalverzehr des nächsten Jahres nach Abzug der Ertragsteuer (31 ./. Steuer) .... DM 12 550,—
33 Auf Grund der MAPI-Diagramme ermittelter Kapitalverzehr des nächsten Jahres
(Summe aus Spalte F der folgenden Tabelle) .... DM 6 300,—
Es sind hier nur abnutzbare Wirtschaftsgüter zu berücksichtigen. Bei nicht abnutzbaren Wirtschaftsgütern unterstellt das MAPI-Verfahren, daß kein Kapitalverzehr eintritt.

Anlagegegenstand	Anschaffungswert (DM)	Wahrscheinliche Nutzungsdauer (in Jahren)	Wahrscheinlicher Liquidationserlös (in % der Anschaffungskosten)	MAPI-Diagramm Nr.	Diagrammprozentsatz	Kapitalverzehr $(A \cdot E) \cdot \frac{1}{100}$
	A	B	C	D	E	F
Automatische Fräsmaschine	100 000,—	10	10	1	6,3	6 300,—
						6 300,—

34 „Gewinn" nach Abzug von Ertragsteuern (32 ./. 33) .... DM 6 250,—
35 MAPI-Rentabilitätsmaßstab (34 : 5) · 100 .... % 7,35

Die Ersatzinvestition ist vorteilhaft, wenn der Kalkulationszinssatz unter 7,35% liegt.

3252 *Darstellung der 3. Version des MAPI-Verfahrens*[52]

Gegenüber der 2. Version weist die 3. Version des MAPI-Verfahrens im wesentlichen folgende Erweiterungen und Änderungen auf:

1 Mit Hilfe der 3. Version des MAPI-Verfahrens können Alternativvergleiche von Investitionsprojekten auch für Vergleichsperioden von mehr als einem Jahr durchgeführt werden. Die allgemeinere Fragestellung der 3. Version lautet: Ist es vorteilhafter, eine neue Anlage jetzt oder erst am Ende der (festzulegenden) Vergleichsperiode anzuschaffen?

Diese Erweiterung der Fragestellung macht es u. a. möglich, auch Erweiterungsinvestitionen mit Hilfe der MAPI-Methode zu beurteilen.

2 Die Ausdehnung des Anwendungsbereichs der MAPI-Methode auf Alternativvergleiche für Perioden von mehr als einem Jahr macht es erforderlich, die Inputgrößen der MAPI-Formel bzw. des MAPI-Formulars als Durchschnittsgrößen (Nettoinvestitionsausgaben) bzw. jährliche Durchschnittsgrößen für den Vergleichszeitraum zu definieren. In der Formel

$$r = \frac{(2) + (3) - (4) - (5)}{(1)} \, [\%/\text{Jahr}]$$

bedeuten dann
(1) Durchschnittliche Nettoinvestitionsausgaben = Durchschnitt zwischen der Nettoinvestition zu Beginn und am Ende der Vergleichsperiode*. Die Netto-

---
[52] Vgl. Terborgh, G., Business Investment Management, a. a. O., und Lüder, K., Die MAPI-Methode..., a. a. O., S. 407 ff.
* Die Nettoinvestition zu Beginn der Vergleichsperiode entspricht der Nettoinvestition bei der 2. Version.

investition am Ende der Vergleichsperiode ist die Differenz zwischen dem Restwert der neuen Anlage (geschätzt oder aus dem MAPI-Diagramm ermittelt) und dem Liquidationserlös der alten Anlage zu diesem Zeitpunkt.
(2) Durchschnittlicher zusätzlicher Rückfluß vor Abzug von Ertragsteuern
(3) Durchschnittlicher vermiedener Kapitalverzehr
(4) Durchschnittlicher zusätzlicher Kapitalverzehr
(5) Durchschnittliche zusätzliche Ertragsteuern

3 Die MAPI-Diagramme wurden so geändert, daß man daraus jetzt nicht mehr direkt den Kapitalverzehr in % des Anschaffungswertes ablesen kann, sondern den Restwert am Ende der Vergleichsperiode in % des Anschaffungswertes. Darüber hinaus sind die Diagramme Nr. 2 und 3 der 2. Version (konvexer und konkaver Rückfluß-Verlauf) entfallen.

4 In der 3. Version des MAPI-Verfahrens stehen zwei Serien von Diagrammen zur Verfügung: die A-Serie für eine Vergleichsperiode von einem Jahr, die B-Serie für mehrjährige Vergleichsperioden. Jede Serie besteht aus vier Diagrammen, nämlich für lineare, geometrisch-degressive und digitale Abschreibung sowie für sofortige Gesamtabschreibung der neuen Anlage.

Beispiel XVII (1-Jahres-Vergleichsperiode):

Es soll die MAPI-Rentabilität bestimmt werden, die sich für das nächste Jahr ergibt, wenn eine vorhandene Anlage heute durch eine neue Anlage ersetzt wird.

Vergleichsperiode $\quad v = 1$ Jahr
Lebensdauer der neuen Anlage $\quad n = 10$ Jahre
Anschaffungswert der neuen Anlage $\quad I_0 = 20\,000,\!-$ DM
Geschätzter Liquidationserlös der neuen Anlage
am Ende der Lebensdauer $\quad L_n = 2\,000,\!-$ DM
Liquidationserlös der alten Anlage heute (vor Steuern) $\quad L_{ab} = 4\,000,\!-$ DM
Liquidationserlös der alten Anlage in einem Jahr (vor Steuern) $\quad L_{ae} = 2\,000,\!-$ DM
Zusätzlicher Rückfluß im nächsten Jahr $\quad R\ddot{u} = 5\,000,\!-$ DM
Abschreibung: Die alte Anlage ist abgeschrieben – neue Anlage linear

(1) $\dfrac{(20\,000 - 2\,000) + (17\,800^{53} - 1\,000)}{2} = \underline{17\,400 \text{ DM}}$

(2) $\underline{5\,000,\!- \text{ DM}}$

(3) $4\,000 - 2\,000 = \underline{2\,000,\!- \text{ DM}}$

(4) $20\,000 - 17\,800^{53} = \underline{2\,200,\!- \text{ DM}}$

(5) $(5\,000 - 2\,000) \cdot 0{,}5 + 2\,000 \cdot 0{,}5 = \underline{2\,500,\!- \text{ DM}^{54}}$

$$r = \dfrac{5\,000 + 2\,000 - 2\,200 - 2\,500}{17\,400} \cdot 100 = \dfrac{2\,300}{17\,400} \cdot 100 = \underline{13{,}2\%}$$

Das Ergebnis besagt, daß der Ersatz dann vorteilhaft ist, wenn die vom Unternehmen geforderte Mindestrentabilität unter 14,4% liegt.

---

[53] Dieser Wert ergibt sich durch Multiplikation des Anschaffungswertes (20 000,—) mit dem aus Diagramm Nr. 3 A für $n = 10$ und einen Liquidationserlös von 10% abzulesenden Satz von 89%.
[54] Die durch zusätzlich aufgenommenes Fremdkapital erzielbare Ertragsteuerersparnis wurde hier vernachlässigt.

Dynamische Verfahren

MAPI-Diagramm Nr. 3 A *(Ein-Jahres-Vergleichsperiode und lineare Abschreibung)*

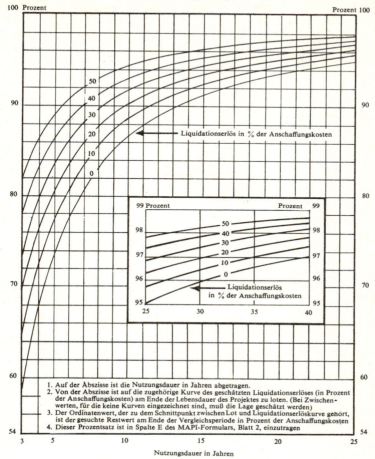

Beispiel XVIII (mehrjährige Vergleichsperiode):[55]
Zu beurteilen ist eine Erweiterungsinvestition mit Anschaffungskosten in Höhe von 75 000,— DM, einer voraussichtlichen Lebensdauer von 10 Jahren und einem Liquidationserlös von 15% der Anschaffungskosten. Die Finanzierung erfolgt im Verhältnis Eigenkapital:Fremdkapital = 70:30, bei einem Fremdkapitalzinssatz von 5%. Der angenommene Ertragsteuersatz beträgt 50%, die Abschreibung erfolgt nach der geometrisch-degressiven Methode mit einem Abschreibungssatz, der doppelt so hoch ist wie der lineare Satz. Durch die Investition scheidet keine vorhandene Anlage aus dem Produktionsprozeß aus. Aus diesem Grunde besteht die einzige Alternative zur Investition darin, für mindestens 4 Jahre ohne die neue Anlage auszukommen. Die durchschnittlichen zusätzlichen

---

[55] In Anlehnung an Terborgh, G., Common Nonformula Problems, Studies in the Analysis of Business Investment Projects, Washington 1961, S. 6 ff.
Vgl. dazu auch Lüder, K., Die MAPI-Methode, a.a.O., S. 408.

94   Verfahren zur Beurteilung einzelner Investitionsprojekte

Rückflüsse pro Jahr werden auf 15 000,— DM geschätzt. Aus dem auf S. 96 wiedergegebenen MAPI-Diagramm Nr. 2 B ergibt sich für das Ende der Vergleichsperiode ein Restwert von 39 000,— DM.

Das nachfolgende Formular schlägt Terborgh in der 3. Version des MAPI-Verfahrens zur Errechnung der MAPI-Rentabilität vor. Dort sind die Angaben für das vorliegende Beispiel eingetragen.

Blatt 1

MAPI-Formular

Investitionsprojekt
Erweiterungsinvestition
Alternative
Verzicht auf die Investition
Vergleichsperiode (Jahre) (v)   4
Erwartete Kapazitätsnutzung (St./Jahr)   —

I. Zusätzliche Rückflüsse

A. *Umsatzänderungen*

	Erhöhung	Verminderung
1 Aufgrund von Qualitätsänderungen der Produkte	DM —	DM —
2 Aufgrund einer Änderung der Ausbringungsmenge	—	—
3 *Insgesamt*	DM — X	DM — Y

B. *Änderungen der laufenden Kosten*

4 Einzellöhne	DM —	DM —
5 Gemeinkostenlöhne und Gehälter	—	—
6 Lohnnebenkosten	—	—
7 Instandhaltungskosten	—	—
8 Werkzeugkosten	—	—
9 Kosten für Roh-, Hilfs- u. Betriebsstoffe	—	—
10 Kosten für Kontrolltätigkeiten	—	—
11 Montagekosten	—	—
12 Kosten für Ausschuß u. Nacharbeit	—	—
13 Stillstandskosten	—	—
14 Energiekosten	—	—
15 Raumkosten	—	—
16 Vermögensteuer u. Versicherung	—	—
17 Kosten für Fremdbezug	—	—
18 Lagerkosten	—	—
19 Sicherheit	—	—
20 Anpassungsfähigkeit	—	—
21 Sonstige Kosten	—	—
22 *Insgesamt*	DM — Y	DM — X

C. *Änderungen der Rückflüsse*

23 Nettoumsatzsteigerung (3X — 3Y)	DM —
24 Nettoverminderung der laufenden Kosten (22X — 22Y)	DM —
25 *Zusätzliche jährliche Rückflüsse*	DM 15 000,—

Dynamische Verfahren 95

Blatt 2

II. Investitionssumme und Rentabilität

A. *Investition zu Beginn der Vergleichsperiode*
26 Anschaffungsausgaben DM 75 000,—
  abzüglich etwaiger
  Steuervergünstigungen DM — DM 75 000,—
27 Investitionsausgaben bei Realisierung der Alternative
  Ausgaben für Großreparaturen DM —
  zuzüglich Liquidationserlös* ausscheidender Anlagen DM — DM —
  (* nach Berücksichtigung von Ertragsteuern)
28 Netto-Investition (26–27) DM 75 000,—

B. *Investition am Ende der Vergleichsperiode*

29 Restwert der neuen Anlage am Ende der Vergleichsperiode

Anlage-gegenstand	Netto-Anschaffungs-ausgaben (26)	Nutzungs-dauer (Jahre)	Liquidations-erlös am Ende der Nutzungs-dauer (in % von A)	MAPI-Diagramm Nr.	Diagramm-Prozentsatz	Restwert (A × E) 100
A	B	C	D	E	F
75 000,—	10	15%	2 B	52	39 000

Restwert ermittelt mit Hilfe der MAPI-Diagramme (F) DM 39 000,—
zuzüglich anders geschätzte Restwerte DM — DM 39 000,—
30 Liquidationserlös* alter Anlagen am Ende der Vergleichsperiode
  (* nach Berücksichtigung von Ertragsteuern) DM —
31 Netto-Investition DM 39 000,—

C. *Rentabilität*

32 Durchschnittlicher Kapitalverzehr $\left(\frac{28-31}{v}\right)$ DM 9 000,—

33 Durchschnittliche Netto-Investition $\left(\frac{28+31}{2}\right)$ DM 57 000,—

34 MAPI-Rentabilität vor Steuerabzug $\left(\frac{25-32}{33} \times 100\right)$ % 10,5

35 Erhöhung von Abschreibungen und Fremdkapitalzinsen DM 11 925,—
36 Steuerlicher Gewinn (25 — 35) DM 3 075,—
37 Erhöhung der Ertragsteuern (36 × Steuersatz) DM 1 537,50
38 Zusätzliche Rückflüsse nach Steuerabzug (25 — 37) DM 13 462,50
39 „Gewinn" nach Steuerabzug (38 — 32) DM 4 462,50
40 MAPI-Rentabilität nach Steuerabzug $\left(\frac{39}{33} \times 100\right)$ % 7,8

Als Ergebnis erhält man eine MAPI-Rentabilität von 7,8%. Das ist die Rentabilität nach Abzug von Ertragsteuern auf das durchschnittlich gebundene Kapital, die sich gegenüber der Alternative des Investitionsverzichtes für die folgenden 4 Jahre ergibt[56].

MAPI-Diagramm Nr. 2 B (Mehrjährige Vergleichsperiode und geometrisch-degressive Abschreibung)

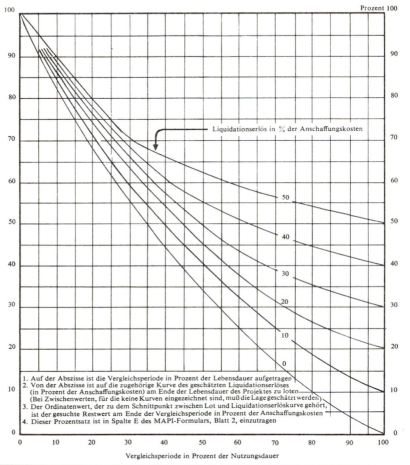

---

[56] Einer besonderen Erläuterung bedarf die Errechnung der Zeile 35 des MAPI-Formulars (Erhöhung von Abschreibungen und Fremdkapitalzinsen). Der durchschnittliche Abschreibungssatz beträgt bei einer Vergleichsperiode von 4 Jahren, einer Lebensdauer von 10 Jahren und geometrisch-degressiver Abschreibung $\dfrac{1-(1-\frac{2}{10})^4}{4} = 0{,}1476$ (Vgl. dazu Terborgh, G., Business Investment Management, a. a. O., S. 147). Daraus errechnet sich die durchschnittliche jährliche Abschreibung mit $75\,000 \times 0{,}1476 = 11\,070{,}-$ DM. Die durchschnittlichen zusätzlichen Fremdkapitalzinsen betragen $57\,000$ (Zeile 33) $\times 0{,}3$ (FK-Anteil) $\times 0{,}05$ (FK-Zinssatz) $= 855{,}-$ DM. Demnach ist in Zeile 35 der Betrag $11\,070 + 855 = 11\,925{,}-$ DM einzusetzen.

Dynamische Verfahren

3253 Prämissen und Anwendungsbereich

Die nach der 2. Version des Verfahrens errechnete MAPI-Rentabilitätszahl ist bei exakter Bestimmung des Kapitalverzehrs KV_1 der interne Zinssatz der Differenzinvestition (Differenz zwischen neuer und alter Anlage). Bei Verwendung der MAPI-Diagramme zur Ermittlung von KV_1 stellt die MAPI-Rentabilitätszahl im Fall einer Investition mit einem internen Zinssatz $r \neq 8{,}25\%$ eine Näherung für den internen Zinssatz der Differenzinvestition dar.

Wenn $(Rü_1^N - Rü_1^A)$: = Zusätzlicher Rückfluß des nächsten Jahres

$(I_0^N - L_0^A)$: = Netto-Investitionssumme zu Beginn der Vergleichsperiode

$(KV_1^N - KV_1^A)$: = Nettokapitalverzehr des nächsten Jahres

dann gilt für den internen Zinssatz r der Differenzinvestition

$$Rü_1^N - Rü_1^A = (I_0^N - L_0^A) \cdot r + KV_1^N - KV_1^A$$

$$r = \frac{(Rü_1^N - Rü_1^A) + KV_1^A - KV_1^N}{I_0^N - L_0^A} = \frac{(2) + (3) - (4)}{(1)}$$

Die nach der 3. Version des Verfahrens errechnete MAPI-Rentabilitätszahl kann allenfalls noch als „schlechte" Näherung für den internen Zinssatz der Differenzinvestition interpretiert werden, weil hier mit Durchschnittsgrößen gearbeitet wird. Dies gilt auch für die Fälle mit einjähriger Vergleichsperiode, da nicht mehr die Nettoinvestition zu Beginn der Vergleichsperiode, sondern die durchschnittliche Nettoinvestition in die Rechnung eingeht. Lediglich unter der Annahme kontinuierlicher Verzinsung ist die MAPI-Rentabilitätszahl der 3. Version als Näherung für den internen Zinssatz der Differenzinvestition bei einjähriger Vergleichsperiode noch vernünftig.

Im einzelnen sind folgende Prämissen zu beachten:

1 Es ist eine Vergleichsperiode festzulegen, die bei der 2. Version ein Jahr betragen muß. Bei Anwendung der 3. Version sind jedoch auch größere Zeiträume als Vergleichsperiode möglich.

2 Es müssen die Rückflüsse bzw. die durchschnittlichen Rückflüsse der Differenzinvestition während der Vergleichsperiode geschätzt werden können.

3 Es muß der Kapitalverzehr bzw. der durchschnittliche Kapitalverzehr der alten Anlage (allgemein: des Alternativprojekts) während der Vergleichsperiode geschätzt werden können. Er ergibt sich als Differenz zwischen dem Liquidationserlös der alten Anlage zu Beginn der Vergleichsperiode zuzüglich eventueller Ausgaben für Großreparaturen und dem Liquidationserlös am Ende der Vergleichsperiode.

4 Der Kapitalverzehr der neuen Anlage (allgemein: des Projekts) wird anhand der MAPI-Diagramme bestimmt, denen folgende Annahmen zugrunde liegen:

a) Ein Viertel des Investitionsvorhabens wird fremdfinanziert.

b) Der Kapitalverzehr wird unter der Annahme eines internen Zinssatzes nach Ertragsteuerabzug von 8,25% ermittelt. Die Wahl gerade dieses Zinssatzes wird von Terborgh mit den Annahmen über das Eigenkapital-Fremdkapital-Verhältnis (3:1) und über die Höhe des für Eigen- und Fremdkapital geforderten Zinssatzes (10% bzw. 3%) begründet $\left(8{,}25 = \dfrac{10 \cdot 3 + 3 \cdot 1}{4}\right)$.

c) Der Ertragsteuersatz beträgt 50%. Allerdings hat Terborgh für die 2. Version des MAPI-Verfahrens Steuerberichtigungstabellen erarbeitet, die auch eine Berücksichtigung anderer Steuersätze ermöglichen.[57]

d) Die Rückflüsse der neuen Anlage $Rü^N$ folgen einem der Normverläufe (2. Version: linear oder konvex oder konkav fallend; 3. Version: linear fallend).

e) Wirtschaftliche und steuerliche Nutzungsdauer stimmen überein.

f) Die steuerliche Abschreibung kann linear, digital oder geometrisch-degressiv erfolgen. Außerdem ist eine Sofortabschreibung im Jahr der Anschaffung möglich.

Der Anwendungsbereich der 2. Version der MAPI-Methode wird insbesondere durch die Prämissen 1 und 4, derjenige der 3. Version vor allem durch die Prämisse 4 eingeschränkt. Hinsichtlich der unter 4b) und c) gemachten Annahmen berichtet Terborgh allerdings über das Ergebnis von Sensitivitätsanalysen, die ergaben, daß selbst bei Kombination der von ihm gewählten maximalen Einzelabweichungen von den Diagrammannahmen die Abweichungen bei den MAPI-Rentabilitätszahlen kaum mehr als zwei Prozent-Punkte betrugen.[58] Die folgende Tabelle zeigt, in welchen Schranken Terborgh einzelne Annahmen variiert hat:

	Untere Schranke (%)	MAPI-Diagramm (%)	Obere Schranke (%)
Fremdkapitalanteil	0	25	50
Fremdkapitalzinssatz	0	3	5
Eigenkapitalrendite nach Steuern	5	10	15
Ertragsteuersatz	45	50	55

---

[57] Vgl. Terborgh, G., Leitfaden..., a.a.O., S. 174ff.
[58] Vgl. Terborgh, G., Business Investment Management, a.a.O., S. 333.

4 Verfahren zur Berücksichtigung unsicherer Erwartungen bei der Beurteilung einzelner Investitionsprojekte

40 Überblick

Ist eine Investitionsentscheidung dadurch charakterisiert, daß bei mindestens einer Entscheidungsalternative mehrere Ergebnisse für möglich gehalten werden, so ist dies eine Investitionsentscheidung unter Unsicherheit. Die Annahmen über das Eintreten der verschiedenen Ergebnisse können durch Ziffern ausgedrückt werden. Es gibt zwei grundsätzliche Möglichkeiten, diese Ziffern (Meßzahlen für Wahrscheinlichkeiten) zu ermitteln:

(1) Ermittlung auf der Grundlage einer empirischen Häufigkeitsverteilung:
Ist in der Vergangenheit eine größere Anzahl gleichartiger Entscheidungen getroffen worden, so lassen sich empirische Häufigkeitsverteilungen der Ergebnisse ermitteln. Die aus solchen Häufigkeitsverteilungen abgeleiteten Wahrscheinlichkeitsziffern werden als „objektive Wahrscheinlichkeiten" bezeichnet. Diese Art der Bestimmung von Wahrscheinlichkeitsziffern spielt allerdings im Investitionsbereich eine geringe Rolle.

(2) Ermittlung auf der Grundlage subjektiver Vorstellungen:
Erfolgt die Ermittlung der Ziffern auf der Grundlage subjektiver Erfahrung und Überlegung, so handelt es sich um „subjektive Wahrscheinlichkeiten" oder „Glaubwürdigkeitsziffern". Dies ist nach Menges[1] eine der Möglichkeiten, die Wahrscheinlichkeit numerisch zu spezifizieren. Auf diese Weise ermittelte Wahrscheinlichkeitsziffern spielen im Investitionsbereich die entscheidende Rolle.

Als Spezialfälle von (2) sind anzusehen
- Investitionsentscheidungen bei Sicherheit: lediglich eines der möglichen Ergebnisse besitzt Glaubwürdigkeit;
- Investitionsentscheidungen bei „objektiver Unsicherheit"[2]: der Entscheidende besitzt keine Informationen, die es erlauben, den Ergebnissen unterschiedliche Glaubwürdigkeitsziffern zuzuordnen; deshalb unterstellt er für alle möglichen Ergebnisse die gleiche Glaubwürdigkeit.

In der älteren Investitionsliteratur wird zur Berücksichtigung der Unsicherheit ein Verfahren empfohlen[3], das auch heute noch vielfach in der Praxis anzutreffen ist: die Korrektur des Wirtschaftlichkeitskriteriums und/oder einzelner Inputgrößen der Wirtschaftlichkeitsrechnung durch globale Zu- oder Abschläge. Demgegenüber geht die neuere Entwicklung auf diesem Gebiet dahin, die Auswirkungen der Unsicherheit explizit aufzuzeigen und Regeln für Investitionsentscheidungen unter Unsicherheit anzugeben.

Auf die Korrekturverfahren wird im folgenden wegen ihrer erheblichen Mängel nur kurz eingegangen.

---

[1] Menges, G., On Subjektive Probability and Related Problems, Theory and Decision 1/1970, S. 57.
[2] Albach, H., Wirtschaftlichkeitsrechnung bei unsicheren Erwartungen, Köln/Opladen 1959, S. 166.
[3] Schneider, E., a. a. O., S. 66f.
Lutz, F. u. V., The Theory of Investment of the Firm, Princeton 1951, S. 192.

Im Mittelpunkt dieses Kapitels stehen die Verfahren der expliziten Berücksichtigung von Auswirkungen der Unsicherheit: die Sensitivitätsanalyse, die Risikoanalyse und das Entscheidungsbaumverfahren. Diese Verfahren können in Zusammenhang mit allen im Kapitel 3 angegebenen Methoden der Investitionsrechnung angewendet werden – die Betrachtung beschränkt sich hier jedoch vorwiegend auf die Anwendung im Zusammenhang mit der Kapitalwertmethode.

41 Korrekturverfahren

Gemeinsames Merkmal der Korrekturverfahren ist die Änderung einzelner ursprünglicher Schätzwerte der Investitionsrechnung (Einpunktschätzungen, z. B. Erwartungswerte, wahrscheinlichste Werte) mit dem Ziel, dadurch der Unsicherheit der Erwartungen Rechnung zu tragen: man nimmt „Risikoabschläge" bzw. „Risikozuschläge" vor. Geändert werden in erster Linie die folgenden Daten[4]:

1 *Kalkulationszinssatz:*

Die Festlegung des Kalkulationszinssatzes richtet sich nach der mit einem Projekt verbundenen Unsicherheit. Er wird um so höher angesetzt, je höher die Unsicherheit eingeschätzt wird. Das bedeutet, daß der Kapitalwert eines Investitionsprojektes c.p. um so niedriger sein muß, je unsicherer die Erwartungen sind.

Dieses in der Praxis nicht selten anzutreffende Verfahren[5] wird oft in der Weise gehandhabt, daß mehrere Risikokategorien gebildet werden, denen unterschiedliche Kalkulationszinssätze zugeordnet sind, z. B.

Kategorie I: Vorhandener Markt – bekanntes Produktionsverfahren ($p = 10\%$)

Kategorie II: Vorhandener Markt – neues Produktionsverfahren ($p = 15\%$)

Kategorie III: Neuer Markt   – bekanntes Produktionsverfahren ($p = 25\%$)

Kategorie IV: Neuer Markt   – neues Produktionsverfahren ($p = 30\%$)

Ein Investitionsprojekt wird entsprechend der vermuteten Unsicherheit einer der Risikokategorien zugeordnet und mit dem zugehörigen Kalkulationszinssatz durchgerechnet[6]. Varianten des Verfahrens der Korrektur des Kalkulationszinssatzes sind die doppelte Diskontierung (Diskontierung 1. zur Berücksichtigung der zeitlichen Unterschiede und 2. zur Berücksichtigung der Unsicherheit) und die Diskontierung mit ansteigenden Zinssätzen (der Kalkulationszinssatz steigt mit zunehmendem Abstand vom Bezugszeitpunkt an).

---

[4] Rühli, E., Methodische Verfeinerungen der traditionellen Verfahren der Investitionsrechnung und Übergang zu den mathematischen Modellen, Die Unternehmung 3/1970, S. 165 ff.
Jacob, H., Investitionsrechnung, in: Jacob, H. (Hrsg.), Allgemeine Betriebswirtschaftslehre in programmierter Form, Wiesbaden 1969, S. 620.
Lutz, F. u. V., a. a. O., S. 192.
[5] Pflomm, N. E., Managing Capital Expenditures, Business Policy Study No. 107, National Industrial Conference Board, New York 1963, S. 41.
Terborgh, G., Business Investment Management, Washington 1967, S. 274.
Rühli, E., a. a. O., S. 166.
[6] Zur Bildung von Risikokategorien vgl. auch Dean, J., Capital Budgeting, 4. Aufl., New York 1959, S. 82 ff.

Korrekturverfahren

Beispiel: Doppelte Diskontierung

Es soll mit Hilfe der Kapitalwertmethode überprüft werden, ob ein Investitionsprojekt mit einem Kapitaleinsatz von 50 000,— DM (Kapitaleinsatz in voller Höhe zu Beginn des 1. Jahres) durchgeführt werden soll.

Der Kalkulationszinssatz ohne Berücksichtigung der Unsicherheit der Erwartungen beträgt 20%. Darüber hinaus erfolgt eine nochmalige Abzinsung der Rückflüsse mit einem Zinssatz von 10% zur Berücksichtigung der Unsicherheit.

Jahr	Rückfluß	Diskontierung zur Berücksichtigung der zeitlichen Unterschiede (20%)		Diskontierung zur Berücksichtigung der Unsicherheit (10%)	
	Zeitwert	Faktor	Barwert	Faktor	Barwert
1	10 000	0,833	8 330	0,909	7 572
2	20 000	0,694	13 880	0,826	11 465
3	25 000	0,579	14 475	0,751	10 871
4	20 000	0,482	9 640	0,683	6 584
5	30 000	0,402	12 060	0,621	7 489
	105 000		58 385		43 981
./. Kapitaleinsatz			50 000		50 000
= Kapitalwert			+ 8 385		— 6 019

Das Ergebnis zeigt, daß die Investition ohne Berücksichtigung der Unsicherheit zulässig wäre, da der Kapitalwert mit + 8 385,— DM größer als Null ist. Nach Berücksichtigung der Unsicherheit ergibt sich hingegen ein negativer Kapitalwert von — 6 019,— DM, d. h. das Projekt erfüllt die gestellten Anforderungen nicht.

2 *Rückflüsse:*

Die Festlegung der Rückflüsse richtet sich nach der mit einem Projekt verbundenen Unsicherheit. Die Rückflüsse werden um so niedriger angesetzt, je höher die Unsicherheit eingeschätzt wird. Das bedeutet, daß der Kapitalwert c.p. um so niedriger sein muß je unsicherer die Erwartungen sind.

3 *Lebensdauer:*

Die Festlegung der Lebensdauer richtet sich nach der mit einem Projekt verbundenen Unsicherheit. Die Lebensdauer wird um so kürzer angesetzt, je höher die Unsicherheit eingeschätzt wird. Setzt man voraus, daß die Rückflüsse der einzelnen Perioden positiv sind, so ist der Kapitalwert c.p. um so niedriger, je unsicherer die Erwartungen sind.

Entscheidende Mängel der Korrekturverfahren sind:

(1) Die Auswirkungen der Unsicherheit werden „summarisch" bestimmt und verrechnet und nicht „analytisch" aus der Unsicherheit der Einflußfaktoren ermittelt.

(2) Eine Korrektur wird u. U. bei solchen Größen vorgenommen, die selbst nicht unsicher sind. Dies würde bei der beurteilenden Person die Fähigkeit voraussetzen, die Auswirkungen der Unsicherheit bei einem Faktor (z. B. Rückflüsse)

in Auswirkungen bei einem anderen Faktor (z. B. Kalkulationszinssatz) zu transformieren.

(3) Durch die Korrektur wird ausschließlich versucht, negative Abweichungen vom Ausgangswert zu antizipieren. Entscheidungen auf dieser Grundlage erfolgen demnach – ohne daß sich der Entscheidende dessen möglicherweise bewußt ist – nach dem „Prinzip der Vorsicht".

(4) Nehmen mehrere Personen bei verschiedenen Größen einer Investitionsrechnung Korrekturen vor, so tritt ein Kumulationseffekt ein, dessen Auswirkungen nicht mehr überschaubar sind. Auf diese Art und Weise kann man Projekte „totrechnen"[7].

(5) Das Entscheidungsgremium ist oftmals nicht in der Lage, die Auswirkungen der Unsicherheit zu erkennen und damit bei der Entscheidung entsprechend zu berücksichtigen. Das Gremium muß demnach unter „Unsicherheit über die Unsicherheit" entscheiden.

Aufgrund der genannten Mängel können die Korrekturverfahren lediglich als praktikable Faustregeln bezeichnet werden, die dem Vorsichtsprinzip insofern Rechnung tragen, als „ein niedriger Kapitalwert bei gegebenem Investitionsprojekt mit größerer Wahrscheinlichkeit zu erwarten ist als ein höherer Kapitalwert". Es werden demzufolge bei Anwendung der Korrekturverfahren einige Projekte nicht realisiert, die ohne Berücksichtigung von Risikoabschlägen durchgeführt worden wären. Daß dies aber zu einer erfolgreicheren oder auch nur zu einer weniger risikoreichen Investitionspolitik führt, ist logisch nicht begründbar.

42 Sensitivitätsanalyse

420 Darstellung der Verfahren

Sensitivitätsanalysen (Sensibilitätsanalysen) ergänzen die Investitionsrechnung. Mit ihrer Hilfe sollen Zusammenhänge zwischen dem Input einer Investitionsrechnung (z. B. Preise, Absatzmengen, Investitionssummen, Lebensdauer) und ihrem Output (z. B. Kapitalwert) aufgedeckt werden. Die Fragestellungen der Sensitivitätsanalyse können lauten[8]:

a) Wie weit darf der Wert einer oder mehrerer Inputgrößen vom ursprünglichen Wertansatz abweichen, ohne daß die Outputgröße einen vorgegebenen Wert über- oder unterschreitet?

b) Wie ändert sich der Wert der Outputgröße bei vorgegebener Abweichung einer oder mehrerer Inputgrößen vom ursprünglichen Wertansatz?

---

[7] Rühli, E., a. a. O., S. 168.
[8] Die hier gegebene Beschreibung der Sensitivitätsanalyse bezieht sich speziell auf Investitionsrechnungen zur Beurteilung einzelner Projekte. Zur allgemeinen Formulierung der Sensitivitätsanalyse vgl.:
Dinkelbach, W., Sensitivitätsanalysen und parametrische Programmierung, Berlin/Heidelberg/New York 1969, S. 25 ff.
Hax, H., Investitionstheorie, Würzburg/Wien 1970, S. 95 ff.

Sensitivitätsanalyse

Eine Sensitivitätsanalyse zur Beantwortung der Frage a) wird in der Investitionsliteratur auch als „Verfahren der kritischen Werte" bezeichnet[9].

4200 Verfahren zur Ermittlung der zulässigen Abweichung (Verfahren der kritischen Werte)

Ein anhand des Kapitalwertes beurteiltes Investitionsprojekt ist vorteilhaft, wenn der Kapitalwert nicht negativ ist. Das Verfahren der kritischen Werte besteht nun darin zu prüfen, wie weit die Werte als unsicher erachteter Inputgrößen von den in der Kapitalwertrechnung ursprünglich angesetzten Werten abweichen können, ohne daß die Vorteilhaftigkeitsentscheidung revidiert werden muß. Mit anderen Worten: Es werden diejenigen Werte der Inputgrößen gesucht, die einen Kapitalwert $C_0 = 0$ ergeben. Erstreckt sich die Sensitivitätsbetrachtung auf je eine Inputgröße bei Konstanthaltung aller übrigen, so erhält man im allgemeinen für jede der variierten Inputgrößen einen kritischen Punkt[10]. Variiert man hingegen n ($n > 1$) Inputgrößen gleichzeitig, so erhält man für jede Inputgrößen-Konstellation eine ($n - 1$)-dimensionale kritische Punktmenge (z. B. $n = 2$: kritische Linie, $n = 3$: kritische Fläche).

Das Verfahren der kritischen Werte läuft in folgenden Schritten ab:

(1) Wähle die als unsicher erachteten Inputgrößen aus, z. B.[11]
    Kalkulationszinssatz
    Absatzmengen
    Projekt-Lebensdauer
    Produktpreise
    Faktorpreise
    Kapitaleinsatz

(2) Formuliere die Kapitalwertfunktion unter Berücksichtigung der Abhängigkeiten zwischen den Inputgrößen, z. B.

$$C_0 = \sum_{t=1}^{n} [X_t (v_t - k_t^v) - K_t^f + A_t] \cdot q^{-t} - \sum_{t=1}^{n} I_t \cdot q^{-t+1}$$

X_t : Absatzmenge in Periode t
v_t : Produktpreis in Periode t
k_t^v : Variable Stückkosten in Periode t
K_t^f : Fixe Kosten einschließlich Abschreibungen in Periode t
A_t : Abschreibungen in Periode t
I_t : Kapitaleinsatz in Periode t
n : Lebensdauer

---

[9] Schneider, E., a. a. O., S. 62 ff.
Kilger, W., Kritische Werte in der Investitions- und Wirtschaftlichkeitsrechnung, ZfB 1965, S. 338 ff.
Rühli, E., a. a. O., S. 168 ff.
[10] Vorausgesetzt ist dabei, daß die Kapitalwertfunktion genau eine reelle Nullstelle besitzt. Dies ist bei ökonomisch relevanten Kapitalwertfunktionen gewöhnlich der Fall. Vgl. Kilger, W., Interner Zins ..., S. 797.
[11] Kilger, W., Kritische Werte ..., a. a. O., S. 341 ff.

(3) Löse die Kapitalwertgleichung für $C_o = 0$ nach der ausgewählten Inputgröße bzw. Inputgrößenkonstellation auf, z. B. Bestimmung der kritischen Absatzmenge X unter der Voraussetzung $X_1 = X_2 \ldots = X_n$

$$0 = X \cdot \sum_{t=1}^{n} (v_t - k_t^v) q^{-t} - \sum_{t=1}^{n} (K_t^f + A_t) q^{-t} - \sum_{t=1}^{n} I_t \cdot q^{-t+1}$$

$$X = \frac{\sum_{t=1}^{n} I_t \cdot q^{t+1} + \sum_{t=1}^{n} (K_t^f + A_t) q^{-t}}{\sum_{t=1}^{n} (v_t - k_t^v) \cdot q^{-t}}$$

Die Bestimmung der kritischen Lebensdauer entspricht der Bestimmung der dynamischen Amortisationszeit. Bei dem auf S. 82 f. angegebenen Beispiel beträgt die kritische Lebensdauer etwa 7 Jahre.

4201 *Verfahren zur Ermittlung der Outputänderung bei vorgegebener Inputänderung*[12]

Für ein Investitionsprojekt ist der Kapitalwert errechnet worden. Das Verfahren zur Ermittlung der Outputänderung bei vorgegebener Inputänderung besteht nun darin festzustellen, wie sich bei bestimmten Änderungen der ursprünglichen Werte als unsicher erachteter Inputgrößen der Kapitalwert ändert. Die Variation der Inputgrößen erfolgt üblicherweise um einen gegriffenen, nicht immer sinnvoll begründbaren Prozentsatz vom Ausgangswert (häufig 10%) oder aber um die Differenz zu einem oberen oder unteren Grenzwert, den die betreffende Inputgröße bei optimistischer bzw. pessimistischer Einschätzung der zukünftigen Entwicklung annehmen kann.

Das Verfahren läuft in folgenden Schritten ab:

(1) Wähle die als unsicher erachteten Größen aus.
(2) Formuliere die Kapitalwertfunktion unter Berücksichtigung der Abhängigkeiten zwischen den Inputgrößen.
(3) Lege die Höhe der Abweichungen der Inputgrößen vom Ausgangswert fest.
(4) Bestimme die Änderungen des Kapitalwertes, die sich ceteris paribus durch die Änderung der einzelnen Inputgrößen und Inputgrößenkonstellationen ergeben.

Beispiel:[13] In einem Unternehmen der Elektroindustrie wurde ein verbessertes Einbauteil für Elektromotoren entwickelt. Dieses Einbauteil wird in der eigenen Elektromotorenfertigung verwendet und darüber hinaus auch an andere Elektromotoren-Hersteller verkauft. Die Fertigung dieses Teils erfordert Investitionen in Höhe von insgesamt 2,78 Mill. DM – dadurch können Kostensenkungen und Absatzsteigerungen erzielt werden. Bei einer geschätzten Lebensdauer von 10 Jahren und einem Kalkulationszinssatz von $p = 15\%$ ergibt sich ein Kapitalwert nach Abzug von Ertragsteuern von +372074,— DM [vgl. Anlage 5]. Für dieses Projekt soll eine Sensitivitätsanalyse durchgeführt werden.

---

[12] Vgl. Lüder, K., Investitionskontrolle, Wiesbaden 1969, S. 91 ff.
[13] Lüder, K., Investitionskontrolle, a. a. O., S. 94 ff.

Sensitivitätsanalyse

1) Unsichere Inputgrößen: Absatzmenge (X), Verkaufspreis (v), Materialkosten je Leistungseinheit (m), Fertigungslohn je Leistungseinheit (l), variable Restkosten je Leistungseinheit (r), fixe Restkosten (Rf), Kapitaleinsatz für die Beschaffung von Anlagevermögen (AV), Kapitaleinsatz für die Beschaffung von Umlaufvermögen (UV).

2) Für die funktionalen Zusammenhänge der Inputgrößen untereinander gilt:
   - Absatzmenge und Verkaufspreis sind voneinander unabhängig.
   - Die Absatzmenge ist gleich der Produktionsmenge.
   - Die Materialkosten je Zeitabschnitt ändern sich proportional mit der Produktionsmenge: $M = X \cdot m$.
   - Die Fertigungslohnkosten je Zeitabschnitt ändern sich proportional mit der Produktionsmenge: $L = X \cdot l$.
   - Die Restkosten je Zeitabschnitt setzen sich aus einem fixen und einem proportionalen Bestandteil zusammen: $R = Rf + X \cdot r$.
   - Die Höhe der Abschreibungen ist abhängig von der Höhe des Anlagevermögens und den Lebensdauern der einzelnen Anlagegegenstände. Bei Variation der Höhe des Anlagevermögens um einen gegebenen Prozentsatz im Jahr t ($t = 1, \ldots, n$) wird unterstellt, daß sich die Investitionssumme aller in diesem Jahr beschafften Anlagegegenstände um den gleichen Prozentsatz ändert. Die Abschreibungen auf die im Jahr t beschafften Anlagegegenstände ändern sich in jedem Jahr der Lebensdauer dieser Anlagegegenstände ebenfalls um diesen Prozentsatz.
   - Der Zeitwert des Liquidationserlöses am Ende der Lebensdauer ist gleich der Summe der Zeitwerte des Umlaufvermögens:

$$D = \sum_{t=1}^{n} UV_t$$

3) Die Kapitalwertfunktion kann wie folgt formuliert werden:

$$C_0 = \sum_{t=1}^{n} \{[X_t(v_t - m_t - l_t - r_t) - Rf_t - A_t](1-e) + A_t\} q^{-t}$$

$$- \sum_{t=1}^{n} (AV_t + UV_t) q^{-t+1} + \sum_{t=1}^{n} UV_t \cdot q^{-n}$$

e: dezimaler Ertragssteuersatz 0,5.

4) Die unter 1) angegebenen Inputgrößen werden gegenüber dem Ausgangswert um 10% geändert. Da der Kapitalwert bei ausschließlicher Variation einer Größe jeweils eine lineare Funktion dieser Größe ist, ist es gleichgültig, ob die Änderung in positiver oder negativer Richtung vorgenommen wird.

5) Die folgende Matrix zeigt die betragsmäßige prozentuale Kapitalwertänderung bei 10% Inputgrößenänderung, aufgegliedert nach Jahren. Die Gesamtänderung des Kapitalwertes bei Änderung des Inputgrößenwertes in jedem Jahr um 10% enthält die Summenzeile. Die Werte der Summenspalte stellen Näherungen für die Änderung des Kapitalwertes bei Änderung aller Inputgrößen um 10% dar. Die bei gleichzeitiger Änderung zweier multiplikativ verbundener Inputgrößen auftretenden quadratischen Glieder wurden dabei vernachlässigt.

* = Das variierte Faktorelement ist gleich 0

Jahr	1	2	3	4	5	6	7	8	Summe
0	*	*	*	*	*	*	*	9,61%	9,61%
1	*	0,00%	0,00%	0,00%	0,00%	*	6,69%	5,84%	12,53%
2	4,98%	10,16%	2,54%	2,03%	0,61%	1,67%	5,47%	5,14%	32,60%
3	8,66%	17,67%	4,42%	3,53%	1,06%	1,45%	1,10%	*	37,90%
4	8,66%	17,67%	4,42%	3,53%	1,06%	1,26%	0,87%	1,58%	39,05%
5	8,18%	16,70%	4,18%	3,34%	1,00%	1,10%	*	2,66%	37,17%
6	7,40%	15,11%	3,78%	3,02%	0,91%	0,95%	*	0,90%	32,06%
7	6,44%	13,13%	3,28%	2,63%	0,79%	0,83%	*	*	27,10%
8	5,60%	11,42%	2,86%	2,28%	0,69%	0,72%	*	*	23,56%
9	4,87%	9,93%	2,48%	1,99%	0,60%	0,63%	*	*	20,49%
10	4,23%	8,64%	2,16%	1,73%	0,52%	0,54%	*	*	17,82%
Summe	59,01%	120,44%	30,11%	24,09%	7,23%	9,14%	14,14%	25,73%	289,89%

Spalte 1 = Absatzmenge
Spalte 2 = Absatzpreis
Spalte 3 = Materialkosten je Leistungseinheit
Spalte 4 = Fertigungslöhne je Leistungseinheit
Spalte 5 = Restkosten je Leistungseinheit
Spalte 6 = Mengenunabhängige Restkosten
Spalte 7 = Umlaufvermögen
Spalte 8 = Anlagevermögen

Wenn man einmal annimmt, daß eine Abweichung von 10% gegenüber dem Ausgangswert der Inputgrößen, die maximal für möglich gehaltene Abweichung ist, so zeigt das Ergebnis u. a.

- im schlechtesten Fall kann der Kapitalwert auf $C_o = 372074 - (372074 \cdot 2,8989) = -706940$,— absinken;
- schon allein eine 10%ige negative Abweichung beim Produktpreis bewirkt einen negativen Kapitalwert;
- ändern sich bei konstanter Absatzmenge und konstantem Produktpreis die Werte aller übrigen Inputgrößen um 10% in negativer Richtung, so wird der Kapitalwert von Null nur geringfügig unterschritten.
($C_o \sim -37200$,— DM)

421 Prämissen und Anwendungsbereich

Den geschilderten Verfahren der Sensitivitätsanalyse liegen folgende wesentliche Prämissen zugrunde:

1 Sofern die Sensitivitätsanalyse als Partialanalyse durchgeführt wird, muß man voraussetzen, daß die Ausgangswerte aller nicht in die Betrachtung einbezogenen unsicheren Inputgrößen erhalten bleiben. Da diese Voraussetzung in der Realität gewöhnlich nicht gegeben ist, bedeutet dies eine erhebliche Einschränkung der praktischen Bedeutung partieller Sensitivitätsanalysen. Dies trifft insbesondere das Verfahren der kritischen Werte als typische Form der Partialanalyse in der Investitionsrechnung, die meist noch auf die Betrachtung jeweils nur einer unsicheren Inputgröße beschränkt ist.[14]

---

[14] Kilger, W., Kritische Werte ..., a. a. O., S. 353.

Sensitivitätsanalyse

2 Sofern die Sensitivitätsanalyse als Globalanalyse oder als Partialanalyse bei Variation mehr als einer Inputgröße durchgeführt wird, muß man voraussetzen, daß es gelingt, die bestehenden funktionalen Abhängigkeiten zwischen den variierten Inputgrößen zu ermitteln und mit in den Kalkül einzubeziehen. Besteht z. B. zwischen der Gütermenge x und dem Preis v die Funktion $v = a - bx$, so ist es nicht sinnvoll, v und x unabhängig voneinander zu variieren. Man muß in diesem Fall auf die unabhängigen Inputgrößen a, b und x zurückgehen.

3 Sofern bei partieller Variation mehr als einer Inputgröße der Änderungsbetrag vorgegeben wird (z. B. 10% vom Ausgangswert), muß man voraussetzen, daß die Wahrscheinlichkeit der Über- oder Unterschreitung des geänderten Wertes (Eintrittswahrscheinlichkeit) für alle betrachteten Inputgrößen gleich ist und daß diese Inputgrößen voneinander stochastisch unabhängig sind. Beachtet man diese Voraussetzung nicht, so kann dies insbesondere im Hinblick auf die Bestimmung „kritischer" Inputgrößen (solche Inputgrößen, deren Wertänderungen im Verhältnis zu anderen Inputgrößen „große" Outputänderungen bewirken) zu Fehlschlüssen führen.

Sensitivitätsanalysen lösen das Problem der Entscheidung bei Unsicherheit nicht, sie vermitteln jedoch einen Einblick in die Struktur eines Investitionsprojektes und zeigen die Auswirkungen der Unsicherheit.[15] Im Hinblick auf das Unsicherheitsproblem gestatten sie die Gewinnung zweier wesentlicher Arten von Informationen:

- Sensitivitätsanalysen ermöglichen die Feststellung „kritischer" Inputgrößen mit dem Ziel, über diese Inputgrößen zusätzliche Informationen zu gewinnen, wodurch die Unsicherheit des Entscheidungsproblems verringert werden kann.
- Sensitivitätsanalysen ermöglichen die Bestimmung von Kapitalwerten für „gerade noch wahrscheinliche" obere und untere Inputgrößenkonstellationen. Man erhält so den Bereich, in welchem der Kapitalwert eines Projektes mit sehr hoher Wahrscheinlichkeit liegen wird. Aus der Spannweite dieses Bereiches und aus seiner Lage zum Kapitalwert $C_o = 0$ lassen sich dann zumindest grobe Anhaltspunkte über das Ausmaß der Unsicherheit und für die Entscheidung unter Unsicherheit gewinnen.

Das Verfahren der kritischen Werte ist bei gleichzeitiger Variation von mehr als zwei Inputgrößen unter Umständen rechnerisch nur noch schwer zu handhaben – seine Ergebnisse sind zur Abschätzung der Unsicherheit nicht mehr brauchbar. Man kann zwar im allgemeinen angeben, ob ein bestimmter kritischer Punkt noch unter- oder überschritten werden kann, man kann eine solche Angabe jedoch kaum noch für alle Punkte einer mehrdimensionalen Punktmenge machen. Daraus folgt, daß bei gleichzeitiger Variation mehrerer Inputgrößen die Anwendung des Verfahrens zur Ermittlung der Outputänderung bei vorgegebener Inputänderung zweckmäßig ist.

---

[15] Kilger, W., Kritische Werte..., a. a. O., S. 341.
Hax, H., Investitionstheorie, a. a. O., S. 104f.

43 Risikoanalyse

430 Allgemeines

Unter dem Begriff Risikoanalyse (risk analysis)[16] werden diejenigen Verfahren zusammengefaßt, deren Zweck die Gewinnung einer Wahrscheinlichkeitsverteilung für das Investitions-Entscheidungskriterium (Kapitalwert) ist. Diese Wahrscheinlichkeitsverteilung basiert gewöhnlich auf subjektiven Glaubwürdigkeitsvorstellungen – es handelt sich um eine Verteilung „subjektiver Wahrscheinlichkeiten".

Bevor auf die Verfahren der Risikoanalyse im einzelnen eingegangen wird, erscheint es zweckmäßig, einige wichtige wahrscheinlichkeitstheoretische und entscheidungstheoretische Grundlagen zu erörtern.

4300 *Wahrscheinlichkeitstheoretische Grundlagen*

(1) *Arten von Wahrscheinlichkeiten:*

w (A)   : Wahrscheinlichkeit oder einfache Wahrscheinlichkeit des Ereignisses A;

w (A $\cap$ B): verbundene Wahrscheinlichkeit der Ereignisse A und B. Dies ist die Wahrscheinlichkeit, daß sowohl das Ereignis A als auch das Ereignis B eintreten.

w (B/A) $= \dfrac{w (A \cap B)}{w(A)}$: bedingte Wahrscheinlichkeit des Ereignisses B bei gegebenem Ereignis A. Dies ist die Eintrittswahrscheinlichkeit für das Ereignis B unter der Voraussetzung, daß das Ereignis A eingetreten ist.

(2) *Abhängigkeiten zwischen zwei Ereignissen:*
Zwei Ereignisse A und B heißen stochastisch (oder statistisch) unabhängig, wenn gilt

$$w (A \cap B) = w (A) \cdot w (B),$$

d. h. w (B) $= w$ (B/A).

Anderenfalls heißen sie stochastisch abhängig.

(3) *Abhängigkeiten zwischen zwei Zufallsvariablen:*
Als Zufallsvariable wird eine Größe bezeichnet, „die bei jedem Versuchsausgang einen bestimmten Zahlenwert annimmt".[17] In der folgenden Darstellung wird von einer endlichen Anzahl von Ereignissen i ($i = 1, \ldots, n$) ausgegangen. Die Zufallsvariable x ordnet dann jedem Ereignis i einen Zahlenwert x_i zu. $w(x_i)$ sei dann die Wahrscheinlichkeit, mit der die Zufallsvariable x den Wert x_i annimmt. Zwei Zufallsvariable x und y heißen stochastisch unabhängig, wenn gilt

$$w(x_i \cap y_j) = w(x_i) \cdot w(y_j) \qquad (i, j \in \{1, \ldots, n\})$$

Anderenfalls heißen sie stochastisch abhängig.

---

[17] Basler, H., Grundbegriffe der Wahrscheinlichkeitsrechnung und statistischen Methodenlehre, Würzburg/Wien 1968, S. 44. Vgl. dort auch die exakte Definition.

Für den Fall, daß zwei Zufallsvariable x und y stochastisch unabhängig sind, beträgt ihr Korrelationskoeffizient

$$r = \frac{\text{cov}(x,y)}{\sigma_x \cdot \sigma_y} = 0, \text{wobei cov}(x,y) = E\left[(x-\mu_x)(y-\mu_y)\right] \text{ und } \sigma_x = \sqrt{E(x-\mu_x)^2}.$$

Darin symbolisieren cov die Kovarianz, σ die Standardabweichung, E und μ Erwartungswerte $[E(x) = \mu_x]$. Aus $r = 0$ folgt jedoch nicht notwendig die stochastische Unabhängigkeit der Zufallsvariablen x und y.

Bei stochastischer Abhängigkeit zwischen x und y können noch folgende Fälle unterschieden werden:

1. Funktionale Abhängigkeit

    a) Lineare Abhängigkeit zwischen x und y. Eine lineare Abhängigkeit zwischen x und y besteht genau dann, wenn $|r| = 1$ (Allgemein ist $|r|$ ein Maß dafür, wie gut die Abhängigkeit zwischen x und y als lineare Abhängigkeit dargestellt werden kann[18]. In diesem Fall gilt

$$y_i = ax_i + b \quad \text{mit } |a| = \frac{\sigma_y}{\sigma_x}.\text{[19]}$$

Dies ist der Fall der vollständigen Korrelation.

   b) Nichtlineare Abhängigkeit zwischen x und y. Es gilt

$$|r| < 1$$

$$y_i = f(x_i) \text{ nichtlinear.}$$

Aus der nichtlinearen funktionalen Abhängigkeit folgt $|r| < 1$. Umgekehrt kann jedoch aus $|r| < 1$ nicht auf eine nichtlineare funktionale Abhängigkeit zwischen x und y geschlossen werden.

2. Nichtfunktionale Abhängigkeit zwischen x und y. Es gilt

$$w(x_i \cap y_j) = w(x_i) \cdot w(y_j/x_i)$$

$$0 < |r| < 1.$$

Aus der stochastischen, nichtfunktionalen Abhängigkeit folgt $0 < |r| < 1$. Umgekehrt kann jedoch aus $0 < |r| < 1$ nicht auf eine stochastische, nichtfunktionale Abhängigkeit zwischen x und y geschlossen werden.

(4) *Erwartungswert und Varianz einer Summe von Zufallsvariablen:*
Der Erwartungswert einer Summe von Zufallsvariablen ist gleich der Summe ihrer einzelnen Erwartungswerte. Für zwei Zufallsvariable x und y gilt

$$E(x+y) = E(x) + E(y).$$

Die Varianz einer Summe von Zufallsvariablen ist gleich der Summe der Einzelvarianzen und den zwischen den Zufallsvariablen gegebenen Kovarianzen. Für zwei Zufallsvariable x und y gilt[20]

$$V(x+y) = V(x) + V(y) + 2\,\text{cov}(x,y)$$
$$= \sigma_x^2 + \sigma_y^2 + 2\,r\,\sigma_x\,\sigma_y.$$

---
[18] Basler, H., a.a.O., S. 80.
[19] Mao, J.C.T., Quantitative Analysis of Financial Decision, London 1969, S. 273.
[20] Zur Ableitung der Varianz einer Summe zweier Zufallsvariablen vgl. z.B. Fisz, M., Wahrscheinlichkeitsrechnung und mathematische Statistik, 5. Aufl., Berlin 1970, S. 107 f.

4301 *Entscheidungstheoretische Grundlagen*

(1) *Bernoulli-Prinzip:*
Die neuere, auf dem sogenannten Bernoulli-Prinzip aufbauende Entscheidungstheorie läßt sich kurz wie folgt charakterisieren
- bei Entscheidungen unter Unsicherheit kann der Entscheidende eine subjektive Nutzenfunktion angeben, die jedem Ergebnis einer Entscheidungsalternative einen bestimmten Nutzen zuordnet (Bernoulli-Nutzen, Neumann-Morgenstern-Nutzen, Risikonutzen);
- die Nutzenfunktion muß mit dem Axiomensystem des Bernoulli-Prinzips vereinbar sein (Ordinales Prinzip, Dominanzprinzip, Stetigkeitsaxiom, Substitutions- oder Unabhängigkeitsaxiom[21]);
- der Nutzen einer Entscheidungsalternative ist gleich dem Erwartungswert des Nutzens der Ergebnisse für diese Alternative;
- der Entscheidende wählt von mehreren Entscheidungsalternativen diejenige mit dem höchsten Erwartungswert des Nutzens (Maximierung der Nutzenerwartung).

Eine Entscheidung unter Unsicherheit, die diesen Anforderungen genügt, wird als rational (im Sinne des Bernoulli-Prinzips) bezeichnet.

(2) *Risikoverhalten:*
Die Grundtypen des Risikoverhaltens (Risikofreude, Risikoneutralität, Risikoscheu) finden in der Form der Nutzenfunktion ihren Ausdruck. Sie lassen sich mit Hilfe des Sicherheitsäquivalentes leicht kennzeichnen. Als Sicherheitsäquivalent einer durch die Wahrscheinlichkeitsverteilung W von Ergebnissen x_i gekennzeichneten Alternative bezeichnet man dasjenige sichere Ergebnis S, dessen Nutzen dem Nutzen der Alternative gleich ist, d. h.

$$u(S) = E[u(x)].$$

Risikofreudiges Verhalten liegt vor, wenn das Sicherheitsäquivalent größer ist als der Erwartungswert der Ergebnisverteilung, wenn also gilt

$$S > \sum_{i=1}^{n} w_i \cdot x_i = \mu_x.$$

Eine konvexe Nutzenfunktion entspricht diesem Risikoverhalten. Dies läßt sich graphisch einfach zeigen im Fall der folgenden aus lediglich zwei Werten bestehenden Wahrscheinlichkeitsverteilung

$x_1 = 0;$ $\quad w_1 = 0{,}5$ $\quad \mu_x = 0{,}5 \cdot 0 + 0{,}5 \cdot 2 = 1$

$x_2 = 2;$ $\quad w_2 = 0{,}5$ $\quad u(S) = E[u(x)] = 0 \cdot 0{,}5 + u(2) \cdot 0{,}5$

(Siehe hierzu Graphik auf S. 111 oben)

Risikoneutrales Verhalten liegt vor, wenn das Sicherheitsäquivalent gleich dem Erwartungswert der Ergebnisverteilung ist, wenn also gilt

$$S = \sum_{i=1}^{n} w_i x_i = \mu_x.$$

---

[21] Schneeweiß, H., Entscheidungskriterien bei Risiko, Berlin/Heidelberg/New York 1967, S. 74f.

Risikoanalyse

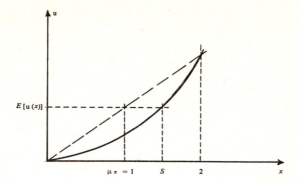

Eine lineare Nutzenfunktion entspricht diesem Risikoverhalten, wie sich unter Verwendung der Zahlen des obigen Beispiels graphisch zeigen läßt:

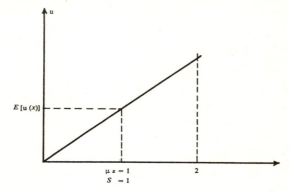

Risikoscheues Verhalten liegt vor, wenn das Sicherheitsäquivalent kleiner als der Erwartungswert der Ergebnisverteilung ist, wenn also gilt

$$S < \sum_{i=1}^{n} w_i\, x_i = \mu_x.$$

Eine konkave Nutzenfunktion entspricht diesem Risikoverhalten, wie sich unter Verwendung der Zahlen des obigen Beispiels graphisch zeigen läßt:

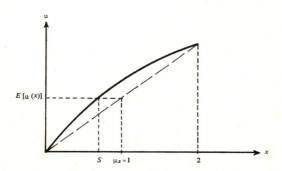

(3) *Spezielle Nutzenfunktionen und zugehörige Entscheidungsregeln:*
Für spezielle Arten von Nutzenfunktionen lassen sich Entscheidungsregeln angeben, die ohne oder zumindest ohne vollständige Kenntnis der Parameter der Nutzenfunktion die Bestimmung der optimalen (nutzenerwartungsmaximalen) Entscheidungsalternative gestatten. In diesem Zusammenhang werden in der Literatur insbesondere die folgenden Nutzenfunktionen diskutiert:

1. *Lineare Nutzenfunktionen*

Gegeben sei eine Nutzenfunktion

$$u = a + b \cdot x$$

mit $b > 0$ und $a, b = $ const. Für den Erwartungswert des Nutzens gilt dann

$$E(u) = a + b \cdot E(x) = a + b \cdot \mu_x.$$

Der Erwartungswert des Nutzens ist in diesem Fall bei gegebenen Werten für a und b allein vom Erwartungswert der Verteilung der Ergebnisse μ_x abhängig. Zur Ermittlung der optimalen Entscheidungsalternative müssen lediglich die Erwartungswerte μ_x bekannt sein. Es läßt sich demnach folgende Entscheidungsregel formulieren: Wähle die Entscheidungsalternative mit $\mu_x = $ max!

Auf die Investitionsentscheidung übertragen bedeutet dies, daß unter mehreren alternativen Investitionsprojekten dasjenige mit dem maximalen Erwartungswert des Kapitalwertes zu wählen ist. Der Erwartungswert des Kapitalwertes für ein Investitionsprojekt beträgt

$$E(C_0) = \sum_{t=1}^{T} E(B_t) = \sum_{t=1}^{T} \sum_{j=1}^{n} Rü_{tj} \cdot w_{tj} \cdot q^{-t+1}$$

$Rü_{tj}$: Einzahlungsüberschuß im Jahre t bei Eintritt der j-ten Zukunftslage

w_{tj} : Wahrscheinlichkeit für den Eintritt der j-ten Zukunftslage im Jahre t

B_t : Barwert des Einzahlungsüberschusses im Jahre t

Die Anwendung der Erwartungswertregel führt bei Existenz einer linearen Nutzenfunktion, d. h. bei risikoneutralem Verhalten, zu einer rationalen Entscheidung im Sinne des Bernoulli-Prinzips. Sie empfiehlt sich in erster Linie für kleine und mittlere Projekte, da verhaltenswissenschaftliche Untersuchungen gezeigt haben, daß bei kleinen Investitionssummen die Nutzenfunktionen unabhängig von der Risikobereitschaft annähernd linear verlaufen.[22]

2. *Quadratische Nutzenfunktionen*

Gegeben sei eine Nutzenfunktion

$$u = a + b \cdot x + c \cdot x^2$$

mit $b > 0$, $c < 0$ und $x < \dfrac{-b}{2c}$ bei risikoscheuem Verhalten bzw. $b > 0$, $c > 0$ und $x > \dfrac{-b}{2c}$ bei risikofreudigem Verhalten.

Für den Erwartungswert des Nutzens gilt dann

$$E(u) = a + bE(x) + cE(x^2) = a + b\mu_x + c\mu_{x^2}$$

---

[22] Mao, J. C. T., a. a. O., S. 268.

Risikoanalyse 113

Da $\sigma_x^2 = E\{x - E(x)\}^2$
$= E\{x^2 - 2x \cdot E(x) + [E(x)]^2\}$
$= E(x^2) - 2E(x)E(x) + [E(x)]^2$
$= E(x^2) - [E(x)]^2$
$= \mu_{x^2} - \mu_x^2$

kann man den Erwartungswert des Nutzens auch schreiben

$E(u) = a + b\mu_x + c(\mu_x^2 + \sigma_x^2)$.

Der Erwartungswert des Nutzens ist in diesem Fall bei gegebenen Werten für a, b und c vom Erwartungswert μ_x und der Varianz σ_x^2 der Verteilung der Ergebnisse abhängig. Zur Ermittlung der optimalen Entscheidungsalternative müssen der Risikoaversionskoeffizient $\frac{c}{b}$, die Erwartungswerte μ_x und die Varianzen σ_x^2 bekannt sein. Es läßt sich demnach folgende Entscheidungsregel formulieren: Wähle die Entscheidungsalternative mit

$\mu_x + \frac{c}{b}(\mu_x^2 + \sigma_x^2) = \max!$

Auf die Investitionsentscheidung übertragen bedeutet dies, daß unter mehreren alternativen Investitionsprojekten dasjenige zu wählen ist, für welches der Ausdruck $E(C_0) + \frac{c}{b}[E^2(C_0) + V(C_0)]$ ein Maximum annimmt. Die Varianz des Kapitalwertes $V(C_0)$ eines Investitionsprojektes ergibt sich aus

$V(B_t) = E\{[Rü_t - E(Rü_t)]^2 q^{-2t}\}$

$= \sum_{j=1}^{n} [Rü_{tj} - E(Rü_t)]^2 q^{-2t} w_{tj}$

$\text{cov}(B_t, B_k) = r_{B_t B_k} \cdot \sigma_{B_t} \cdot \sigma_{B_k}$

$r_{B_t B_k}$: Korrelationskoeffizienten

$V(C_0) = \sum_{t=1}^{T} V(B_t) + 2 \sum_{t=1}^{T} \sum_{k=t+1}^{T} \text{cov}(B_t, B_k)$.

Die Anwendung der Erwartungswert-Varianz-Regel führt bei Existenz einer quadratischen Zielfunktion zu einer rationalen Entscheidung im Sinne des Bernoulli-Prinzips, wenn die Risikoneigung des Entscheidenden, die in dem Koeffizienten $\frac{c}{b}$ zum Ausdruck kommt, bekannt ist.

3. Stufige Nutzenfunktionen

Gegeben sei eine Nutzenfunktion

$u = \begin{cases} a, \text{ falls } x \geq x^* \\ 0, \text{ falls } x < x^* \end{cases}$

Für den Erwartungswert des Nutzens gilt dann

$E(u) = a \cdot w(x \geq x^*) + 0 \cdot w(x < x^*)$
$= a[1 - w(x < x^*)]$.

Der Erwartungswert des Nutzens ist in diesem Fall bei gegebenem a allein abhängig von der Wahrscheinlichkeit der Unterschreitung des vorgegebenen

Ergebnisses x^*. Zur Ermittlung der optimalen Entscheidungsalternative müssen die Ergebnisverteilungen und die Schrankenwerte x^* bekannt sein. Es läßt sich demnach folgende Entscheidungsregel formulieren: Wähle die Entscheidungsalternative mit $w(x < x^*) \to$ min., d. h. minimiere die Verlust-(Ruin-)Wahrscheinlichkeit.

Auf die Investitionsentscheidung übertragen bedeutet dies, daß unter mehreren alternativen Investitionsprojekten dasjenige zu wählen ist, für welches die Wahrscheinlichkeit der Unterschreitung eines vorgegebenen Kapitalwertes C_0^* (z. B. $C_0^* = 0$) minimal wird.

Es finden sich häufig die folgenden Abwandlungen der dargestellten Nutzenfunktion und der Entscheidungsregel:

(a) An die Stelle des konstanten Nutzens a tritt ein vom Ergebnis x abhängiger Nutzen, z. B. eine lineare oder quadratische Nutzenfunktion. Die optimale Entscheidungsalternative wird dann nicht mehr allein durch $w(x < x^*)$, sondern auch von μ_x und gegebenenfalls von σ_x^2 bestimmt.

(b) An die Stelle der unbeschränkten Nutzenfunktion tritt eine durch eine Wahrscheinlichkeitsnebenbedingung beschränkte Nutzenfunktion, z. B.

$$u = a + bx \qquad (b > 0)$$
$$w(x < x^*) \leq w^*$$

wobei w^* eine vorgegebene Wahrscheinlichkeit bezeichnet, die aus Sicherheitsgründen nicht unterschritten werden darf. Demnach werden zunächst alle Entscheidungsalternativen eliminiert, die die Nebenbedingung nicht erfüllen. Aus den verbleibenden Alternativen wird die optimale aufgrund des Erwartungswertes μ_x bestimmt.

Unbeschränkte stufige Nutzenfunktionen der dargestellten Art führen nicht zu einer rationalen Entscheidung im Sinne des Bernoulli-Prinzips, da diese Nutzenfunktionen das für die Rationalität geforderte Stetigkeitsaxiom nicht erfüllen. Gleiches gilt auch für beschränkte Nutzenfunktionen der unter (b) angegebenen Art. Darüber hinaus garantiert die im letzteren Fall angewendete Entscheidungsregel nicht die Wahl der nutzenerwartungsmaximalen Alternative.

Obgleich die Verlustwahrscheinlichkeits-Entscheidungsregel und ihre Varianten nicht zu bernoulli-rationalen Entscheidungen führen, wird aber doch eingeräumt, daß sie zumindest im Falle existenz-gefährdender Entscheidungen nicht unvernünftig sind.[23] Daraus läßt sich schließen, daß sie nur bei Entscheidungen über „große" Investitionsprojekte angewendet werden sollten, deren Ergebnis von erheblichem Einfluß auf das Gesamtergebnis des Unternehmens ist.

---

[23] Schneider, D., Investition und Finanzierung, Köln/Opladen 1970, S. 100f., S. 132.

Risikoanalyse

431 Der Hillier-Heebink-Ansatz[24]

4310 *Darstellung des Verfahrens*

Das von Hillier und Heebink vorgeschlagene Verfahren zur Gewinnung einer Wahrscheinlichkeitsverteilung für den Kapitalwert ist ein analytisches Verfahren. Seine Anwendung wird insbesondere für die Fälle empfohlen, in denen das Investitionsprojekt nicht genügend komplex ist, um die Zeit und den Aufwand für eine Computer-Simulation zu rechtfertigen.[25]

Bei diesem Ansatz wird von vornherein unterstellt, daß der Kapitalwert eines Projektes normalverteilt ist. Für die Normalverteilung ist der Erwartungswert und die Standardabweichung σ zu ermitteln, wodurch die Form und die Lage der Verteilung eindeutig bestimmt sind. Die Annahme einer Normalverteilung für den Kapitalwert wird wie folgt begründet:[26]

1. In vielen Fällen sind subjektive Wahrscheinlichkeitsverteilungen symmetrisch und können durch eine Normalverteilung angenähert werden.
2. Sofern die Nettozahlungen der einzelnen Jahre der Lebensdauer eines Investitionsprojektes stochastisch unabhängig voneinander sind, kann aufgrund des zentralen Grenzwertsatzes auch bei von einer Normalverteilung abweichenden Verteilungen der Nettozahlungen ein annähernd normalverteilter Kapitalwert erwartet werden.

Glaubt man die Annahme eines normalverteilten Kapitalwertes nicht rechtfertigen zu können, so bietet sich an, das Verfahren unter der Annahme anderer definierter Verteilungen, z. B. der Beta-Verteilung, durchzuführen.

Das Verfahren von Hillier/Heebink läßt sich wie folgt beschreiben:
1. Für die mit einem Investitionsprojekt verbundenen Nettozahlungen (Einzahlungs- oder Auszahlungsüberschüsse) wird geprüft, ob die Werte der einzelnen Perioden stochastisch unabhängig, vollkommen korreliert oder keiner der beiden Kategorien zuzurechnen sind. Im letzteren Fall muß versucht werden, die Nettozahlungen in zwei Gruppen aufzuteilen: stochastisch unabhängige und vollkommen korrelierte.
2. Für die Nettozahlungen jeder Periode sind der Erwartungswert und die dreifache Standardabweichung 3σ zu schätzen. 3σ wird deshalb anstelle von σ gewählt, weil es leichter schätzbar erscheint. 3σ kann als die unter praktischen Gesichtspunkten mögliche Maximalabweichung vom Erwartungswert interpretiert werden.
3. Es ist der Erwartungswert der Kapitalwertverteilung zu ermitteln (vgl. Formel S.112).

---

[24] Hillier, F. S./Heebink, D. V., Evaluating Risky Capital Investments, California Management Review, 2/1965, S. 71 ff.
[25] Hillier, F. S./Heebink, D. V., a. a. O., S. 71.
[26] Hillier, F. S., The Derivation of Probabilistic Information for the Evaluation of Risky Investments, M. Sc. 3/1963, S. 446.

4. Es ist die dreifache Standardabweichung 3σ der Kapitalwertverteilung zu ermitteln. Betrachtet man zwei Gruppen von Nettozahlungen und bestehen zwischen den beiden Gruppen keine stochastischen Abhängigkeiten, so gilt allgemein:

$$3\sigma_{C_0} = 3\sqrt{\sum_{t=0}^{n}\sigma_{B_t}^2 + \sum_{t=0}^{n}\sum_{k=0}^{n}r_{B_t B_k} \cdot \sigma_{B_t} \cdot \sigma_{B_k} + \sum_{t=0}^{n}\sigma_{B_t'}^2 + \sum_{t=0}^{n}\sum_{k=0}^{n}r_{B_t' B_k'} \cdot \sigma_{B_t'} \cdot \sigma_{B_k'}} \quad k \neq t$$

Da die B_t (bzw. B_k) im hier vorliegenden Fall stochastisch unabhängige Nettozahlungen kennzeichnen sollen, müssen die $r_{B_t B_k} = 0$ für alle $t, k \neq t$ sein. Entsprechend betragen die $r_{B_t' B_k'} = 1$ für alle $t, k \neq t$, weil die B_t' (bzw. B_k') vollkommen korrelierte Nettozahlungen symbolisieren. Demnach läßt sich der obige Ausdruck für $3\sigma_{C_0}$ einfacher formulieren als

$$3\sigma_{C_0} = 3\sqrt{\sum_{t=0}^{n}\sigma_{B_t}^2 + \left(\sum_{t=0}^{n}\sigma_{B_t'}\right)^2}$$

Sind sämtliche Nettozahlungen stochastisch unabhängig voneinander ($B_t' = 0$ für alle t), so gilt:

$$3\sigma_{C_0} = 3\sqrt{\sum_{t=0}^{n}\sigma_{B_t}^2}$$

Sind sämtliche Nettozahlungen vollkommen korreliert ($B_t = 0$ für alle t), so gilt:

$$3\sigma_{C_0} = 3\sum_{t=0}^{n}\sigma_{B_t'}$$

Beispiel: Es ist die Wahrscheinlichkeitsverteilung des Kapitalwertes für ein Investitionsprojekt mit einem Kapitaleinsatz von 300 000,— DM und einer Lebensdauer von 7 Jahren zu ermitteln. Der Kalkulationszinssatz beträgt 10%. Es kann davon ausgegangen werden, daß die Einzahlungen der einzelnen Perioden vollkommen korreliert und die Auszahlungen stochastisch unabhängig voneinander sind.[27]

Ermittlung des Erwartungswertes

Ende des Jahres	Erwartungswert der Einzahlungen	Erwartungswert der Auszahlungen	Erwartungswert der Nettozahlungen (Zeitwerte)	Abzinsungsfaktoren	Erwartungswert der Nettozahlungen (Barwerte)
0	—	300 000	—300 000	1,0	—300 000
1	150 000	130 000	20 000	0,909	18 200
2	300 000	200 000	100 000	0,826	82 600
3	400 000	250 000	150 000	0,751	112 700
4	350 000	250 000	100 000	0,683	68 300
5	300 000	250 000	50 000	0,621	31 000
6	250 000	200 000	50 000	0,565	28 200
7	200 000	175 000	25 000	0,513	12 800
Erwartungswert des Kapitalwertes					53 800

---

[27] Hillier, F. S./Heebink, D. V., a. a. O., S. 76f.

Risikoanalyse

Ermittlung der dreifachen Standardabweichung

Ende des Jahres	3σ der Einzahlungen (Zeitwert)	Abzinsungsfaktoren	3σ der Einzahlungen (Barwert)	3σ der Auszahlungen (Zeitwert)	$(3\sigma)^2$ (in Tausend)	Quadrate der Abzinsungsfaktoren	$(3\sigma)^2$ (Barwert) (in Tausend)
0	—	1,0	—	30 000	900 000	1,0	900 000
1	35 000	0,909	31 800	20 000	400 000	0,826	330 000
2	40 000	0,826	33 000	30 000	900 000	0,683	615 000
3	45 000	0,751	33 800	35 000	1 225 000	0,565	692 000
4	55 000	0,683	37 600	35 000	1 225 000	0,467	572 000
5	65 000	0,621	40 400	35 000	1 225 000	0,386	473 000
6	70 000	0,565	39 500	35 000	1 225 000	0,319	391 000
7	70 000	0,513	35 900	30 000	900 000	0,263	237 000
	$3\sum_{t=0}^{7}\sigma_{B_t'}$		252 000			$9\sum_{t=0}^{7}\sigma_{B_t}^2$	4 210 000

$$3\sigma_{C_0} = \sqrt{252000^2 + 4210000000} \approx 260200$$

$$\sigma_{C_0} = \frac{260200}{3} \approx 86740$$

Der Kapitalwert des Projektes liegt demnach mit einer Wahrscheinlichkeit von 99,74% zwischen —206 400,— und +314 000,— DM. Die Wahrscheinlichkeit dafür, daß $C_0 \geq 0$ ist, beträgt etwa 73%.

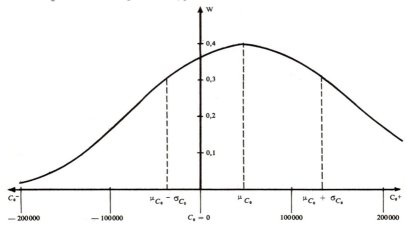

4311 Prämissen und Anwendungsbereich

Als wesentliche Prämissen des Verfahrens sind zu nennen:
1 Der Kapitalwert muß als annähernd normalverteilt angenommen werden können.
2 Die mit einem Investitionsprojekt verbundenen Nettozahlungen müssen sich in zwei Gruppen aufspalten lassen: in solche, die im Zeitablauf stochastisch unab-

hängig sind und in solche, die im Zeitablauf vollkommen korreliert sind. Eine Verfeinerung des Verfahrens ließe sich erreichen, wenn man in der Lage wäre, auch Korrelationskoeffizienten $r \neq 0$ oder 1 zu schätzen bzw. bedingte Wahrscheinlichkeitsverteilungen anzugeben.[28]

3 Man muß in der Lage sein, den Erwartungswert und die Standardabweichung der Verteilung der Nettozahlungen jeder Gruppe für jede Periode anzugeben. Dies dürfte dann am leichtesten sein, wenn man annimmt, daß alle Komponenten einer Gruppe vollkommen korreliert und die linearen Beziehungen zwischen ihnen bekannt sind (vgl. S. 108f.). In diesem Fall kann man aus der Schätzung von μ und 3σ für eine Komponente μ und 3σ für die Gesamtgruppe unmittelbar ableiten.

4 Die Nettozahlungen beider Gruppen (stochastisch unabhängige und vollkommen korrelierte) werden als stochastisch unabhängig voneinander angenommen.

Die Anwendung des Hillier-Heebink-Verfahrens empfiehlt sich in erster Linie für mittlere und kleinere Projekte, bei denen eine Simulation zu aufwendig erscheint. „Wo die Annahmen der analytischen Methode zu restriktiv erscheinen, kann eine simulative Risikoanalyse durchgeführt werden; umgekehrt gibt es aber auch viele Fälle, in denen die Anwendung der analytischen Methode Zeit- und Kostenersparnisse bringt".[29]

432 Der simulative Ansatz[30]

4320 *Darstellung des Verfahrens*

Ein Verfahren zur Bestimmung der Wahrscheinlichkeitsverteilung für den Kapitalwert (bzw. den Internen Zinssatz) eines Investitionsprojektes mit Hilfe der Simulationstechnik wurde erstmals von David B. Hertz[31] vorgeschlagen. Im Gegensatz zum analytischen Verfahren von Hillier-Heebink wird dabei nicht von einer von vornherein gegebenen Verteilungsfunktion für den Kapitalwert ausgegangen. Vielmehr wird aus gegebenen subjektiven Wahrscheinlichkeitsverteilungen der Inputgrößen der Kapitalwertrechnung durch Simulation eine Häufigkeitsverteilung des Kapitalwertes gewonnen.

---

[28] Van Horne, J. C., Financial Management and Policy, Englewood Cliffs 1968, S. 78f.
[29] Hillier, F. S./Heebink, D. V., a. a. O., S. 78.
[30] Hertz, D. B., Risk Analysis ..., a. a. O., S. 95ff.
   Hertz, D. B., Investment policies that pay off, HBR 1/1968, S. 96ff.
   Mertens, P., Simulation, Stuttgart 1969.
   Mirani, A./Schmidt, H., Investitionsrechnung bei unsicheren Erwartungen, in: Busse von Colbe, W. (Hrsg.), Das Rechnungswesen als Instrument der Unternehmensführung, S. 124ff.
   Cohen, K. J./Elton, E. J., Inter-Temporal Portfolio Analysis Based on Simulation of Joint Returns, M. Sc. 1/1967, S. 5ff.
   Heider, M., Simulationsmodell zur Risikoanalyse für Investitionsplanungen, Diss. Bonn 1969.
[31] Hertz, D. B., Risk Analysis ..., a. a. O., S. 95ff.

Risikoanalyse

Der Ablauf des Verfahrens läßt sich wie folgt beschreiben:
1. Es sind die als unsicher erachteten Inputgrößen der Kapitalwertrechnung festzulegen, z. B. Produktpreis, Marktgröße, Marktanteil, fixe Ausgaben, variable Ausgaben je Produkteinheit, Kapitaleinsatz, Liquidationserlös, Lebensdauer.[32]
2. Es sind die Abhängigkeiten der ausgewählten Inputgrößen untereinander festzustellen und es ist eine Gruppierung in unabhängige Inputgrößen und abhängige Inputgrößen vorzunehmen, z. B.

abhängige Inputgrößen \ unabhängige Inputgrößen	Produktpreis	Marktgröße	Fixe Ausgaben	Variable Ausgaben je Produkteinheit	Kapitaleinsatz	Lebensdauer
Marktanteil	*					
Liquidationserlös					*	*

3. Für jede der unabhängigen Inputgrößen ist entweder für das erste Jahr der Lebensdauer oder, sofern das nicht sinnvoll ist, wie z. B. bei der Lebensdauer, für das Projekt insgesamt eine subjektive Wahrscheinlichkeitsverteilung anzugeben. Bei dem hier gewählten Beispiel werden für die Größen: Produktpreis, Marktgröße, fixe Ausgaben, variable Ausgaben je Produkteinheit und Kapitaleinsatz Wahrscheinlichkeitsverteilungen für das erste Jahr ermittelt, während *eine* Verteilung für die Projektlebensdauer angegeben wird. Die Verteilungen sind im einfachsten Fall diskrete Verteilungen mit drei Werten.
Bei jeder der abhängigen Inputgrößen ist für jeden Wert der unabhängigen Inputgröße (bzw. jede Wertkombination der unabhängigen Inputgrößen) eine Verteilung der bedingten Wahrscheinlichkeiten zu ermitteln,[33] so daß sich die abhängigen Inputgrößen als Funktion der unabhängigen Inputgrößen darstellen lassen, z. B. im Fall der vollständigen Korrelation als lineare Funktion. Ist eine Inputgröße von k anderen Inputgrößen abhängig und weisen die Verteilungen dieser k Inputgrößen n Werte auf, so sind für die abhängige Inputgröße n^k bedingte Wahrscheinlichkeitsverteilungen zu bilden (z. B. $n = 3; k = 3 \rightarrow n^k = 27$). Es besteht die Möglichkeit, die bedingten Wahrscheinlichkeitsverteilungen nicht vor Beginn des Simulationsprozesses vollständig anzugeben, sondern während des Simulationsprozesses nur diejenigen Verteilungen zu bilden, die benötigt werden.[33a] Dies erfordert allerdings die Existenz von Funktionen, mit deren Hilfe die Verteilung der abhängigen Inputgröße aufgrund des gewählten Wertes der unabhängigen Inputgröße gewonnen werden kann.
4. Für jede der unabhängigen Inputgrößen, für die entsprechend 3. eine subjektive Wahrscheinlichkeitsverteilung für das erste Jahr der Lebensdauer angegeben

---

[32] Vgl. Hertz, D. B., Risk Analysis ..., S. 100.
[33] Das Problem vereinfacht sich für den Fall, daß sich die abhängigen Inputgrößen als Funktion der unabhängigen Inputgrößen darstellen lassen, z. B. im Fall vollständiger Korrelation.
[33a] Mertens, P., a. a. O., S. 90.

wurde, sind die Wahrscheinlichkeitsverteilungen für die übrigen Jahre der Lebensdauer ($t = 2, \ldots, n$) festzulegen. Dabei sind die Abhängigkeiten der Werte einer Inputgröße in Periode t von den Werten der gleichen Größe in den Vorperioden $t-1, t-2, \ldots, 1$ zu beachten (die in Periode 3 erzielbaren Preise sind beispielsweise davon abhängig, welche Preise in Periode 2 erzielt werden können). Bestehen keine stochastischen Abhängigkeiten, so ist für jede Periode $t = 2, \ldots, n$ und für jede Inputgröße eine einfache Wahrscheinlichkeitsverteilung anzugeben. Bestehen hingegen stochastische Abhängigkeiten, so sind die bedingten Wahrscheinlichkeiten für die Perioden $t = 2, \ldots, n$ zu bestimmen. Auch hier ergeben sich im Falle der Existenz funktioneller Beziehungen Vereinfachungsmöglichkeiten (vgl. Punkt 3).

Für jede Periode $t = 2, \ldots, n$ sind aus den Verteilungen der unabhängigen Inputgrößen entsprechend 3. die Verteilungen der abhängigen Inputgrößen zu gewinnen.

5. Die Verteilungen der Inputgrößen werden durch Folgen von Zufallszahlen simuliert, die die Eigenschaft besitzen, daß ihre Häufigkeitsverteilung der Wahrscheinlichkeitsverteilung der zugehörigen Inputgröße entspricht.

6. Für jede der Wahrscheinlichkeitsverteilungen wird aus der zugehörigen Zahlenfolge durch Zufallsauswahl eine Zahl bestimmt. Jeder ausgewählten Zahl ist ein bestimmter Wert der entsprechenden Inputgröße zugeordnet. Aus diesen Werten wird sodann – gegebenenfalls unter Einbeziehung deterministischer Größen – ein Kapitalwert für das Investitionsprojekt errechnet. Die Auswahl von Zufallszahlen und damit die Generierung neuer Kapitalwerte wird so lange fortgesetzt, bis sich die ergebende Häufigkeitsverteilung des Kapitalwertes stabilisiert hat.[34] Die Anzahl der notwendigen Simulationsdurchläufe bis zur Stabilisierung der Verteilung hängt u.a. von der gewählten Weite der Kapitalwertklassen ab. Hertz[35] nennt ein Beispiel, bei dem 3600 Simulationsdurchläufe erfolgten, während bei einem von Mirani/Schmidt[36] angegebenen Fall 500 Kapitalwerte errechnet wurden.

7. Durch Errechnung der relativen Häufigkeiten[37] erhält man eine Verteilung, die eine Näherung für die Wahrscheinlichkeitsverteilung des Kapitalwertes darstellt. Aus dieser Verteilung können in ähnlicher Weise wie beim Verfahren von Hillier/Heebink dargestellt, Informationen für die Investitionsentscheidung gewonnen werden.

Beispiel:[38]

Für die Berechnung der Verteilung des Kapitalwertes eines Aggregats sind die folgenden Werte angegeben:
1) Die Investitionsausgaben und der Kalkulationszinssatz sind sichere Größen:

t (Zeitpunkt)	0	1	2	3	4	5
I_t (DM)	50 000	10 000	0	10 000	0	0

$p = 10\%$

---

[34] Mirani, A./Schmidt, H., a.a.O., S. 130f.
[35] Hertz, D. B., Risk Analysis ..., a.a.O., S. 101.
[36] Mirani, A./Schmidt, H., a.a.O., S. 136.
[37] Mirani, A./Schmidt, H., a.a.O., S. 131.
[38] Mirani, A./Schmidt, H., a.a.O., S. 134.

Risikoanalyse

2) Für die unterschiedlichen Werte der unsicheren Inputgrößen werden Gewichte angegeben:
a) Für diskrete Zufallsvariablen können aus den Gewichten unmittelbar Wahrscheinlichkeiten für die einzelnen Werte abgeleitet werden

$$(w_i = \frac{g_i}{\sum g_i})$$

Als einzige diskrete Zufallsvariable wird hier die *Lebensdauer* behandelt:

Lebensdauer (i) (Jahre)	1	2	3	4	5
Gewicht (g_i)	1	3	4	2	1
Wahrscheinlichkeit (w_i)	0,0909	0,2727	0,3636	0,1818	0,0909

b) Für kontinuierliche Zufallsvariablen lassen sich die Gewichte der nicht angegebenen Werte durch lineare Interpolation ermitteln. Die Gewichte der einzelnen Größen sind proportional den entsprechenden Wahrscheinlichkeitsdichten. Aus den Angaben über die Gewichte läßt sich unmittelbar die Gestalt der Verteilung ableiten.[39]

Erläuterung: Bestimmung der Verteilung für die Produktionsmenge im 1. Jahr

Menge	10000	12000	14000	16000
Gewicht	0	2	4	3

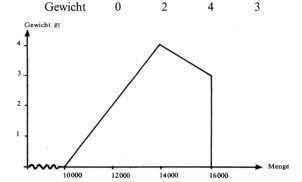

Auf einer zweiten Ordinate könnten die aus den Gewichten abgeleiteten Wahrscheinlichkeitsdichten abgetragen werden. Sie müssen so bestimmt sein, daß die Fläche unter der Verteilung gleich Eins ist.

Werte und Gewichte der hier zugrundegelegten kontinuierlichen Zufallsvariablen:

Produktionsmenge

1. Jahr	Wert	10000	12000	14000	16000
	Gewicht	0	2	4	3
2. Jahr	Wert	10000	12000	14000	16000
	Gewicht	0	2	4	3
3. Jahr	Wert	9000	11000	15000	20000
	Gewicht	0	2	4	3
4. Jahr	Wert	9000	11000	15000	20000
	Gewicht	0	2	4	3
5. Jahr	Wert	8000	12000	15000	22000
	Gewicht	0	2	4	3

---

[39] vgl. Mirani, A./Schmidt, H., a. a. O., S. 126 f.

Verfahren zur Berücksichtigung unsicherer Erwartungen

Preis/Stück

1. Jahr	Wert	1	2	3	
	Gewicht	0	2	1	
2. Jahr	Wert	1	2	4	
	Gewicht	0	2	1	
3. Jahr	Wert	1	3	4	
	Gewicht	0	2	1	
4. Jahr	Wert	1	4	5	
	Gewicht	0	2	1	
5. Jahr	Wert	1	4	5	
	Gewicht	0	2	1	

Einnahme A (Zusätzlich zu den Erlösen aus dem Absatz der oben angegebenen Produktionsmengen)

1. Jahr	Wert	50000	60000	70000	80000	90000
	Gewicht	0	1	3	4	1
2. Jahr	Wert	50000	60000	80000		
	Gewicht	0	2	2		
3. Jahr	Wert	40000	50000	60000		
	Gewicht	0	2	1		
4. Jahr	Wert	40000	50000	60000		
	Gewicht	0	2	1		
5. Jahr	Wert	20000	30000	40000		
	Gewicht	0	1	4		

Personalausgaben: 1. Jahr

Wert	10000	15000	20000	22000
Gewicht	0	2	4	1

Die Personalausgaben der nachfolgenden Perioden sind mit denen der 1. Periode vollständig korreliert: Es wird angenommen, daß die Personalausgaben jährlich um 5% steigen.

Sachausgaben

1. Jahr	Wert	10000	20000	25000	30000
	Gewicht	0	2	3	1
2. Jahr	Wert	10000	20000	25000	
	Gewicht	0	2	3	
3. Jahr	Wert	10000	20000	30000	40000
	Gewicht	0	2	3	1
4. Jahr	Wert	10000	20000	30000	40000
	Gewicht	0	2	3	1
5. Jahr	Wert	10000	20000	30000	40000
	Gewicht	0	2	3	1

Risikoanalyse

Als Ergebnis der Simulation wurde die folgende Häufigkeitsverteilung des Kapitalwertes ermittelt.

Klasse	Intervall		Klassenmitte	Abs. Häufigkeit	Rel. Häufigkeit	Kum. Rel. Häufigkeit
1	−24164.2	1771.8	−11196.2	22	0.0440	0.0440
2	1771.8	12880.6	7326.2	21	0.0420	0.0860
3	12880.6	23989.3	18435.0	17	0.0340	0.1200
4	23989.3	35098.1	29543.7	20	0.0400	0.1600
5	35098.1	46206.8	40652.4	28	0.0560	0.2160
6	46206.8	57315.5	51761.2	54	0.1080	0.3240
7	57315.5	68424.3	62869.9	57	0.1140	0.4380
8	68424.3	79532.9	73978.6	55	0.1100	0.5480
9	79532.9	90641.6	85087.3	46	0.0920	0.6400
10	90641.6	101750.3	96195.9	41	0.0820	0.7220
11	101750.3	112859.0	107304.6	41	0.0820	0.8040
12	112859.0	123967.7	118413.3	30	0.0600	0.8640
13	123967.7	135076.4	129522.0	24	0.0480	0.9120
14	135076.4	146185.1	140630.7	15	0.0300	0.9420
15	146185.1	157293.8	151739.4	10	0.0200	0.9620
16	157293.8	168402.4	162848.1	8	0.0160	0.9780
17	168402.4	179511.1	173956.8	4	0.0080	0.9860
18	179511.1	190619.8	185065.4	3	0.0060	0.9920
19	190619.8	201728.5	196174.1	3	0.0060	0.9980
20	201728.5	212837.9	207283.2	1	0.0020	1.0000

Der Schätzwert für den Erwartungswert beträgt 76469,2 DM

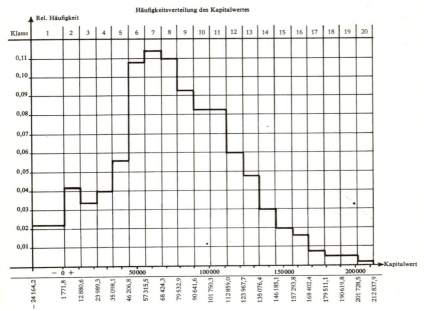

Häufigkeitsverteilung des Kapitalwertes

4321 *Prämissen und Anwendungsbereich*

Als wesentliche Prämissen des Verfahrens sind zu nennen:

1 Die Inputgrößen der Kapitalwertrechnung sind zufallsabhängig. Dies kann nicht ohne weiteres als gegeben angenommen werden,[40] zumal einige der Inputgrößen (z. B. Ausgaben, Kapitaleinsatz, Lebensdauer) zumindest teilweise vom Entscheidenden kontrolliert und bewußt beeinflußt werden können. Anpassungsentscheidungen während der Lebensdauer des Investitionsprojektes können bei diesem Verfahren nicht von vornherein berücksichtigt werden.

2 Es muß möglich sein, die Verteilungen für alle unsicheren Inputgrößen unter Berücksichtigung der Abhängigkeiten zu schätzen. Wendet man trotz bestehender Abhängigkeiten die einfachste Version des Verfahrens an (Annahme der Unabhängigkeit der Inputgrößen untereinander und der Unabhängigkeit im Zeitablauf), so erhält man eine Kapitalwertverteilung, die dem Problem nicht entspricht und die daher verzerrte oder falsche Informationen für die Entscheidungsfindung liefert.

3 Wie alle Simulationsverfahren läßt sich auch dieses Verfahren nur mit Hilfe einer EDV-Anlage durchführen. Standardprogramme existieren nach einer Umfrage der Verfasser bei deutschen bzw. deutschen Filialen von ausländischen Computerherstellern bisher bei den Firmen IBM, Control Data und ICL. Simulationsprogramme, die als Bestandteil für derartige Programme verwendet werden könnten, dürften allgemein verfügbar sein.

Der simulative Ansatz zur Bestimmung einer Wahrscheinlichkeitsverteilung für den Kapitalwert empfiehlt sich insbesondere für Großprojekte. Gegenüber dem analytischen Ansatz besitzt er den Vorteil, daß beliebige Wahrscheinlichkeitsverteilungen verarbeitet werden können und daß man bei der Festlegung der Inputgrößen sehr stark ins Detail gehen kann, was die Schätzung der Verteilungen erleichtert. Seine Grenzen findet der Ansatz dort, wo es nicht mehr möglich ist, die Vielzahl der Abhängigkeitsbeziehungen der Inputgrößen untereinander zu ermitteln und zu berücksichtigen.

44 Entscheidungsbaumverfahren

440 Darstellung des Verfahrens[41]

Im Unterschied zu den bisher behandelten Verfahren der Investitionsrechnung bei unsicheren Erwartungen erlaubt das Entscheidungsbaumverfahren die Einbeziehung zustandsabhängiger Folgeentscheidungen in das Kalkül. Bei Anwendung des Entscheidungsbaumverfahrens auf das Investitionsproblem kann zwischen der ursprünglichen Investitionsentscheidung und den Folgeentscheidungen unterschieden werden. Letztere können wiederum Investitionsentscheidungen (Entschei-

---

[40] Schneider, D., Investition . . . , a. a. O., S. 76.
[41] Magee, J. F., Decision Trees for Decision Making, HBR 4/1964, S. 126 ff.
Magee, J. F., How to Use Decision Trees in Capital Investment, HBR 5/1964, S. 79 ff.
Mao, J. C. T., a. a. O., S. 307 ff.
Hax, H., Investitionstheorie, a. a. O., S. 135 ff.

Entscheidungsbaumverfahren

dungen über zusätzlichen Kapitaleinsatz), Desinvestitionsentscheidungen oder aber auch Entscheidungen anderer Art sein, die die Vorteilhaftigkeit der ursprünglichen Investitionsalternativen beeinflussen (z. B. Entscheidungen über Preise, Absatzmengen, Werbemaßnahmen).

Der Graph, der ein solches Entscheidungsfolgeproblem beschreibt, heißt Entscheidungsbaum.

Ein Entscheidungsbaum enthält Entscheidungsknoten (E), die ein Entscheidungsereignis kennzeichnen, er enthält Zufallsereignisknoten (Z), die den Eintritt eines Zufallsereignisses markieren, und er enthält Ergebnisknoten (R), in welche jede Abfolge von Entscheidungen und Zufallsereignissen am Ende jeder Periode mündet. Sofern im Zusammenhang mit der Feststellung des Ergebnisses einer Periode eine Entscheidung für die Folgeperiode getroffen werden soll, ist dies durch die Knoten

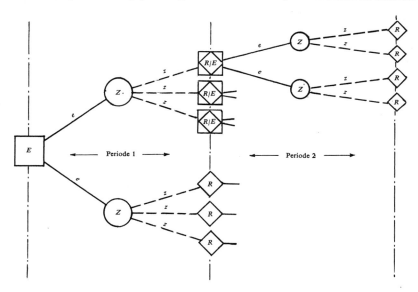

R/E symbolisiert. Die Kanten e kennzeichnen die alternativen Entscheidungen, während die Kanten z die alternativen Zustände angeben, die sich aus dem Eintritt des Zufallsereignisses ergeben können.

Der Ablauf des Verfahrens, angewendet auf eine Folge von Investitionsentscheidungen, kann wie folgt beschrieben werden:

1. Bestimmung der Struktur des Entscheidungsbaumes durch Festlegung von Entscheidungsalternativen, Entscheidungszeitpunkten, Zufallsereignissen und alternativen Zuständen in den einzelnen Teilperioden aufgrund des Eintritts der Zufallsereignisse. Entscheidungsalternativen sind hier alternative Investitionsprojekte; Zufallsereignis ist beispielsweise die Nachfrage, die je nach Entwicklung zu unterschiedlichen Absatzmengen führt.
2. Ermittlung des Kapitaleinsatzes für jedes Investitionsprojekt, Ermittlung des Rückflusses für jeden alternativen Umweltzustand und Schätzung der Wahrscheinlichkeitsverteilung für jede Gruppe alternativer Umweltzustände.

3. Bestimmung der optimalen Entscheidungsalternative zu Beginn des Planungszeitraumes. Als Entscheidungskriterium wird gewöhnlich[42] der Erwartungswert des Kapitalwertes verwendet. Dies geschieht in erster Linie aus rechentechnischen Gründen, da sich bei Entscheidungsbäumen von einiger Komplexität eine analytische Bestimmung der Wahrscheinlichkeitsverteilung des Kapitalwertes für jede Entscheidungsalternative nicht mehr durchführen läßt. Denkbar erscheint allerdings eine simulative Bestimmung der Wahrscheinlichkeitsverteilung für jede Entscheidungsalternative analog dem in Abschnitt 432 dargestellten Verfahren.[43]

Von Magee[44] wurde ein sogenanntes rollback-Verfahren zur Bestimmung der erwartungswertmaximalen Alternative angegeben, das entsprechend dem Prinzip der Dynamischen Programmierung vorgeht: für jede zu Beginn der letzten Teilperiode gegebene Entscheidungsalternative wird der Erwartungswert des Kapitalwertes (bezogen auf den Teilperiodenbeginn) bestimmt. Durch Vergleich wird für jeden Entscheidungsknoten die erwartungswertmaximale Alternative ermittelt. Allein diese Alternativen interessieren noch für die weiteren Betrachtungen. Sodann ist für jede, zu Beginn der vorletzten Teilperiode gegebene Entscheidungsalternative der Erwartungswert des Kapitalwertes unter Einbeziehung der maximalen Kapitalwert-Erwartungswerte der letzten Teilperiode zu bestimmen. Die erwartungswertmaximale Alternative für jeden Entscheidungsknoten erhält man wiederum durch Vergleich. Dieses Vorgehen wird solange fortgesetzt, bis man den Beginn der Gesamt-Planperiode erreicht und die zugehörige erwartungswertmaximale Entscheidungsalternative erhalten hat. Auf diese Weise hat man diejenige Abfolge von Investitionsentscheidungen ermittelt, die den Erwartungswert des Kapitalwertes maximiert.

Das Entscheidungsbaumproblem läßt sich auch als Problem der ganzzahligen Programmierung mit Binärvariablen formulieren und bis zu einer gewissen Komplexität auch lösen.

Auf die Formulierung von Ganzzahligkeitsbedingungen kann in einfachen Fällen verzichtet werden, wie der folgende Ansatz zeigt. Ergeben sich hierbei für die Entscheidungsvariablen zweier Alternativen Lösungswerte, die ungleich Null oder Eins sind, so sind die Alternativen gleichwertig.

(1) $\sum_{t=1}^{T} \sum_{i=1}^{m_t} x_{ti}\, c_{ti} = \max$

(2) $\sum_{i=1}^{m_1} x_{1i} = 1$

(3) $\sum_{k \in I_{tj}} x_{tk} = x_{t-1,i}$ $\quad (t = 2, \ldots, T;\, i = 1, \ldots, m_{t-1};\, j \in J_{t-1,i})$

(4) $x_{ti} \geq 0$ $\quad (t = 1, \ldots, T;\, i = 1, \ldots, m_t)$

---

[42] Magee, J. F., Decision Making ..., a. a. O., S. 132.
Mao, J. C. T., a. a. O., S. 313 f.
[43] Vgl. dazu auch Hespos, R. F./Strassmann, P. A., Stochastic Decision Trees for the Analysis of Investment Decisions, M. Sc. 10/1965, S. B–252 ff.
[44] Magee, J. F., Decision Making ..., a. a. O., S. 132.
Dgl., Capital Investment, a. a. O., S. 91.

Dabei ist

m_t die Anzahl der Entscheidungsalternativen i in der t-ten Periode ($t = 1, ..., T$),
n_t die Anzahl der Ergebnisknoten j in der t-ten Periode ($t = 1, ..., T$),
J_{ti} die Menge der Ergebnisknoten j, die in der t-ten Periode nach der Entscheidung für die Alternative i (der t-ten Periode) folgen ($t = 1, ..., T; i = 1, ..., m_t$),
I_{tj} die Menge der Alternativen i (der t-ten Periode), unter denen im Ergebnisknoten j (der Vorperiode) die Entscheidung getroffen werden muß ($t = 2, ..., T; j = 1, ..., n_{t-1}$),
x_{ti} die der Alternative i in der t-ten Periode zugeordnete Entscheidungsvariable, wobei die Alternative i im betreffenden Ergebnisknoten optimal ist[45], wenn $x_{ti} > 0$. ($t = 1, ..., T; i = 1, ..., m_t$)

und

$$c_{ti} := w'_{ti} \sum_{j \in J_{ti}} R_{tj} w_{tj} \qquad (t = 1, ..., T \text{ und } i = 1, ..., m_t)$$

wobei

R_{tj} der Barwert der im Ergebnisknoten j (der t-ten Periode) anfallenden Einnahmen und Ausgaben,
w_{tj} die Wahrscheinlichkeit, daß auf die Entscheidung i der Ergebnisknoten j folgt, und
w'_{ti} das Produkt der Wahrscheinlichkeiten der Ergebnisknoten $j(1), ..., j(t-1)$, die einer Entscheidung für die Alternative i in der t-ten Periode vorangegangen sein müssen.

Sind bei dem oben angegebenen Ansatz zusätzliche Nebenbedingungen (z. B. Finanznebenbedingungen, Kapazitätsnebenbedingungen) zu berücksichtigen, so erfordert die Bestimmung der optimalen ganzzahligen Lösung eine Formulierung des Problems als ganzzahliges Programm. In etwas modifizierter Form kann ein derartiges Problem prinzipiell auch mit einem Ansatz der Dynamischen Programmierung gelöst werden.[46]

Beispiel:[47] Für die Fertigung eines neuen Konsumgutes ist die Errichtung eines zusätzlichen Werkes geplant. Es besteht die Möglichkeit, die Kapazität dieses Werkes zunächst verhältnismäßig gering zu halten, es aber nach Ablauf der Einführungsphase des Produktes gegebenenfalls zu erweitern. Es ist aber auch möglich, das Werk von vornherein so auszubauen, daß seine Kapazität voraussichtlich ausreicht, die Nachfrage während der gesamten Lebensdauer des Produktes zu decken. Eine spätere Erweiterung wäre dann nicht erforderlich. Die als Grundlage für eine Entscheidungsbaumanalyse durchgeführten Schätzungen ergaben folgende Werte:

1. Kapitaleinsatz bei Realisierung eines kleinen Werkes (Alternative A_{11}): 13 Mill. DM

---

[45] Falls für gewisse t, j und $i_1, i_2 \in I_{tj}$ $0 < x_{ti_1}, x_{ti_2} < 1$, so sind die Alternativen i_1 und i_2 gleichwertig.
[46] Hax, H., Investitionstheorie, a. a. O., S. 143 f.
   Jochum, H., Flexible Planung als Grundlage unternehmerischer Investitionsentscheidungen, Diss. Saarbrücken 1969.
[47] Mao, J. C. T., a. a. O., S. 310 ff.
   Magee, J. F., Decision Making ..., a. a. O., S. 128 ff. verwendet ein ähnliches Beispiel.

2. Kapitaleinsatz bei Realisierung eines großen Werkes (Alternative A_{12}): 26 Mill. DM
3. Kapitaleinsatz bei späterer Erweiterung des kleinen Werkes (Alternativen A_{21} und A_{23}): 16 Mill. DM
4. Die Einführungsphase des Produktes erscheint nach Ende des ersten Jahres der Lebensdauer abgeschlossen. Es ist daher zweckmäßig, die Gesamt-Planperiode von 5 Jahren in zwei Teilperioden aufzuspalten: das Jahr 1 sowie die Jahre 2 bis 5.
5. Zufallsereignis ist die Nachfrageentwicklung. Sie kann in beiden Teilperioden hoch (H) oder niedrig (N) sein. Es werden die folgenden Schätzungen abgegeben:

1. Teilperiode: $w(H_1) = 0{,}4$; $\quad w(N_1) = 0{,}6$

2. Teilperiode: $w(H_2/N_1) = 0{,}1$; $\quad w(N_2/N_1) = 0{,}9$
$w(H_2/H_1) = 0{,}9$; $\quad w(N_2/H_1) = 0{,}1$

Der Entscheidungsbaum hat demnach folgende Struktur:

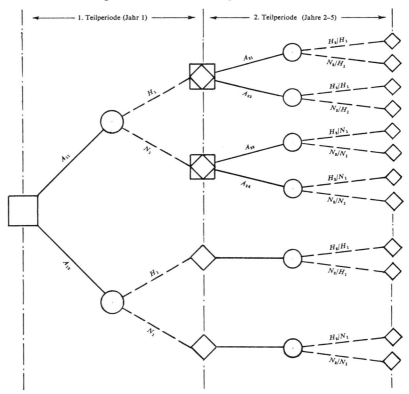

Die Alternativen A_{22} und A_{24} bezeichnen den Fall eines Unterlassens der Erweiterung zu Beginn der 2. Teilperiode.

Entscheidungsbaumverfahren

6. Für die verschiedenen Nachfrageentwicklungen ergeben sich folgende Rückflüsse:

Entscheidungsfolge	Nachfrageentwicklung	Rückflüsse 1. Jahr (Zeitwert) (Mill. DM)	Rückflüsse 1. Jahr (Barwert) (Mill. DM)	Rückflüsse der Jahre (Zeitwerte)				Rückflüsse der Jahre 2–5 (Barwert bezogen auf den Beginn d. 1. Jahres) $p = 10\%$
				2 (Mill. DM)	3 (Mill. DM)	4 (Mill. DM)	5 (Mill. DM)	
$A_{11}A_{21}$	H_1H_2	10	9,09	20	20	20	20	57,62
$A_{11}A_{21}$	H_1N_2	10	9,09	5	5	5	5	14,405
$A_{11}A_{22}$	H_1H_2	10	9,09	10	10	10	10	28,81
$A_{11}A_{22}$	H_1N_2	10	9,09	5	5	5	5	14,405
$A_{11}A_{23}$	N_1H_2	5	4,545	20	20	20	20	57,62
$A_{11}A_{23}$	N_1N_2	5	4,545	5	5	5	5	14,405
$A_{11}A_{24}$	N_1H_2	5	4,545	10	10	10	10	28,81
$A_{11}A_{24}$	N_1N_2	5	4,545	5	5	5	5	14,405
A_{12}	H_1H_2	20	18,18	20	20	20	20	57,62
A_{12}	H_1N_2	20	18,18	5	5	5	5	14,405
A_{12}	N_1H_2	5	4,545	20	20	20	20	57,620
A_{12}	N_1N_2	5	4,545	5	5	5	5	14,405

$\mu(A_{21}) = 57{,}62 \cdot 0{,}36 + 14{,}405 \cdot 0{,}04 - 14{,}54 \cdot 0{,}4 \quad = 15{,}50$
$\mu(A_{22}) = 28{,}81 \cdot 0{,}36 + 14{,}405 \cdot 0{,}04 \quad\quad\quad\quad\quad = 10{,}95$

$$\max\,[\mu(A_{21}), \mu(A_{22})] = \mu(A_{21}) = 15{.}50$$

$\mu(A_{23}) = 57{,}62 \cdot 0{,}06 + 14{,}405 \cdot 0{,}54 - 14{,}54 \cdot 0{,}6 \quad = 2{,}51$
$\mu(A_{24}) = 28{,}81 \cdot 0{,}06 + 14{,}405 \cdot 0{,}54 \quad\quad\quad\quad\quad = 9{,}51$

$$\max\,[\mu(A_{23}), \mu(A_{24})] = \mu(A_{24}) = 9{,}51$$

$\mu(A_{11}) = 9{,}09 \cdot 0{,}4 + 15{,}50 + 4{,}545 \cdot 0{,}6 + 9{,}51 - 13 = 18{,}37$
$\mu(A_{12}) = 57{,}62 \cdot 0{,}36 + 14{,}405 \cdot 0{,}04 + 18{,}18 \cdot 0{,}4$
$\quad\quad\quad + 57{,}62 \cdot 0{,}06 + 14{,}405 \cdot 0{,}54 + 4{,}545 \cdot 0{,}6 - 26 = 16{,}56$

$$\max\,[\mu(A_{11}), \mu(A_{12})] = \mu(A_{11}) = 18{,}37$$

Der Erwartungswert des Kapitalwertes beträgt bei Realisierung der Alternative A_{11} (kleines Werk) 18 370 000,— DM. Er liegt damit um 1 810 000,— DM über dem Erwartungswert des Kapitalwertes bei Realisierung der Alternative A_{12} (großes Werk). Die optimale Entscheidungsfolge besteht darin, zunächst das kleine Werk zu realisieren und dieses je nach der Nachfrageentwicklung in der 1. Teilperiode entweder zu erweitern (wenn die Nachfrage hoch war) oder eine Erweiterung zu unterlassen (wenn die Nachfrage gering war).

Bei Anwendung des Entscheidungsbaumverfahrens auf Investitionsprobleme werden (wie auch in dem angegebenen Beispiel) gewöhnlich folgende vereinfachende Voraussetzungen über den Entscheidungsbaum gemacht:
1. Es werden nur gleichartige Entscheidungen in den Entscheidungsbaum einbezogen.
2. Die ursprüngliche Entscheidung sowie die Folgeentscheidungen sind Investitionsentscheidungen.

3. Die den Verteilungen der Ergebnisse (Ausgaben und Einnahmen) zugrunde liegenden Ereignisverteilungen sind entscheidungsunabhängig (d. h. die Entscheidungen beeinflussen nicht den „Zufallsmechanismus" der Ereignisse. Entscheidung und Eintritt eines bestimmten Ereignisses bedingen ein bestimmtes Ergebnis).
4. Es wird von diskreten Wahrscheinlichkeitsverteilungen ausgegangen.

Diese Annahmen sind für die Anwendbarkeit des Entscheidungsbaumverfahrens nicht zwingend notwendig. Werden z. B. Marketing-Entscheidungen einbezogen, so können die Ereignisverteilungen (z. B. Absatzverteilungen) für die einzelnen Entscheidungsalternativen unterschiedlich sein.

441 Prämissen und Anwendungsbereich

Als wesentliche Prämissen des Entscheidungsbaumverfahrens sind zu nennen:
1 Das einfache, von Magee vorgeschlagene rollback-Verfahren der Entscheidungsbaumanalyse, mit dessen Hilfe der maximale Erwartungswert des Kapitalwertes ermittelt wird, setzt beim Entscheidenden Risikoneutralität voraus (sofern man dem Bernoulli-Prinzip folgt). Hebt man diese Prämisse auf und verlangt man als Grundlage für die Entscheidung unter Unsicherheit die Ermittlung einer Wahrscheinlichkeitsverteilung des Kapitalwertes für jede Entscheidungsalternative, so ist das theoretisch zwar analytisch noch möglich, praktisch aber nicht mehr durchführbar. Die simulative Ermittlung solcher Wahrscheinlichkeitsverteilungen erscheint hingegen erfolgversprechender.
2 Es muß möglich sein, die Inputgrößen der Kapitalwertrechnung in determinierte und zufallsabhängige (stochastische) zu untergliedern. Die Komplexität der Entscheidungsbaumanalyse wächst mit der Anzahl der zufallsabhängigen Inputgrößen. Das einfache, analytische rollback-Verfahren ist im wesentlichen nur im Fall einer einzigen zufallsabhängigen Inputgröße (oder einer Gruppe von einem einzigen Zufallsereignis abhängigen Inputgrößen) anwendbar. Bei mehreren, von unterschiedlichen Zufallsereignissen abhängigen Inputgrößen erscheint wiederum nur eine simulative Analyse praktisch durchführbar.[48]
3 Es muß möglich sein, die Werte der Inputgrößen der Kapitalwertrechnung für alle Entscheidungsalternativen zu schätzen, einschließlich der Wahrscheinlichkeitsverteilungen für die zufallsabhängigen Inputgrößen. Dies bedeutet u. a., daß bei Festlegung der Gesamt-Planperiode der Planungshorizont nicht überschritten werden kann. Magee[49] empfiehlt, das Ende der Gesamt-Planperiode so festzulegen, daß sie zumindest der Lebensdauer des langlebigsten Ausgangsinvestitionsprojektes entspricht.

Die Anwendung der Entscheidungsbaumanalyse kann besonders für solche Großprojekte empfohlen werden, die starke zeitliche Interdependenzen zu anderen Projekten aufweisen (oder die in zeitlich interdependente kleinere Projekte aufgespalten werden können wie z. B. Forschungs- und Entwicklungsprojekte) und deren Erfolg im wesentlichen von einem Zufallsereignis oder von einigen wenigen Zufalls-

---

[48] Magee, J. F., Capital Investment ..., a. a. O., S. 93.
Hespos, R. F./Strassmann, P. A., a. a. O., S. B–252f.
[49] Magee, C. T., Capital Investment ..., a. a. O., S. 82.

ereignissen abhängig ist. Das Verfahren hat den Vorteil, daß es sich zu einem Entscheidungs- und Kontrollsystem ausbauen läßt, das etwa wie folgt zu konzipieren wäre:

Zu Beginn jeder Teilperiode wird festgestellt, welches entscheidungsrelevante Ereignis eingetreten ist (Zustandskontrolle) und ob die für Folgeperioden ursprünglich vorausgesetzten Entscheidungsalternativen sowie die Ereignis- und Ergebnisverteilungen durch neue Informationen revidiert werden müssen (Können die bereits realisierten Ereignisse oder Ergebnisse für eine Neuschätzung zukünftiger Verteilungen benutzt werden, so ist ein Bayes'scher Ansatz möglich). Ist keine Datenrevision erforderlich – hierzu zählt auch eine Verlängerung des Entscheidungsbaums aufgrund einer zwischenzeitlichen Erweiterung des Planungshorizontes –, so wird die für das eingetretene Ereignis ursprünglich vorgesehene Alternative ausgewählt. Bei einer Datenrevision werden die optimalen zustandsabhängigen Entscheidungsfolgen unter Zugrundelegung des geänderten Entscheidungsbaumes neu berechnet und die sich hierbei ergebende optimale Alternative für die nächste Periode bestimmt. Dabei können die der Vergangenheit angehörigen Äste des Entscheidungsbaums sowie die nicht mehr realisierbaren Alternativen vor jeder Neuberechnung eliminiert werden, da sie nicht mehr entscheidungsrelevant sind.

Ein solches Planungs- und Kontrollsystem spielt insbesondere bei Folgen von Projekten eine Rolle, die für den Gesamterfolg des Unternehmens von erheblicher Bedeutung sind und die sich über längere Zeiträume erstrecken, z. B. im Forschungs- und Entwicklungsbereich.

5 Ansätze zur Bestimmung von Investitionsprogrammen bei sicheren Erwartungen

50 Überblick

Die Beurteilung von Investitionsprojekten mit Hilfe eines dynamischen Verfahrens der Investitionsrechnung (Kapitalwertmethode, Interne-Zinssatz-Methode) führt nur unter der Voraussetzung eines vollkommenen Kapitalmarktes gleichzeitig zur Bestimmung des optimalen Investitionsprogrammes. Hebt man diese Prämisse auf, so besteht neben dem Problem der Beurteilung einzelner Investitionsprojekte, aber damit zusammenhängend, das Problem der Bestimmung eines optimalen Investitionsprogramms unter Berücksichtigung der Abhängigkeiten zwischen Investitions- und Finanzplanung. In den letzten Jahren ist eine Reihe von Modellansätzen entwickelt worden, die diese Problematik zum Gegenstand haben (sog. kapitaltheoretische Modelle).[1] Darüber hinaus geht die herkömmliche Investitionsrechnung für einzelne Projekte davon aus, daß sich die Projekte ausreichend isolieren lassen und daß für jedes Projekt im Produktionsbereich ein Produktionsprogramm als Voraussetzung für die Investitionsrechnung bestimmt werden kann. Tatsächlich ist jedoch die Prämisse der Isolierbarkeit häufig nicht erfüllt, und es bestehen gegenseitige Abhängigkeiten zwischen Investitions- und Produktionsplanung, die eine simultane Bestimmung von Investitionsprogramm und Produktionsprogramm sinnvoll erscheinen lassen. Mit dieser Problematik befaßt sich eine zweite Gruppe von Modellansätzen (sog. produktionstheoretische Modelle).[2] Wesentliche Charakteristika der entwickelten Entscheidungsmodelle sind die Zielvariablen sowie der sachliche und der zeitliche Umfang des Entscheidungsfeldes.

1. *Zielvariablen*

a) *Kapitalwert:* Wähle dasjenige Investitionsprogramm, welches den Kapitalwert zu Beginn der Planperiode maximiert (Da man die Summe aus dem Kapitaleinsatz zu Beginn der Planperiode und dem Kapitalwert als Anfangsvermögen bezeichnen kann, entspricht die Kapitalwertmaximierung bei gegebenem Kapitaleinsatz der Anfangsvermögensmaximierung).

Der Kapitalwert als Zielvariable erscheint nur dann-sinnvoll, wenn man voraussetzen kann, daß freigesetzte finanzielle Mittel zum Kalkulationszinssatz reinvestiert werden können. Nur unter dieser Voraussetzung sind die alternativen Programme, aus denen das kapitalwertmaximale ausgewählt werden soll, miteinander vergleichbar.

Es sind zwei Versionen von Investitionsmodellen mit dem Kapitalwert als Zielvariable zu unterscheiden:

(1) Reinvestitionsmöglichkeiten für freigesetzte finanzielle Mittel werden explizit nicht berücksichtigt. Die Voraussetzung der Vergleichbarkeit alternativer Programme erfordert dann, daß sich die bei jedem Projekt aus dem Programm im Laufe der Lebensdauer freigesetzten finanziellen Mittel zum Kalkulationszinssatz reinvestieren lassen müssen.

---

[1] Seelbach, H., Planungsmodelle in der Investitionsrechnung, Würzburg/Wien 1967, S. 23 ff.
[2] Seelbach, H., a. a. O., S. 9 ff.

(2) Reinvestitionsmöglichkeiten für freigesetzte finanzielle Mittel werden explizit mit in die Betrachtung einbezogen. Die Voraussetzung der Vergleichbarkeit alternativer Programme erfordert dann lediglich, daß sich die in einer Periode freigesetzten und für Reinvestition in dieser Periode nicht benötigten finanziellen Mittel zum Kalkulationszinssatz reinvestieren lassen müssen.

b) *Endvermögen:* Wähle dasjenige Investitionsprogramm, welches den Wert des Vermögens am Ende der Gesamt-Planperiode (Endvermögen) maximiert. Bei Endvermögensmodellen muß nicht wie bei Kapitalwertmodellen vorausgesetzt werden, daß freigesetzte finanzielle Mittel zum Kalkulationszinssatz reinvestiert werden können. Dies bedeutet, daß Endvermögensmodelle gegenüber Kapitalwertmodellen insofern vorteilhaft sind, als sie realistischere Annahmen zulassen. Nur wenn keine differenziertere Annahme über zukünftige Reinvestitionsmöglichkeiten gemacht werden kann als die unbeschränkte Reinvestition zum Kalkulationszinssatz, führen beide Modelle zum gleichen Ergebnis. In diesem Fall ist die Summe aus Anfangsvermögen und Kapitalwert gleich dem mit dem Kalkulationszinssatz abgezinsten Endvermögen.[3]

c) *Jährliche Entnahme:* Wähle dasjenige Investitionsprogramm, welches eine gleichbleibende jährliche Entnahme (Ausschüttung) maximiert.[4]

Wird hierbei vorausgesetzt, daß eine unbeschränkte Kreditaufnahme und Wiederanlage von Rückflüssen zum Kalkulationszinssatz erfolgt, so führt die Entnahmemaximierung zum gleichen Ergebnis wie die Kapitalwertmaximierung. Die maximale jährliche Entnahme ist in diesem Fall gleich dem Produkt aus Kapitalwert und Wiedergewinnungsfaktor.

2. *Sachlicher Umfang des Entscheidungsfeldes*

a) Modelle zur Bestimmung des optimalen Investitionsprogramms bei gegebenem Produktionsprogramm für die einzelnen Investitionsprojekte und gegebenen finanziellen Mitteln.

b) Modelle zur simultanen Bestimmung von optimalem Investitionsprogramm und optimalem Finanzierungsprogramm bei gegebenem Produktionsprogramm für die einzelnen Investitionsprojekte.

c) Modelle zur simultanen Bestimmung von optimalem Investitionsprogramm und optimalem Produktionsprogramm bei gegebenen finanziellen Mitteln.

3. *Zeitlicher Umfang des Entscheidungsfeldes*

Die Wirkperiode des Investitionsprogramms und gegebenenfalls simultan zu planender Programme ist der Zeitraum, in dem die in das Entscheidungsmodell einbezogenen Alternativen monetäre Konsequenzen aufweisen. Der Planungszeitraum des Entscheidungsmodells kann kleiner oder gleich der Wirkperiode sein. Ist er kleiner als die Wirkperiode, so sind die über den Planungszeitraum hinausragenden monetären Konsequenzen der Alternativen auf das Ende des Planungszeitraums zu transformieren. Der Planungszeitraum kann in einzelne Planperioden $t = 1, ..., T$ unterteilt werden.

---

[3] Weingartner, H. M., Mathematical Programming and the Analysis of Capital Budgeting Problems, 2. Aufl., Englewood Cliffs, N. J. 1964, S. 143 ff.
[4] Hax, H., Investitionsplanung ..., a. a. O., S. 436 ff.
Hax, H., Investitionstheorie, a. a. O., S. 70.

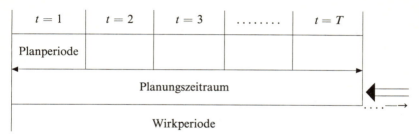

Je nachdem, in welchen Planperioden Entscheidungsalternativen berücksichtigt werden, läßt sich folgende Unterscheidung treffen:
a) Einperiodenmodell: es werden nur Alternativen der ersten Planperiode einbezogen („statische Modelle").[5]
b) Mehrperiodenmodell: es werden auch Alternativen außerhalb der ersten Planperiode einbezogen („dynamische Modelle").[6] Bei einer Unterscheidung von Real- und Finanzinvestitionen können z. B. folgende Fälle auftreten:
(1) Alle Realinvestitionsmöglichkeiten beziehen sich auf die erste Planperiode; Finanzinvestitionsmöglichkeiten sind für mehrere Planperioden gegeben.
(2) Sowohl Real- als auch Finanzinvestitionsmöglichkeiten sind für mehrere Planperioden vorgesehen.

Im folgenden werden die klassischen Ansätze der Kapitaltheorie und die neueren kombinatorischen Ansätze zur Bestimmung optimaler Investitionsprogramme für eine Reihe von Modelltypen dargestellt, diskutiert und auf ihre Anwendungsmöglichkeiten überprüft.

51 Klassische Ansätze der Kapitaltheorie

510 Darstellung der Ansätze

Den klassischen Ansätzen der Kapitaltheorie ist gemeinsam, daß sie versuchen, auf der Grundlage einer Kapitalnachfragefunktion (sie wird aus den geplanten Investitionsprojekten und deren internen Zinssätzen gewonnen) und einer Kapitalangebotsfunktion (für Investitionszwecke verfügbares Eigen- und Fremdkapital in Abhängigkeit vom Zinssatz) das optimale (zinsertragsmaximale) Investitionsprogramm zu bestimmen.

1 Bestimmung des optimalen Investitionsprogramms unter der Voraussetzung, daß der Kapitalmarktzins für aufgenommenes Kapital (Sollzinssatz b) gleich dem Kapitalmarktzins für angelegtes Kapital (Habenzinssatz l) ist und daß unbeschränkte Beträge angelegt und aufgenommen werden können (vollkommener Kapitalmarkt). In diesem Fall gilt: das optimale Investitionsprogramm enthält alle Projekte mit einem internen Zinssatz $r \geq b = l$.

---

[5] Albach, H., Investition und Liquidität, Wiesbaden 1962, S. 220 ff.
[6] Albach, H., Investition ..., a. a. O., S. 226 f.

Ansätze zur Bestimmung von Investitionsprogrammen

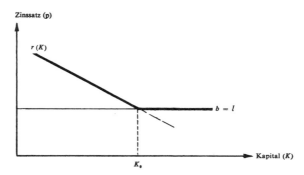

2 Bestimmung des optimalen Investitionsprogramms unter der Voraussetzung, daß bei $b = l$ Kapital für Investitionszwecke nur in beschränktem Umfang zur Verfügung steht. In diesem Fall gilt: das optimale Investitionsprogramm enthält alle Projekte mit einem internen Zinssatz

$$r \geq \begin{cases} \bar{p}, \text{ falls der verfügbare Kapitalbetrag } \bar{K} < K_0 \\ b = l, \text{ falls } \bar{K} \geq K_0 \end{cases}$$

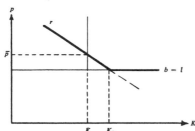 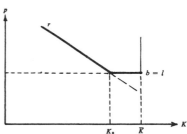

3 Bestimmung des optimalen Investitionsprogramms unter der Voraussetzung, daß der Sollzinssatz höher ist als der Habenzinssatz ($b > l$). Eigenkapital (EK) für Investitionszwecke steht in vorgegebener Höhe zur Verfügung. Auf dem Kapitalmarkt können unbeschränkt Beträge aufgenommen und angelegt werden.[7] In diesem Fall gilt: das optimale Investitionsprogramm enthält alle Projekte mit einem internen Zinssatz

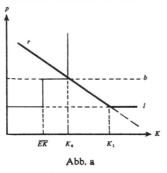 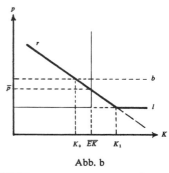

Abb. a   Abb. b

---

[7] Bierman, H. jr./Smidt, S., The Capital Budgeting Decision, 2. Aufl., New York/London 1969, S. 182 ff.

Klassische Ansätze der Kapitaltheorie 137

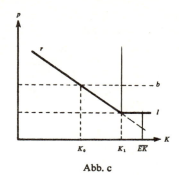

Abb. c

$$r \geq \begin{cases} b, \text{falls das verfügbare Eigenkapital } \bar{E}\bar{K} \leq K_0 \text{ (Gesamtkapital an der Stelle } r = b) \text{ [vgl. Abb. (a)]} \\ \bar{p} \text{ falls } K_0 < \bar{E}\bar{K} < K_1 \text{ (Gesamtkapital an der Stelle } r = l) \text{ [vgl. Abb. (b)]} \\ l, \text{ falls } \bar{E}\bar{K} \geq K_1 \text{ [vgl. Abb. (c)]} \end{cases}$$

4 Bestimmung des optimalen Investitionsprogramms unter der Voraussetzung, daß $b > l$ und daß Eigenkapital in vorgegebener Höhe und Fremdkapital beschränkt zur Verfügung steht. In diesem Fall gilt: das optimale Investitionsprogramm enthält alle Projekte mit einem internen Zinssatz

$$r \geq \begin{cases} \bar{p}, \text{falls } \bar{E}\bar{K} < K_0 \text{ und } \bar{K} < K_0 \text{ [vgl. Abb. (d)]} \\ b, \text{falls } \bar{E}\bar{K} \leq K_0 \text{ und } \bar{K} \geq K_0 \text{ [vgl. Abb. (e)]} \\ \bar{p}, \text{falls } K_0 < \bar{E}\bar{K} < K_1 \quad \text{[vgl. Abb. (b)]} \\ l, \text{ falls } \bar{E}\bar{K} \geq K_1 \quad \text{[vgl. Abb. (c)]} \end{cases}$$

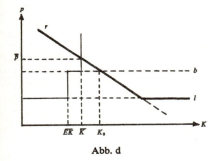

Abb. d

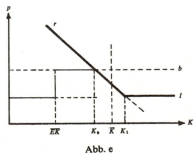

Abb. e

5 Bestimmung des optimalen Investitionsprogramms unter der Voraussetzung, daß ausschließlich Eigenkapital für die Finanzierung des Investitionsprogramms in vorgegebener Höhe zur Verfügung steht (internal capital rationing).[8] Dies ist ein Spezialfall von 3 und 4. Es gilt: das optimale Investitionsprogramm enthält alle Projekte mit einem internen Zinssatz

$$r \geq \begin{cases} \bar{p}, \text{falls } \bar{E}\bar{K} < K_1 \\ l, \text{ falls } \bar{E}\bar{K} \geq K_1 \end{cases}$$

---

[8] Bierman, H. jr./Smidt, S., 2. Aufl., a.a.O., S. 187.

Für diesen Fall gilt auch eine einfache, in der Praxis häufig angewendete Entscheidungsprozedur zur Bestimmung des optimalen Investitionsprogramms:[9]
(1) Bringe alle Investitionsprojekte in eine Rangordnung, beginnend mit dem Projekt höchsten internen Zinssatzes und endend mit dem Projekt geringsten internen Zinssatzes. Projekte, deren Durchführungsdringlichkeit nicht in erster Linie vom internen Zinssatz abhängt, sind nach subjektivem Ermessen in die Rangordnung einzufügen.

Beispiel:

Kapital-wert	Kapital-einsatz	Interner Zins	Jahre	Projektbezeichnung	Kumulierter	
					Kapital-wert	Kapital-einsatz
				Vordringliche Projekte:		
./. 3,5	2,0	—	—	Projekt 1	./. 3,5	2,0
./. 46,7	44,6	—	—	Projekt 2	./. 50,2	46,6
				Reihenfolge der Rentabilitäts-Projekte:		
3,0	2,2	30%	10	Projekt B	./. 47,2	48,8
5,5	3,8	25	15	Projekt A	./. 41,7	52,6
1,4	1,3	24	15	Projekt D	./. 40,3	53,9
15,3	20,9	24	10	Projekt F	./. 25,0	74,8
2,9	2,2	23	20	Projekt C	./. 22,1	77,0
56,4	60,0	23	15	Projekt E	34,3	137,0
2,5	3,5	23	10	Projekt G	36,8	140,5
19,8	28,7	21	15	Projekt H	56,6	169,2
0,8	1,8	15	20	Projekt I	57,4	171,0
0,7	1,9	15	15	Projekt K	58,1	172,9
5,7	17,7	14	15	Projekt L	63,8	190,6
0,2	1,3	12	10	Projekt N	64,0	191,9
1,5	9,2	11	20	Projekt M	65,5	201,1
2,2	25,0	10	20	Projekt O	67,7	226,1
0,0	1,0	9	20	Projekt P	67,7	227,1
0,0	1,5	9	15	Projekt Q	67,7	228,6

(2) Beginne mit dem ersten Projekt in der Rangordnung und prüfe für dieses und alle weiteren Projekte, ob bei ihrer Aufnahme in das Investitionsprogramm die Bedingungen
a) Interner Zinssatz $(r) \geq$ Mindestzinssatz[10]

---

[9] Vgl. z. B. Terborgh, G., Investment Management ..., a.a.O. S. 18 ff.
Bierman, H. jr./Smidt, S., 2. Aufl., a.a.O., S. 187 f.
Hax, H., Investitionstheorie, a. a. O., S. 46 f.

[10] Mindestzinssatz = $\begin{cases} \text{Max } \{\text{„Kosten" des Eigenkapitals (z. B. Dividendensatz); Opportunitätszinssatz (Zinssatz, der bei Anlage des Kapitals außerhalb des Unternehmens erzielt werden kann)}\}, \text{ falls das verfügbare EK abgebaut werden kann} \\ \text{Opportunitätszinssatz, falls das verfügbare Eigenkapital nicht abgebaut werden kann.} \end{cases}$

Klassische Ansätze der Kapitaltheorie

b) Kumulierter Kapitalbedarf ≤ verfügbares Kapital
erfüllt sind (für Nicht-Rentabilitätsprojekte ist nur die zweite Bedingung zu prüfen). Ist das der Fall, so ist das Projekt in das Investitionsprogramm aufzunehmen. Wird hingegen eine der Bedingungen verletzt, so endet das Verfahren. Das Investitionsprogramm besteht aus allen bisher aufgenommenen Projekten. Nimmt man im Beispiel auf S. 138 einen Mindestzinssatz $l = 9\%$ und eine Investitionssumme von 200 Mill. DM an, so werden die vordringlichen Projekte und die Rentabilitäts-Projekte A bis L und N in das Investitionsprogramm aufgenommen.

Lorie und Savage[12] haben anstelle des internen Zinssatzes das Verhältnis $\frac{\text{Kapitalwert}}{\text{Kapitaleinsatz}}$ als Rangordnungskriterium vorgeschlagen. Für den Fall beschränkter finanzieller Mittel in einer Periode lautet das Verfahren:

Beispiel:[13]

Index	Kapital-wert	Kapital-einsatz	Jahre	Projektbezeichnung	Kumulierter	
					Kapital-wert	Kapital-einsatz
				Vordringliche Projekte:		
—	·/. 3,5	2,0	—	Projekt 1	·/. 3,5	2,0
—	·/. 46,7	44,6	—	Projekt 2	·/. 50,2	46,6
				Reihenfolge der Rentabilitäts-Projekte:		
1,45	5,5	3,8	15	Projekt A	·/. 44,7	50,4
1,35	3,0	2,2	10	Projekt B	·/. 41,7	52,6
1,31	2,9	2,2	20	Projekt C	·/. 38,8	54,8
1,08	1,4	1,3	15	Projekt D	·/. 37,4	56,1
0,94	56,4	60,0	15	Projekt E	19,0	116,1
0,73	15,3	20,9	10	Projekt F	34,3	137,0
0,72	2,5	3,5	10	Projekt G	36,8	140,5
0,69	19,8	28,7	15	Projekt H	56,6	169,2
0,46	0,8	1,8	20	Projekt I	57,4	171,0
0,38	0,7	1,9	15	Projekt K	58,1	172,9
0,32	5,7	17,7	15	Projekt L	63,8	190,6
0,16	1,5	9,2	20	Projekt M	65,3	199,8
0,14	0,2	1,3	10	Projekt N	65,5	201,1
0,08	2,2	25,0	20	Projekt O	67,7	226,1
0,00	0,0	1,0	20	Projekt P	67,7	227,1
0,00	0,0	1,5	15	Projekt Q	67,7	228,6

---

[11] Vgl. Mobil Financial Controls Department, Capital Budgeting Decision Manual, o. O., 1966, S. 19.
[12] Lorie, J. H./Savage, L. J., Three Problems in Capital Rationing, JB 4/1955, nachgedruckt in: Solomon, E. (Hrsg.), The Management of Corporate Capital, 7. Aufl., New York/London 1967, S. 58.
[13] Mobil Financial Controls Department, a. a. O., S. 19.

(1) Bringe alle Investitionsprojekte mit einem Kapitalwert $C_0 \geq 0$ in eine Rangordnung, beginnend mit dem Projekt, das den höchsten Index $p' = \frac{C_0}{I_0}$ aufweist und endend mit dem Projekt, das den geringsten Wert p' besitzt. Nicht-Rentabilitätsprojekte sind in gleicher Weise wie oben angegeben zu behandeln.

(2) Beginne mit dem ersten Projekt in der Rangordnung und prüfe für dieses und alle weiteren Projekte, ob bei ihrer Aufnahme in das Investitionsprogramm die Bedingung
     Kumulierter Kapitalbedarf ≤ verfügbares Kapital
erfüllt ist. Ist das der Fall, so ist das Projekt in das Investitionsprogramm aufzunehmen. Wird die Bedingung hingegen verletzt, so endet das Verfahren. Das Investitionsprogramm besteht aus allen bisher aufgenommenen Projekten.

Nimmt man eine Investitionssumme von 200 Mill. DM an, so werden im Beispiel auf S. 139 die vordringlichen Projekte und die Rentabilitäts-Projekte A bis M in das Investitionsprogramm aufgenommen.

511 Prämissen und Anwendungsbereich

Neben den genannten Annahmen hinsichtlich des Kapitalmarkts sind folgende wesentliche Prämissen zu beachten:

1 Es existiert ein einheitlicher Zinssatz b für alle aufgenommenen Kredite. Sofern der Zinssatz von der Höhe des Fremdkapitals abhängig ist, ist der Ansatz entsprechend zu modifizieren.[14]

2 Der Zinssatz für Kapitalanlagen l ist dann als Mindestzinssatz bzw. Kalkulationszinssatz im Zusammenhang mit den beiden unter Abschnitt 510, Punkt 5 angegebenen Verfahren der Praxis sinnvoll, wenn die für Investitionszwecke verfügbaren finanziellen Mittel durch vorhandenes Eigenkapital finanziert werden können. Muß jedoch eine Finanzierung durch vorhandenes Eigen- und Fremdkapital erfolgen, oder ist eine Aufnahme zusätzlichen Eigen- und/oder Fremdkapitals erforderlich, so sollten folgende Möglichkeiten der Modifikation in Betracht gezogen werden:

a) Finanzierung mit vorhandenem Eigen- und Fremdkapital, wobei nur das Fremdkapital abgebaut werden kann. Zunächst wird das Eigenkapital unter Beachtung eines Mindestzinssatzes eingesetzt. Ist es ausgeschöpft, so wird das Fremdkapital in der Reihenfolge steigenden Zinssatzes eingesetzt. Dabei ist der Mindestzinssatz jeweils in Höhe des Zinssatzes für das zuletzt aufgenommene Fremdkapital anzusetzen.

b) Finanzierung durch zusätzliches Eigen- und Fremdkapital[15]
   (1) Der Mindestzinssatz bzw. Kalkulationszinssatz entspricht dem Zinssatz für das zuletzt aufgenommene zusätzliche Fremdkapital (Annahme: das Investitionsprogramm wird ausschließlich durch Fremdkapital finanziert);

---

[14] Vgl. z. B. Hax, H., Investitionstheorie, a. a. O., S. 50ff.
[15] Solomon, E., Measuring a Company's Cost of Capital, in: Solomon, E. (Hrsg.), The Management of Corporate Capital, 7. Aufl., New York/London 1967, S. 136ff.

Klassische Ansätze der Kapitaltheorie 141

(2) Der Mindestzinssatz bzw. Kalkulationszinssatz entspricht den „Kosten" zusätzlichen Eigenkapitals (Annahme: das Investitionsprogramm wird ausschließlich durch Eigenkapital finanziert);

(3) Der Mindestzinssatz bzw. Kalkulationszinssatz entspricht einem gewogenen Mittel aus dem Zinssatz für zusätzliches Fremdkapital und den „Kosten" für zusätzliches Eigenkapital (Annahme: das Investitionsprogramm wird zum Teil mit Eigenkapital und zum anderen Teil mit Fremdkapital finanziert).

Dabei ist in allen drei Fällen vorauszusetzen, daß der Zinssatz für Kapitalanlagen l geringer als der dort festgelegte Mindestzinssatz ist. Anderenfalls ist l als Mindestzinssatz anzusetzen.

3 Bei Bestimmung des optimalen Investitionsprogramms aufgrund einer Rangordnung nach dem internen Zinssatz muß vorausgesetzt werden, daß in zukünftigen Perioden freigesetzte finanzielle Mittel wiederum zum internen Zinssatz angelegt werden können.[16] Nur unter dieser Voraussetzung ist das für die 1. Periode zinsertragsmaximale Investitionsprogramm auch für die Gesamt-Planperiode optimal. Entsprechend muß bei Verwendung des Kapitalwertes je DM eingesetztes Kapital als Rangordnungskriterium eine Verzinsung freigesetzter finanzieller Mittel zum Kalkulationszinssatz vorausgesetzt werden können.

4 Der Mindestzinssatz oder Kalkulationszinssatz muß die Verzinsung bei alternativen Investitionsmöglichkeiten in der 1. Periode angeben. Daraus und aus 3 folgt für die Kapitalwertmethode, daß der Kalkulationszinssatz eine doppelte Funktion hat:

er ist der einheitliche Zinssatz für heutige und künftige alternative Investitionsmöglichkeiten. Ist Eigen- oder Fremdkapital abbaufähig, so sind darüber hinaus auch die „Kosten" der abbaufähigen Kapitalteile bei der Festlegung des Kalkulationszinssatzes zu beachten.

5 Die Investitionsprojekte müssen beliebig teilbar sein. Diese Voraussetzung ist in der Realität nicht gegeben. Sie kann jedoch dann als annähernd erfüllt angesehen werden, wenn die Investitionssumme der einzelnen Projekte klein ist im Verhältnis zur Gesamtinvestitionssumme des Unternehmens.[17]

6 Die Investitionsprojekte müssen unabhängig voneinander sein. Dies bedeutet, daß der Kapitalwert eines Investitionsprojektes nicht wesentlich davon beeinflußt wird, welche Projekte gleichzeitig realisiert werden.[18] Sofern Abhängigkeiten bestehen, ist der Ansatz zu modifizieren.[19]

7 Die Investitionsprojekte dürfen nur in der ersten Periode finanzielle Mittel erfordern oder für den Finanzmittelbedarf zukünftiger Perioden dürfen keine Beschränkungen existieren. Lorie und Savage haben ihren Ansatz auf den Fall bestehender Finanzmittelbeschränkungen in zwei Perioden erweitert. Dieses Problem kann aber nicht mehr mit Hilfe des Rangordnungsverfahrens gelöst werden.

8 Das Rangordnungsverfahren unter Verwendung der internen Zinssätze führt dann zum gleichen Investitionsprogramm wie das Rangordnungsverfahren unter

---
[16] Mao, J. C. T., a. a. O., S. 229 ff.
[17] Lorie, J. H./Savage, L. J., a. a. O., S. 58.
[18] Lorie, J. H./Savage, L. J., a. a. O., S. 56.
[19] Lorie, J. H./Savage, L. J., a. a. O., S. 61 ff.

Verwendung von Kapitalwertindices ($\frac{\text{Kapitalwert}}{\text{Kapitaleinsatz}}$), wenn die verfügbaren finanziellen Mittel ausreichen, um alle Projekte mit einem internen Zinssatz $\geq$ Kalkulationszinssatz in das Investitionsprogramm aufzunehmen. Bei geringeren finanziellen Mitteln können sich hingegen unterschiedliche Programme ergeben und zwar dann, wenn es Investitionsprojekte gibt, deren Kapitalwertfunktionen in Abhängigkeit vom Zinssatz sich im Bereich positiver Kapitalwerte und Zinssätze schneiden.[20] Aufgrund der realistischeren Annahmen (vgl. Prämisse 3) der Kapitalwertmethode ist in diesem Fall das Rangordnungsverfahren unter Verwendung von Kapitalwertindices vorzuziehen.[21]

52 Kombinatorische Ansätze

520 Einperiodenmodell zur Bestimmung des optimalen Investitionsprogramms bei gegebenem Produktionsprogramm für die Investitionsprojekte und gegebenen finanziellen Mitteln (H. M. Weingartner)[22]

5200 *Darstellung des Modells*

Gegeben sind die voneinander unabhängigen Investitionsprojekte $x_1, \ldots, x_n$, die Kapitalwerte der Investitionsprojekte $c_1, \ldots, c_n$, der Kapitaleinsatz (Investitionsausgaben) der Investitionsprojekte $\hat{a}_{t1}, \ldots, \hat{a}_{tn}$ in den Perioden $t = 1, \ldots, T$ sowie die für Investitionen verfügbaren finanziellen Mittel b_t in den Perioden $t = 1, \ldots, T$. Ein Projekt kann höchstens einmal durchgeführt werden. Verzichtet man, wie hier angenommen, auf die Ganzzahligkeit der Investitionsvariablen, so kann dieses verallgemeinerte und leicht abgewandelte Lorie-Savage-Problem als lineares Programm formuliert und mit Hilfe der Simplexmethode gelöst werden.

Zielfunktion: $\sum_{j=1}^{n} c_j \cdot x_j = \max.$ \hfill (1)

Nebenbedingungen: $\sum_{j=1}^{n} \hat{a}_{tj} \cdot x_j \leq b_t \ (t = 1, \ldots, T)$ \hfill (2)

$\qquad\qquad\qquad x_j \leq 1 \ (j = 1, \ldots, n)$ \hfill (3)

$\qquad\qquad\qquad x_j \geq 0 \ (j = 1, \ldots, n)$ \hfill (4)

Die Nebenbedingungen (3) stellen sicher, daß ein Projekt nicht mehr als einmal in das Investitionsprogramm aufgenommen wird. Zugelassen ist bei dieser Formulierung allerdings noch, daß Bruchteile von Investitionsprojekten im optimalen Investitionsprogramm erscheinen können. Wie Weingartner[23] nachgewiesen hat, kann dies jedoch lediglich bei maximal T Projekten der Fall sein. Das Auftreten von Bruchteilen von Investitionsprojekten erscheint deshalb um so weniger schwerwiegend je größer n im Verhältnis zu T ist.

---

[20] Vgl. auch S. 73 f.
[21] Lorie, J. H./Savage, L. J., a.a.O., S. 65.
[22] Weingartner, H. M., Analysis ..., a.a.O., S. 16 ff.
[23] Weingartner, H. M., Analysis ..., a.a.O., S. 19 ff. und S. 35 ff.

Kombinatorische Ansätze 143

Beispiel:[24]

$$\begin{aligned}
14x_1 + 17x_2 + 17x_3 + 15x_4 + 40x_5 + 12x_6 + 14x_7 + 10x_8 + 12x_9 &= \max \\
12x_1 + 54x_2 + 6x_3 + 6x_4 + 30x_5 + 6x_6 + 48x_7 + 36x_8 + 18x_9 &\leq 50 \\
3x_1 + 7x_2 + 6x_3 + 2x_4 + 35x_5 + 6x_6 + 4x_7 + 3x_8 + 3x_9 &\leq 20 \\
x_1 &\leq 1 \\
x_2 &\leq 1 \\
x_3 &\leq 1 \\
x_4 &\leq 1 \\
x_5 &\leq 1 \\
x_6 &\leq 1 \\
x_7 &\leq 1 \\
x_8 &\leq 1 \\
x_9 &\leq 1
\end{aligned}$$

$x_1, \ldots, x_9 \geq 0$

optimale Lösung: $x_1 = 1$; $x_2 = 0$; $x_3 = 1$; $x_4 = 1$; $x_5 = 0$; $x_6 = 0{,}97$; $x_7 = 0{,}045$; $x_8 = 0$; $x_9 = 1$

Der Kapitalwert des optimalen Investitionsprogramms beträgt $C_6 = 70{,}27$. Finanzmittelbeschränkungen bestehen bei diesem Beispiel für 2 Perioden (50 bzw. 20). Die verfügbaren Finanzmittel werden in beiden Perioden voll ausgenutzt. Gewinnt man eine ganzzahlige Lösung durch Aufrunden von x_6 und Abrunden von x_7, so ist dies die von Lorie und Savage mit ihrem Näherungsverfahren ebenfalls gefundene Lösung mit einem Kapitalwert $C_0 = 70$ (diese ganzzahlige Lösung muß nicht mit der optimalen ganzzahligen Lösung übereinstimmen).

Interessant ist in diesem Zusammenhang auch die Lösung des zur obigen Aufgabe dualen Problems:

$$\begin{aligned}
50\varrho_1 + 20\varrho_2 + \eta_1 + \eta_2 + \eta_3 + \eta_4 + \eta_5 + \eta_6 + \eta_7 + \eta_8 + \eta_9 &= \min \\
12\varrho_1 + 3\varrho_2 + \eta_1 &\geq 14 \\
54\varrho_1 + 7\varrho_2 + \eta_2 &\geq 17 \\
6\varrho_1 + 6\varrho_2 + \eta_3 &\geq 17 \\
6\varrho_1 + 2\varrho_2 + \eta_4 &\geq 15 \\
30\varrho_1 + 35\varrho_2 + \eta_5 &\geq 40 \\
6\varrho_1 + 6\varrho_2 + \eta_6 &\geq 12 \\
48\varrho_1 + 4\varrho_2 + \eta_7 &\geq 14 \\
36\varrho_1 + 3\varrho_2 + \eta_8 &\geq 10 \\
18\varrho_1 + 3\varrho_2 + \eta_9 &\geq 12
\end{aligned}$$

$\varrho_1, \varrho_2, \eta_1, \ldots \eta_9 \geq 0$

Lösung: $\varrho_1 = 0{,}136$; $\varrho_2 = 1{,}864$
$\eta_1 = 6{,}77$; $\eta_2 = 0$; $\eta_3 = 5$; $\eta_4 = 10{,}45$; $\eta_5 = 0$; $\eta_6 = 0$; $\eta_7 = 0$; $\eta_8 = 0$;
$\eta_9 = 3{,}9$

Die Dualvariablen ϱ_t mit der Dimension [Kapitalwert/Kapitaleinsatz in Periode t] geben den durch Beschränkung der finanziellen Mittel in den Perioden $t = 1,2$ entgehenden Kapitalwert je DM Kapitaleinsatz an. Die Dualvariablen η_j mit der Dimension [Kapitalwert/Projekt] geben den durch Beschränkung der Projektanzahl auf 1 entgehenden Kapitalwert je Projekt $j = 1, \ldots, n$ an.

---

[24] Lorie, J. H./Savage, L. J., a. a. O., S. 61.
Weingartner, H. M., Analysis ..., a. a. O., S. 17ff.

Für alle in das Programm aufgenommenen Projekte muß gelten:

$$\sum_{t=1}^{T} \hat{a}_{tj} \cdot \varrho_t + \eta_j = c_j$$

$$\eta_j = c_j - \sum_{t=1}^{T} \hat{a}_{tj} \cdot \varrho_t \geq 0$$

Der Kapitalwert des Projekts ist größer oder gerade gleich dem durch Bewertung der Investitionsausgaben des Projekts mit den jeweiligen Grenzkapitalwerten ermittelten Kapitalwertentgang.

Für alle abgelehnten Projekte muß gelten:

$$\sum_{t=1}^{T} \hat{a}_{tj} \cdot \varrho_t + \eta_j > c_j$$

und $\eta_j = 0$, da die vorhandene Begrenzung für die Projektanzahl nicht erreicht wurde.

Also $\sum_{t=1}^{T} \hat{a}_{tj} \cdot \varrho_t > c_j$

oder $c_j - \sum_{t=1}^{T} \hat{a}_{tj} \cdot \varrho_t < 0$

Der Kapitalwert des Projekts ist kleiner als der durch Bewertung der Investitionsausgaben des Projekts mit den jeweiligen Grenzkapitalwerten ermittelte Kapitalwertentgang.

Will man das Auftreten nicht ganzzahliger Projekte im optimalen Investitionsprogramm nicht zulassen, so ist das obige Problem als ganzzahliges lineares Programm in Binärvariablen zu formulieren und mit einem der dafür entwickelten Algorithmen zu lösen.[25]

Zielfunktion:

$$\sum_{j=1}^{n} c_j \cdot x_j = \max \qquad (1)$$

Nebenbedingungen:

$$\sum_{j=1}^{n} \hat{a}_{tj} \cdot x_j \leq b_t \quad (t=1,\ldots,T) \qquad (2)$$

$$x_j = 0 \text{ oder } 1 \quad (j=1,\ldots n) \qquad (3)$$

In diesem Fall lassen sich auch folgende Abhängigkeiten der Projekte untereinander berücksichtigen:[26]

(1) Sich gegenseitig ausschließende Projekte: Schließen sich zwei Projekte x_A und x_B gegenseitig aus, so kann das durch die Restriktion

$$x_A + x_B = 1$$

berücksichtigt werden.

(2) Verbundene Projekte: Sind zwei Projekte x_A und x_B in der Weise voneinander abhängig, daß x_B nur durchgeführt werden kann, wenn auch x_A durchgeführt wird, so kann das entweder durch die Restriktion

---

[25] Lüder, K., Zur Anwendung neuerer Algorithmen der ganzzahligen linearen Programmierung, ZfB 1969, S. 405 ff.
[26] Weingartner, H. M., Analysis ..., a. a. O., S. 32 ff.

$x_A - x_B \geq 0$

oder

$x_{AB} + x_A \leq 1$

zum Ausdruck gebracht werden.

Bei letztgenannter Formulierung sind x_A und x_B zu einem neuen Projekt x_{AB} zusammenzufassen. x_{AB} und x_A können dann als sich gegenseitig ausschließende Projekte betrachtet werden.

Beispiel:

$14x_1 + 17x_2 + 17x_3 + 15x_4 + 40x_5 + 12x_6 + 14x_7 + 10x_8 + 12x_9 = \max$
$12x_1 + 54x_2 + 6x_3 + 6x_4 + 30x_5 + 6x_6 + 48x_7 + 36x_8 + 18x_9 \leq 50$
$3x_1 + 7x_2 + 6x_3 + 2x_4 + 35x_5 + 6x_6 + 4x_7 + 3x_8 + 3x_9 \leq 20$

$x_1, \ldots, x_9 = 0 \text{ oder } 1$

Optimale Lösung: $x_1 = 1$, $x_2 = 0$, $x_3 = 1$, $x_4 = 1$, $x_5 = 0$, $x_6 = 1$, $x_7 = 0$, $x_8 = 0$, $x_9 = 1$

Der Kapitalwert des optimalen ganzzahligen Investitionsprogramms beträgt $C_0 = 70$. Die Finanzmittel der ersten Periode werden nicht voll ausgeschöpft (es verbleiben zwei Einheiten), die der zweiten Periode werden hingegen voll ausgeschöpft. Die optimale Lösung wurde mit Hilfe des additiven Algorithmus von Balas manuell ermittelt. Es waren 6 der $2^9 = 512$ Lösungen explizit zu enumerieren.[27]

5201 Prämissen und Anwendungsbereich

Dem Modellansatz liegen folgende wesentliche Prämissen zugrunde:

1 Die Investitionsprojekte müssen isolierbar sein, d. h. für jedes Projekt muß unabhängig von anderen Projekten der Kapitalwert ermittelt werden können. Dies bedeutet für Investitionsprojekte im Produktionsbereich, daß ihr Produktionsprogramm für die gesamte Lebensdauer festgelegt und unabhängig vom Programm anderer Projekte sein muß.

2 Das Investitionsprogramm wird nur für die Periode 1 bestimmt. Zeitliche Abhängigkeiten der Investitionsprogamme mehrerer Perioden bleiben unberücksichtigt. Dies bedeutet auch, daß die Lebensdauer der Projekte als exogene Größe in das Modell eingeht. Sie wird als unabhängig von künftigen Investitionsgelegenheiten betrachtet.

3 Zukünftige Investitionsgelegenheiten werden nur global über den Kalkulationszinssatz berücksichtigt. Es wird angenommen, daß freigesetzte finanzielle Mittel zum Kalkulationszinssatz reinvestiert werden können.

4 Die für die Finanzierung des Investitionsprogramms der Periode 1 verfügbaren Mittel in den Perioden 1 bis T müssen vorgegeben werden. Sie sind im Zusammenhang mit der Aufstellung von Gesamtfinanzplänen für die Perioden $t = 1, \ldots, T$ zu ermitteln. Dies bedeutet, daß die Vorgabe von Finanzmittelobergrenzen im Modell die vorherige Aufstellung der Gesamtfinanzpläne für alle T Perioden erfordert.

---

[27] Lüder, K., Ganzzahlige Programmierung, a. a. O., S. 418ff.

5 Nicht ausgeschöpfte finanzielle Mittel einer Periode können innerhalb des Modells nicht in folgende Perioden übertragen werden.

6 Jedes Projekt kann nur in einer Einheit durchgeführt werden ($x_j = 0$ oder 1). Diese Prämisse läßt sich allerdings durch entsprechende Modellmodifizierung aufheben. Können maximal M_j Anlagen des Typs j beschafft werden, so ist x_j durch k Binärvariable x_{ij} ($i = 0, \ldots, k-1$) zu substituieren. Es gilt $x_j = \sum_{i=0}^{k-1} 2^i x_{ij}$, wobei k so groß gewählt werden muß, daß $\sum_{i=0}^{k-1} 2^i \geq M_j$ ist. k wird bestimmt durch die Bedingung $k = \min \left\{ \varkappa \mid \sum_{i=0}^{\varkappa-1} 2^i \geq M_j \right\}$

Die Anwendung des hier dargestellten Modellansatzes kommt, abgesehen von seinen theoretischen Unzulänglichkeiten, aus praktischen Erwägungen nur in Frage, sofern die einzelnen, zur Wahl stehenden Investitionsprojekte unabhängig voneinander sind. Dies kann bei Großprojekten (z. B. Kauf oder Errichtung neuer Betriebsstätten) eher als gegeben angenommen werden als bei relativ kleinen Projekten (z. B. Anschaffung von Werkzeugmaschinen). Bei ganzzahliger Formulierung des Problems darf die Anzahl der Variablen (sie ist größer als die Zahl der Projekte, wenn einige oder alle Projekte mehrfach realisiert werden können) eine Grenze, die zwischen 50 und 100 liegt, nicht überschreiten, wenn das Problem mit den heute verfügbaren Algorithmen in vertretbarer Zeit gelöst werden soll.

521 Ansätze zur simultanen Bestimmung von Investitions- und Finanzierungsprogramm

5210 Einperiodenmodell (H. Albach)[28]

52100 Darstellung des Modells

Das Einperiodenmodell von Albach unterscheidet sich vom Lorie-Savage-Problem in der Formulierung von Weingartner[29] insbesondere durch Einbeziehung von Finanzierungsvariablen in den Kalkül (Investitions- und Finanzierungsprogramm werden simultan bestimmt) und durch Sicherstellung des finanziellen Gleichgewichts für den gesamten Planungszeitraum. Geplant wird ein Investitions- und Finanzierungsprogramm lediglich für die Periode $t = 1$.

Der Berücksichtigung von Finanzierungsvariablen liegt die Überlegung zugrunde, daß für die Finanzierung von Investitionen gewöhnlich eine Reihe von Finanzierungsmöglichkeiten mit unterschiedlichen Konditionen gegeben ist. Inwieweit von den gegebenen Finanzierungsmöglichkeiten Gebrauch gemacht wird, hängt von den Investitionsmöglichkeiten ab und umgekehrt. Daraus folgt, daß Investitions- und Finanzierungsprogramm simultan zu bestimmen sind.

Gesucht ist das kapitalwertmaximale Investitions- und Finanzierungsprogramm bei gegebenen, voneinander unabhängigen Investitions- und Finanzierungsmög-

---

[28] Albach, H., Investition ..., a. a. O., S. 154 ff. und S. 305 ff.
[29] Vgl. S. 159 ff.

Kombinatorische Ansätze

lichkeiten, für die Periode $t=1$ unter den Nebenbedingungen, daß das finanzielle Gleichgewicht in jeder der Perioden $t=1,\ldots,T$ aufrechterhalten bleibt und daß gegebene obere Schranken für die Investitions- und Finanzierungsvariablen (z. B. bestimmt durch Absatzhöchstmengen und Passivkreditgrenzen) eingehalten werden. Dieses Problem kann als lineares Programm wie folgt formuliert werden:

Zielfunktion:

$$\sum_{j=1}^{n} c_j \cdot x_j + \sum_{i=1}^{m} v_i \cdot y_i = \max \quad (1)$$

Nebenbedingungen:

$$\sum_{t=1}^{\tau} \sum_{j=1}^{n} a_{tj} \cdot x_j + \sum_{t=1}^{\tau} \sum_{i=1}^{m} d_{ti} \cdot y_i \le \sum_{t=1}^{\tau} w_t \quad (\tau = 1,\ldots,T) \quad (2)$$

$$\sum_{j=1}^{n} e_{tjk} \cdot x_j \le \bar{Z}_{tk} \quad (t=1,\ldots,T; k=1,\ldots,K) \quad (3)$$

$$x_j \le \bar{X}_j \quad (j=1,\ldots,n) \quad (4)$$

$$y_i \le \bar{Y}_i \quad (i=1,\ldots,m) \quad (5)$$

$$x_j, y_i \ge 0 \quad (j=1,\ldots,n; i=1,\ldots,m) \quad (6)$$

Der Wert der Zielfunktion (1) ergibt sich aus den Kapitalwerten der Investitionsprojekte ($\sum_{j=1}^{n} c_j \cdot x_j$) und den Kapitalwerten der Finanzierungsmöglichkeiten ($\sum_{i=1}^{m} v_i \cdot y_i$).
Die in der Zielfunktion enthaltenen Größen haben folgende Dimensionen:

c_j: Kapitalwert je Projekteinheit des Projekts j.
x_j: Anzahl der Einheiten (z. B. Maschinen, Aggregate) des Projekts j.
v_i: Kapitalwert je DM aufgenommener Finanzmittel der Art i.
y_i: Aufgenommene Finanzmittel der Art i in DM

Der Kapitalwert je DM aufgenommener Finanzmittel v_i kann die Werte $v_i \gtreqless 0$ annehmen. Ist $v_i > 0$, so bedeutet das, daß der Kapitalkostensatz geringer ist als der Kalkulationszinssatz. Ist $v_i = 0$, so ist der Kapitalkostensatz gerade gleich dem Kalkulationszinssatz. Ist $v_i < 0$, so übersteigt der Kapitalkostensatz den Kalkulationszinssatz. Alle Finanzmittelarten mit $v_i > 0$ werden bis zur Höhe $\bar{Y}_i$ voll in Anspruch genommen, da sie eine Erhöhung des Zielfunktionswertes (Kapitalwert) bewirken. Alle Finanzmittelarten mit $v_i \le 0$ werden bei restriktiven Nebenbedingungen (2) insoweit in Anspruch genommen als die Verbesserung der Liquiditätslage zu einer Erhöhung des Zielfunktionswertes führt. Dies erscheint sinnvoll und realistisch unter der Prämisse, daß überschüssige Finanzmittel zum Kalkulationszinssatz angelegt werden können.

Die Nebenbedingungen (2) enthalten die in jeder Periode anfallenden Auszahlungsüberschüsse je Projekteinheit a_{tj} und je DM aufgenommener Finanzmittel d_{ti} sowie die in jeder Periode für Investitionszwecke bereitgestellten Eigenmittel w_t. Sie stellen sicher, daß das finanzielle Gleichgewicht in den Perioden $t=1,\ldots,T$ aufrechterhalten wird. T ist dabei so zu wählen, daß alle Perioden erfaßt werden, auf die sich das Investitions- und Finanzierungsprogramm der Periode $t=1$ finanziell auswirkt. Es muß in diesem Zusammenhang noch darauf hingewiesen werden, daß die Annahmen, die der Formulierung der Zielfunktion (1) und den Nebenbedingungen (2) zugrunde liegen, nicht miteinander vereinbar sind: die Zielfunktion unterstellt die Möglichkeit, daß überschüssige finanzielle Mittel zum Kalkulationszinssatz angelegt werden können, während bei den Nebenbedingungen (2) davon ausgegangen wird, daß überschüssige finanzielle Mittel unverzinslich als liquide Mittel gehalten werden. Das folgende einfache Beispiel läßt die Unvereinbarkeit von Zielfunktion und Nebenbedingungen (2) deutlich erkennen: Es sei angenommen, daß die Eigenmittel ausreichen, um alle möglichen Investitionsprojekte zu realisieren. Ferner gäbe es die Möglichkeit, einen Kredit mit positivem Kapitalwert $v_i > 0$ aufzunehmen. Das optimale Finanzierungsprogramm würde diesen Kredit mit der Höchstsumme $\overline{Y}_i$ enthalten, obgleich er zur Finanzierung der Investitionsprojekte nicht benötigt wird. Der Grund dafür liegt in der Annahme einer Verzinsung freier finanzieller Mittel zum Kalkulationszinssatz, der in diesem Fall über dem Fremdkapitalzinssatz liegt. Aufgrund der Nebenbedingungen (2) würden die Mittel aus diesem Kredit jedoch unverzinslich als „Kassenbestand" gehalten. Beides ist nicht miteinander vereinbar.

Die Nebenbedingungen (3) enthalten die Mengen e_{tjk} des Produkts k, die von einer Projekteinheit x_j in Periode t hergestellt werden, sowie die oberen Absatzschranken $\overline{Z}_{tk}$ für jedes Produkt k und jede Periode t. Sie stellen sicher, daß nicht mehr produziert wird als verkauft werden kann.

Die Nebenbedingungen (4) enthalten weitere obere Schranken $\overline{X}_j$ für die Anzahl der realisierbaren Projekteinheiten (z. B. aufgrund gegebener Raumkapazität), die Nebenbedingungen (5) stellen sicher, daß die Höchstbeträge $\overline{Y}_i$ der einzelnen Finanzierungsarten nicht überschritten werden.

Beispiel: Für ein Textilunternehmen, bestehend aus drei Abteilungen A, B und C, ist das optimale Investitions- und Finanzierungsprogramm simultan zu bestimmen.[30]

Gegeben sind:

1. *Investitionsprojekte*
Abteilung A: Projekt 1: $C_1^A = 778\,209$ $a_{11}^A = 400\,000$ $e_{t1}^A = 20\,000$ ($t = 1, \ldots, T$)
              Projekt 2: $C_2^A = 199\,812$ $a_{12}^A = 70\,000$ $e_{t2}^A = 8\,000$ ($t = 1, \ldots, T$)
              Projekt 3: $C_3^A = 81\,304$ $a_{13}^A = 50\,000$ $e_{t3}^A = 8\,000$ ($t = 1, \ldots, T$)
Abteilung B: Projekt 1: $C_1^B = 540\,698$ $a_{11}^B = 110\,000$ $e_{t1}^B = 5\,000$ ($t = 1, \ldots, T$)
              Projekt 2: $C_2^B = 167\,650$ $a_{12}^B = 50\,000$ $e_{t2}^B = 3\,000$ ($t = 1, \ldots, T$)
              Projekt 3: $C_3^B = 63\,584$ $a_{13}^B = 20\,000$ $e_{t3}^B = 2\,000$ ($t = 1, \ldots, T$)
Abteilung C: Projekt 1: $C_1^C = 53\,546$ $a_{11}^C = 65\,000$ $e_{t1}^C = 4\,000$ ($t = 1, \ldots, T$)
              Projekt 2: $C_2^C = 51\,226$ $a_{12}^C = 40\,000$ $e_{t2}^C = 3\,000$ ($t = 1, \ldots, T$)
              Projekt 3: $C_3^C = 10\,516$ $a_{13}^C = 10\,000$ $e_{t3}^C = 2\,500$ ($t = 1, \ldots, T$)

2. *Finanzierungsmöglichkeiten*
Eigenmittel $w_1 = 500\,000,-$
Kredit 1 $v_1 = -0{,}4792$ $\overline{Y}_1 = 3\,500\,000,-$
Kredit 2 $v_2 = -0{,}9358$ $\overline{Y}_2 = 1\,000\,000,-$
Kredit 3 $v_3 = -1{,}2538$ $\overline{Y}_3 = \infty$

3. *Absatzschranken*
Produkt 1 (Abteilung A): $f_{t1} = 100\,000$ ($t = 1, \ldots, T$)
Produkt 2 (Abteilung B): $f_{t2} = 90\,000$ ($t = 1, \ldots, T$)
Produkt 3 (Abteilung C): $f_{t3} = 150\,000$ ($t = 1, \ldots, T$)

---

[30] Albach, H., Investition ..., a. a. O., S. 93 ff. und S. 181 ff.

Kombinatorische Ansätze

Das Problem kann wie folgt formuliert werden:

Zielfunktion

$$778\,209\ x_1^A + 199\,812\ x_2^A + 81\,304\ x_3^A$$
$$+ 540\,698\ x_1^B + 167\,650\ x_2^B + 63\,584\ x_3^B$$
$$+ 53\,546\ x_1^C + 51\,226\ x_2^C + 10\,516\ x_3^C \qquad (1)$$
$$- 0{,}4792\ y_1 - 0{,}9358\ y_2 - 1{,}2538\ y_3 = \max$$

Nebenbedingungen:

$$400\,000\ x_1^A + 70\,000\ x_2^A + 50\,000\ x_3^A$$
$$+ 110\,000\ x_1^B + 50\,000\ x_2^B + 20\,000\ x_3^B$$
$$+ 65\,000\ x_1^C + 40\,000\ x_2^C + 10\,000\ x_3^C \qquad (2)$$
$$- y_1 - y_2 - y_3 \leq 500\,000$$

$$20\,000\ x_1^A + 8\,000\ x_2^A + 8\,000\ x_3^A \leq 100\,000$$
$$5\,000\ x_1^B + 3\,000\ x_2^B + 2\,000\ x_3^B \leq 90\,000 \qquad (3)$$
$$4\,000\ x_1^C + 3\,000\ x_2^C + 2\,500\ x_3^C \leq 150\,000$$

$$y_1 \leq 3\,500\,000$$
$$y_2 \leq 1\,000\,000 \qquad (5)$$

$$x_j^A \geq 0;\ x_j^B \geq 0;\ x_j^C \geq 0;\ y_i \geq 0 \quad \begin{pmatrix} j = 1,2,3 \\ i = 1,2,3 \end{pmatrix}$$

Als optimale Lösung ergibt sich:

$x_1^A = 0{,}651$	$x_1^B = 18$	$x_1^C = 0$	$y_1 = 3\,500\,000$
$x_2^A = 10{,}87$	$x_2^B = 0$	$x_2^C = 50$	$y_2 = 1\,000\,000$
$x_3^A = 0$	$x_3^B = 0$	$x_3^C = 0$	$y_3 = 0$

Die Kredite 1 und 2 werden voll ausgeschöpft, da der Wert der zur Finanzrestriktion gehörenden Dualvariablen noch nach Aufnahme dieser Kredite mit 1,24 die Absolutbeträge der Kapitalwerte der Kredite erheblich übersteigt. Der Kredit 3 als teuerster Kredit wird nicht aufgenommen, weil der Wert der zur Finanzrestriktion gehörenden Dualvariablen unter dem Absolutbetrag des Kapitalwertes dieses Kredites liegt. Dies bedeutet, daß bei Aufnahme einer DM des Kredites 3 der Kapitalwert des Programms um 1,2538 − 1,24 = 0,138 DM sinken würde. Bei diesem Beispiel ist zu beachten, daß die Aufrechterhaltung des finanziellen Gleichgewichts nur für die Planperiode $t = 1$, nicht aber für die gesamte Wirkperiode sichergestellt ist.

52101 *Prämissen und Anwendungsbereich*

Dem Modellansatz liegen folgende wesentliche Prämissen zugrunde:
1 Die Investitionsprojekte müssen isolierbar sein.[31]
2 Das Investitions- und Finanzierungsprogramm wird nur für die Periode 1 bestimmt. Zeitliche Abhängigkeiten der Programme mehrerer Perioden bleiben unberücksichtigt.[32] Dies bedeutet im Hinblick auf die Kredite, daß ihre Tilgungsmodalitäten exogen gegeben sein müssen. Der Tilgungsverlauf wird als unabhängig von den künftigen Finanzierungs- und Liquiditätssituation angesehen.

---

[31] Vgl. S. 145.
[32] Vgl. S. 145.

3 Die Finanzierungsmöglichkeiten müssen untereinander und von den Investitionsprojekten unabhängig sein. Dies bedeutet z. B., daß ein Kredit nicht an ein bestimmtes Investitionsprojekt gebunden sein kann, weder hinsichtlich der Kreditzusage, noch der Kredithöhe, noch des Zinssatzes, noch der Tilgung.
4 Zukünftige Investitionsgelegenheiten werden nur global über den Kalkulationszinssatz berücksichtigt.[33] Es wird angenommen, daß freigesetzte finanzielle Mittel zum Kalkulationszinssatz reinvestiert werden können, „welcher die langfristige durchschnittliche Rentabilität des Unternehmens wiederspiegelt".[34] Die Brauchbarkeit der langfristigen Durchschnittsrentabilität ist im Anschluß an Albachs Veröffentlichung in der Literatur ausführlich diskutiert worden.[35] Sie muß verneint werden, da die langfristige Durchschnittsrentabilität der Vergangenheit keine Schlüsse auf zukünftige Investitionsgelegenheiten und deren Verzinsung zuläßt und da die zukünftige Durchschnittsrentabilität erst das Ergebnis der Realisierung künftiger Investitionsprogramme ist; sie kann deshalb nicht von vornherein bekannt sein.

Darüber hinaus wurde aber festgestellt, daß die Annahme einer Reinvestition überschüssiger finanzieller Mittel zu einer Inkonsistenz des Modells selbst führt.
5 Der Ansatz enthält keine Ganzzahligkeitsbedingungen. Dies ist insbesondere bei den Investitionsprojekten von Bedeutung und es bewirkt, daß ein ganzzahliges Programm durch Auf- oder Abrunden gewonnen werden muß, wobei u. U. erhebliche Abweichungen von der ganzzahlig-optimalen Lösung in Kauf zu nehmen sind. Das Fehlen von Ganzzahligkeitsbedingungen macht es auch nicht möglich, in ähnlicher Weise wie beim Weingartner-Ansatz bestimmte Abhängigkeiten der Projekte untereinander zu berücksichtigen.
6 Der Kapitalwert steigt linear mit der Anzahl der Projekteinheiten an. Es sind durchaus Fälle denkbar, in denen diese Annahme nicht realistisch ist, weil sich beispielsweise die Stückerlöse und die Stückkosten mit steigender Kapazität und zunehmendem Ausstoß ändern.

5211 Mehrperiodenmodell (H. Hax/H. M. Weingartner)[36]

52110 Darstellung des Modells

Der wesentliche Unterschied zwischen dem von Weingartner und Hax parallel entwickelten Mehrperiodenmodell zur simultanen Bestimmung von Investitions- und Finanzierungsprogramm und dem Einperiodenmodell von Albach besteht darin, daß die Prämisse der Reinvestition freier finanzieller Mittel zum Kalkulationszinssatz aufgegeben wird. An die Stelle dieser Annahme tritt die explizite Einbeziehung aller zukünftigen Investitions- und Finanzierungsmöglichkeiten in den

---

[33] Vgl. S. 145.
[34] Albach, H., Investition ..., a. a. O., S. 86.
[35] Moxter, A., Lineares Programmieren und betriebswirtschaftliche Kapitaltheorie, ZfhF 1963, S. 285 ff.
Hax, H., Investitionsplanung ..., a. a. O., S. 430 ff., bes. S. 434.
Schneider, D., Investition ..., a. a. O., S. 346.
[36] Weingartner, H. M., Analysis ..., a. a. O., S. 139 ff.
Hax, H., Investitionsplanung ..., a. a. O., S. 435 ff.
Hax, H., Investitionstheorie, a. a. O., S. 65 ff.

Kombinatorische Ansätze 151

Kalkül. Allerdings können nur solche Investitions- und Finanzierungsmöglichkeiten explizit berücksichtigt werden, für die im Planungszeitpunkt Informationen beschaffbar sind. Daraus ergibt sich eine Beschränkung für den Planungszeitraum. Soweit die finanziellen Auswirkungen der einbezogenen Investitions- und Finanzierungsmöglichkeiten über das Ende des Planungszeitraums (Ende der Planperiode T) hinausgehen, werden die in den Perioden $t > T$ anfallenden Zahlungen auf das Ende des Planungszeitraums (bei Weingartner[37] und im folgenden als Planungshorizont bezeichnet) diskontiert. Das bedeutet, daß die jenseits des Planungshorizontes gegebenen Investitionsmöglichkeiten wiederum nur global durch die Annahme einer Investitionsmöglichkeit zum Kalkulationszinssatz Berücksichtigung finden.

Durch die explizite Einbeziehung künftiger Investitions- und Finanzierungsmöglichkeiten wird das Modell zwangsläufig zu einem Mehrperiodenmodell, d. h. es werden die Investitions- und Finanzierungsprogramme für alle Teilperioden $t = 1, \ldots, T$ simultan geplant. Zielgröße des Modells ist das Endvermögen am Planungshorizont (Beginn der Planperiode T) – gesucht ist diejenige Kombination von Investitions- und Finanzierungsmöglichkeiten, die das Vermögen am Planungshorizont unter Beachtung von Nebenbedingungen maximiert.

Das Problem kann wie folgt formuliert werden:

Zielfunktion: da davon ausgegangen wird, daß alle entstehenden Finanzmittelüberschüsse sofort angelegt und alle entstehenden Deckungslücken sofort durch Kredite geschlossen werden, ist das Endvermögen zu Beginn der Periode T gleich der Differenz zwischen Einzahlungen und Auszahlungen in Periode T zuzüglich der diskontierten Werte von Zahlungen in den Perioden $t > T$.

Für den Fall, daß keine Zahlungen in Perioden $t > T$ anfallen, gilt:

$$b_T - \sum_{j=1}^{n} a_{Tj} \cdot x_j - \sum_{i=1}^{m} d_{Ti} \cdot y_i = \max \qquad (1)$$

Eigenmittel in Periode T	Ausgabenüberschuß der Investitionsprojekte in Periode T	Ausgabenüberschuß der Finanzierungsarten in Periode T

In dieser Form wurde die Zielfunktion von H. Hax formuliert.[38] Die während des Gesamt-Planungszeitraumes gegebenen Investitions- und Finanzierungsmöglichkeiten sind hier nicht zusätzlich durch einen Planperioden-Index t gekennzeichnet, sondern laufend durchnumeriert. Das bedeutet z. B., daß ein Investitionsprojekt, welches in mehreren Perioden $t \leq T$ durchgeführt werden kann, mit unterschiedlichen Indices j versehen werden muß. Bei den folgenden Formulierungen (1') und (1''') der Zielfunktion sind allerdings der Finanzinvestition und den Finanzierungsmöglichkeiten Zeitindices zugeordnet.

Unterstellt man, daß überschüssige Finanzmittel jeweils für eine Periode zum Zinssatz $p = 100 \cdot i$ angelegt werden können (Finanzinvestition $x_j = x_n$) und nimmt man ferner an, daß Kredite stets aufgrund verlängerbarer Periodenverträge für jeweils eine Periode zum Zinssatz $p_i = 100 \cdot i_i$ aufgenommen werden, so müssen nicht mehr die Finanzinvestitions- und Finanzierungsmöglichkeiten aller

---

[37] Weingartner, H. M., Analysis ..., a. a. O., S. 141.
[38] Hax, H., Investitionsplanung ..., a. a. O., S. 436.

Perioden ($t = 1, \ldots, T$), sondern nur noch die der letzten Periode T in die Zielfunktion einbezogen werden. (1) läßt sich dann formulieren als

$$b_T - \sum_{j=1}^{n-1} a_{Tj} \cdot x_j + (1 + i) x_{n, T-1} - \sum_{i=1}^{m} (1 + i_i) y_{i, T-1} =$$

| Eigenmittel in Periode T | Ausgabenüberschuß der Realinvestitions-Projekte in Periode T | Aktivkredit der Periode ($T-1$) einschl. Zinsen | Passivkredite der Periode ($T-1$) einschl. Zinsen |

$$x_{n,T} - \sum_{i=1}^{m} y_{i,T} = x_{n,T} = \max \qquad (1')$$

Endvermögen
zu Beginn
der Periode T

Bei dieser Zielfunktion ist vorausgesetzt, daß die Eigenmittel b_t in den Perioden $t = 1, \ldots, T$ gleich oder größer als Null sind. Daraus folgt, daß auch der Zielfunktionswert der optimalen Lösung gleich oder größer als Null sein muß, d. h. $x_{n,T} - \sum_{i=1}^{m} y_{iT} \geq 0$. Da eine Kreditaufnahme in der letzten Periode jedoch keine Erhöhung des Zielfunktionswertes bewirkt, kann $\sum_{i=1}^{m} y_{iT} = 0$ und $x_{n,T} - \sum_{i=1}^{m} y_{iT} = x_{n,T}$ gesetzt werden.

Erfolgen noch Zahlungen jenseits des Planungshorizontes T, so wird (1) zu[39]

$$b_T - \sum_{j=1}^{n} a_{Tj} \cdot x_j - \sum_{i=1}^{m} d_{Ti} \cdot y_i + \sum_{j=1}^{n} \hat{c}_j \cdot x_j + \sum_{i=1}^{m} \hat{v}_i \cdot y_i = \max \qquad (1'')$$

| Auf den Beginn der Periode T diskontierte Zahlungsbeträge der Projekte $j = 1, \ldots, n$ in den Perioden $t > T$ | Auf den Beginn der Periode T diskontierte Zahlungsbeträge der Finanzierungsarten $i = 1, \ldots, m$ in den Perioden $t > T$ |

und (1') zu der von Weingartner formulierten Zielfunktion[40]

$$\sum_{j=1}^{n-1} \hat{c}_j \cdot x_j + x_{n,T} - \sum_{i=1}^{m} y_{i,T} = \max \qquad (1''')$$

In diesem Fall kann $\sum_{i=1}^{m} y_i$ nicht gleich Null gesetzt werden (wie bei (1')), weil die Höhe der in Periode T aufgenommenen Kredite das Investitionsprogramm der Periode T, damit auch die in den Perioden $t > T$ entstehenden Zahlungsströme und dadurch schließlich auch den Zielfunktionswert beeinflussen kann.

Über den Zeitpunkt T hinausgehende Zahlungsströme können im Zusammenhang mit der Finanzinvestition und den Finanzierungsmöglichkeiten nicht entstehen, da die Laufzeit aller Aktiv- und Passivkredite ein Jahr (= eine Periode t) beträgt.

---

[39] Hax, H., Investitionsplanung ..., a. a. O., S. 439.
[40] Weingartner, H. M., Analysis ..., a. a. O., S. 169.

Kombinatorische Ansätze

Nebenbedingungen: Für Weingartners Zielfunktion gelten die folgenden Nebenbedingungen (die Nebenbedingungen für die Hax-Zielfunktion lassen sich in analoger Weise ableiten):

$$\sum_{j=1}^{n-1} a_{1j} \cdot x_j + x_{n,1} - \sum_{i=1}^{m} y_{i1} = b_1 \qquad (2)$$

$$\sum_{j=1}^{n-1} a_{tj} \cdot x_j - (1+i)\, x_{n,t-1} + x_{n,t} + \sum_{i=1}^{m}(1+i_i)\, y_{i,t-1} - \sum_{i=1}^{m} y_{i,t} = b_t$$
$$(t = 2, \ldots, T)$$

$$y_{i,t} \leq \bar{y}_{i,t} \quad (i = 1, \ldots, m;\, t = 1, \ldots, T) \qquad (3)$$

$$0 \leq x_j \leq 1 \quad (j = 1, \ldots, n\text{—}1) \qquad (4.1)$$

$$\text{oder } x_j = 0 \text{ oder } 1 \,(j = 1, \ldots, n\text{—}1) \qquad (4.2)$$

$$\text{oder } 0 \leq x_j \leq \bar{x}_j \,(j = 1, \ldots, n\text{—}1) \qquad (4.3)$$

$$\text{oder } 0 \leq x_j \leq \bar{x}_j \text{ und ganzzahlig } (j = 1, \ldots, n\text{—}1) \qquad (4.4)$$

$$y_{i,t},\, x_{n,t} \geq 0 \quad (i = 1, \ldots, m;\, t = 1, \ldots, T) \qquad (5)$$

Die Nebenbedingungen (2) stellen für alle Perioden $t = 1, \ldots, T$ das finanzielle Gleichgewicht sicher. Sofern in einer Periode ein Finanzmittelüberschuß entsteht, wird dieser Überschuß für ein Jahr verzinslich angelegt ($x_{n,t}$). Wenn sich hingegen in einer Periode eine Finanzmittelunterdeckung ergibt, so wird die Finanzierungslücke durch Aufnahme von Krediten in der Höhe $\sum_{i=1}^{m} y_{i,t}$, rückzahlbar nach einem Jahr, gedeckt.

Weingartner formuliert die Nebenbedingungen (2) als Ungleichungen. Sie sind jedoch bei fehlenden Obergrenzen für $x_{n,t}$ im Optimum stets als Gleichungen erfüllt und werden deshalb hier von vornherein so formuliert.

Die Nebenbedingungen (3) gewährleisten, daß die Kredithöchstbeträge der einzelnen Finanzierungsarten eingehalten werden. Die alternativ formulierten Nebenbedingungen (4) stellen Beschränkungen für die Realinvestitionsprojekte dar. Kann höchstens eine Einheit eines Projekts realisiert werden, so ist die Bedingung (4.2) oder aus Gründen der rechentechnischen Vereinfachung unter Aufgabe der Ganzzahligkeit die Bedingung (4.1) zu wählen. Können höchstens $\bar{x}_j > 1$ Einheiten eines Projekts realisiert werden, so ist die Bedingung (4.4) oder aus Gründen der rechentechnischen Vereinfachung unter Aufgabe der Ganzzahligkeit die Bedingung (4.3) zu wählen.

Beispiel:[41]

Ausgabenüberschüsse der Realinvestitionen und Aktivkredite in den Perioden $t = 1, \ldots, 4$

	x_1	x_2	x_3	x_{41}	x_{42}	x_{43}	x_{44}
$t=1$	100	80	20	100	0	0	0
$t=2$	— 70	— 20	— 2	— 104	100	0	0
$t=3$	— 20	— 20	— 2	0	— 104	100	0
$t=4$	— 22	— 53	— 20	0	0	— 104	100

[41] Das Zahlenbeispiel aus: Hax, H., Investitionsplanung ..., a. a. O., S. 443 ff. wird hier bei gleicher Datensituation für den Fall der Endvermögensmaximierung dargestellt.

Ausgabenüberschüsse der Passivkredite in den Perioden $t = 1, \ldots, 4$

	y_1	y_{21}	y_{22}	y_{23}	y_{24}
$t=1$	-40	-100	0	0	0
$t=2$	2	110	-100	0	0
$t=3$	22	0	110	-100	0
$t=4$	21	0	0	110	-100

Die Eigenmittel in Periode $t = 1$ betragen 50. Für den Fall der Endvermögensmaximierung lautet damit das Problem wie folgt:

$z = 100 x_{44} - 100 y_{24} = \max$

$100 x_1 + 80 x_2 + 20 x_3 + 100 x_{41} - 40 y_1 - 100 y_{21} \qquad\qquad = 50$
$-70 x_1 - 20 x_2 - 2 x_3 - 104 x_{41} + 100 x_{42} + 2 y_1 + 110 y_{21} - 100 y_{22} = 0$
$-20 x_1 - 20 x_2 - 2 x_3 - 104 x_{42} + 100 x_{43} + 22 y_1 + 110 y_{22} - 100 y_{23} = 0$
$-22 x_1 - 53 x_2 - 20 x_3 - 104 x_{43} + 100 x_{44} + 21 y_1 + 110 y_{23} - 100 y_{24} = 0$

$0 \leq x_1, x_2, x_3 \leq 1$
$0 \leq y_1 \leq 1$
$x_{4t} \geq 0 \qquad$ für $t = 1, 2, 3, 4$
$y_{2t} \geq 0 \qquad$ für $t = 1, 2, 3, 4$

Optimale Lösung:

$x_1 = 0$, $x_2 = 1$, $x_3 = 1$, $x_{41} = 0$, $x_{42} = 0{,}0900$, $x_{43} = 0{,}0936$, $x_{44} = 0{,}6173$,
$y_1 = 1$, $y_{21} = 0{,}1000$, $y_{22} = 0$, $y_{23} = 0$, $y_{24} = 0$, $z = 61{,}7344$

Die optimale Lösung zeigt, daß es zweckmäßig ist, die Realinvestitionsprojekte x_2 und x_3 durchzuführen. In der ersten Periode wird der Passivkredit y_1 voll in Anspruch genommen. Darüber hinaus werden noch 10 Geldeinheiten des Passivkredites y_{21} aufgenommen. In den Perioden 2, 3 und 4 erfolgt dann keine weitere Kreditaufnahme mehr. Die in den Perioden 2 und 3 entstehenden Finanzmittelüberschüsse in Höhe von 9 bzw. 9,36 Geldeinheiten werden zu einem Zinssatz von 4% als Finanzinvestition angelegt.

52111 Prämissen und Anwendungsbereich

Dem Modellansatz liegen folgende wesentliche Prämissen zugrunde:

1 Die Investitionsprojekte müssen isolierbar sein.[42] Sind die Investitionsvariablen Binärvariable, so lassen sich bestimmte Abhängigkeiten der Projekte untereinander durch Nebenbedingungen berücksichtigen.[43]
2 Das Investitions- und Finanzierungsprogramm wird für die Perioden $t = 1, \ldots, T$ ermittelt. Bestimmte zeitliche Abhängigkeiten der Programme untereinander werden über die Nebenbedingungen berücksichtigt. Die Lebensdauer der Realinvestitionsprojekte ist vorzugeben; damit entscheidet das Modell nicht über Desinvestitionen.

---

[42] Vgl. S. 145 und S. 149.
[43] Vgl. S. 144 f.

Kombinatorische Ansätze

3 Die Finanzierungsvariablen müssen untereinander und von den Investitionsprojekten unabhängig sein.[44] Sofern die Finanzierungsvariablen Binärvariablen sind, lassen sich bestimmte Abhängigkeiten der Finanzierungsarten untereinander und, falls die Investitionsvariablen ebenfalls Binärvariablen sind, auch Abhängigkeiten zwischen Investitionsprojekten und Finanzierungsarten durch zusätzliche Nebenbedingungen berücksichtigen. Entsprechendes gilt, wenn Investitions- und Finanzierungsvariable nichtbinäre ganzzahlige Variable sind. In diesem Fall müssen allerdings zusätzliche Binärvariable eingeführt werden. Beispiel: Es soll berücksichtigt werden, daß zwei Investitionsprojekte x_A und x_B mit $x_A \leq \bar{x}_A > 1$ und $x_B \leq \bar{x}_B > 1$ sich gegenseitig ausschließen. Dies kann durch Einführung von Binärvariablen u_A und u_B geschehen, mit deren Hilfe folgende Bedingungen formuliert werden können

$$x_A \leq \bar{x}_A \cdot u_A$$
$$x_B \leq \bar{x}_B \cdot u_B$$
$$u_A + u_B \leq 1$$
$$u_A, u_B = 0 \text{ oder } 1$$

4 Zukünftige Investitions- und Finanzierungsmöglichkeiten werden bis zum Planungshorizont T explizit berücksichtigt. Sie müssen festgestellt und ihre Zahlungsströme müssen ermittelt werden können. Für Perioden $t > T$ werden Investitionsmöglichkeiten nur global durch einen Kalkulationszinssatz berücksichtigt.

5 Die Auszahlungsüberschüsse und die auf den Planungshorizont bezogenen Kapitalwerte steigen linear mit der Anzahl der Projekteinheiten bzw. Krediteinheiten.[45] Bei der Weingartner-Formulierung des Modells ist ferner zu beachten, daß nur eine Finanzinvestitionsmöglichkeit gegeben ist. Aktivkredite können in unbegrenzter Höhe mit einer Kreditlaufzeit von einem Jahr gewährt werden. Die Zahl der Finanzierungsmöglichkeiten ist begrenzt. Passivkredite können in begrenzter Höhe mit einer Kreditlaufzeit von einem Jahr aufgenommen werden.

Was die praktische Anwendung des Mehrperiodenmodells betrifft, so ergeben sich hier gegenüber dem Einperiodenmodell zusätzliche Probleme.

Dies sind insbesondere

1. *das Problem der Datenbeschaffung:* beim Mehrperiodenmodell ist es nicht nur notwendig, die gegenwärtigen Investitions- und Finanzierungsmöglichkeiten und deren künftige Auswirkungen zu erfassen, sondern es müssen auch Daten über alle zukünftigen Investitions- und Finanzierungsmöglichkeiten bis zum Planungshorizont T und deren Auswirkungen verfügbar sein. Dies ist um so schwieriger zu bewerkstelligen, je größer der Planungszeitraum ist. Man befindet sich hier in einem gewissen Dilemma: um Fehlentscheidungen in der Gegenwart zu vermeiden, sollte der Planungshorizont so festgelegt werden, daß die nach diesem Zeitpunkt gegebenen Investitions- und Finanzierungsmöglichkeiten auf die gegenwärtige Entscheidung ohne Einfluß sind. Unter dem Gesichtspunkt der Datenbeschaffung sollte der Planungshorizont hingegen möglichst nahe an der Gegenwart liegen. Dieses Dilemma läßt sich in der Praxis nur in der Weise lösen,

---

[44] Vgl. S. 150.
[45] Vgl. S. 150.

daß man die Festlegung des Planungshorizontes an den Prognosemöglichkeiten orientiert;

2. *das Problem der rechentechnischen Bewältigung:* in das Mehrperiodenmodell geht gegenüber dem Einperiodenmodell eine größere Zahl von Investitions- und Finanzierungsmöglichkeiten ein. Das hat zur Folge, daß die Zahl der Variablen und der Nebenbedingungen steigt. Insbesondere bei einer Formulierung als ganzzahliges oder gemischt-ganzzahliges Programm sind sehr rasch die Grenzen der rechentechnischen Durchführbarkeit erreicht. Bei einer Gesamtplanperiode von 5 Jahren, insgesamt 50 Realinvestitionsprojekten, einer Finanzinvestitionsmöglichkeit je Jahr und 5 Finanzierungsmöglichkeiten je Jahr ergibt sich in der Formulierung von Weingartner ein Problem mit 80 Variablen und 80 Nebenbedingungen. Damit ist bei ganzzahliger Formulierung die Grenze der rechentechnischen Durchführbarkeit zumindest erreicht.

Zusammenfassend läßt sich feststellen, daß das Mehrperiodenmodell dem Einperiodenmodell methodisch überlegen ist, daß seine praktische Anwendung jedoch auf größere Schwierigkeiten stößt.

522 Ansätze zur simultanen Bestimmung von Investitions- und Produktionsprogramm

5220 *Einfaches Mehrperiodenmodell*

52200 *Darstellung des Modells*

Bei den bisher behandelten Investitionsmodellen wurde stets unterstellt, daß sich alle mit dem Investitions- bzw. Finanzierungsprogramm in Zusammenhang stehenden Zahlungen den Investitionsprojekten bzw. den Finanzierungsmöglichkeiten zurechnen lassen. Dies ist jedoch gerade bei Projekten im Produktionsbereich in vielen Fällen entweder überhaupt nicht möglich (bei mehrstufiger Fertigung) oder nur nach vorheriger Festlegung des Produktionsprogramms für jedes Projekt (bei Mehrproduktfertigung). Aus diesem Grunde wurden insbesondere für die Investitionsplanung im Produktionsbereich Modelle entwickelt, die Investitions- und Produktionsprogramm simultan bestimmen und die nicht voraussetzen, daß alle Zahlungen auf die Projekte bezogen werden. Diese Modelle enthalten neben den Investitionsvariablen auch Produktvariablen – Zahlungen sind entweder den Projekten oder den Produkten zuzurechnen. Alle Modelle zur simultanen Investitions- und Produktionsplanung sind Mehrperiodenmodelle. Dies bietet sich aus folgendem Grund an: die Auswirkungen von Investitionen erstrecken sich über einen längeren Zeitraum in die Zukunft. Simultane Investitions- und Produktionsprogrammplanung bedeutet deshalb zumindest die Planung der Investitionen für die Periode $t = 1$ und die Planung des Produktionsprogramms für die gesamte Wirkperiode. Das Produktionsprogramm der Perioden 2 bis T hängt aber wiederum ab vom Investitionsprogramm in diesen Perioden und umgekehrt. Daraus folgt, daß es sinnvoll ist, Investitions- und Produktionsprogramm simultan für mehrere Perioden bis zum Planungshorizont T zu planen. Als Zielgröße erscheint das Endvermögen am Planungshorizont am zweckmäßigsten.

Das Problem kann dann wie folgt formuliert werden: Gesucht ist dasjenige Investitions- und Produktionsprogramm für die Gesamt-Plan-Periode $t = 1, \ldots, T$, das

Kombinatorische Ansätze

den Endwert des Vermögens maximiert. Dabei sind bestimmte Nebenbedingungen einzuhalten, die z. B. sicherstellen, daß das finanzielle Gleichgewicht aufrechterhalten wird, und daß die Kapazitäten der vorhandenen Anlagen nicht überschritten werden. Für dieses Problem wird eine einfache Formulierung gegeben, die es gestattet, die wesentlichen Komponenten eines Investitions-Produktionsplanungsmodells zu erkennen.[46]

Zielfunktion:

$$b_T + \sum_{j=1}^{n-1} \sum_{k=1}^{K} a_{jkT} \cdot z_{jkT} - \sum_{j=1}^{n-1} g_{jT} \cdot x_{jT} + \sum_{j=1}^{n-1} \sum_{\tau=1}^{T} q_{j\tau} \cdot x_{j\tau} + (1+i)x_{n,T-1}$$

| Einzahlungsüberschuß der Produkte $k=1,\ldots,K$ in Periode T | Anschaffungsausgaben der Realinvestitionsprojekte $j=1,\ldots,n-1$ in Periode T | Restwert der in der Periode $\tau=1,\ldots,T$ beschafften Realinvestitionsprojekte $j=1,\ldots,n-1$ am Planungshorizont | Aktivkredit der Periode $T-1$ einschl. Zinsen |

$$= x_{n,T} = \max \qquad (1)$$

Endwert des Vermögens zu Beginn der Periode T

Der Einzahlungsüberschuß für die Gesamtmenge des auf Anlage j in Periode t gefertigten Produkts k (z_{jkt}) ergibt sich durch Multiplikation der Produktmenge mit dem Einzahlungsüberschuß je Produkteinheit (Deckungsbeitrag) a_{jkt}. Die Koeffizienten g_{jt} der Investitionsvariablen x_{jt} bezeichnen die Anschaffungsausgaben der in Periode t beschafften Anlagen vom Typ j. Die Koeffizienten $q_{j\tau}$ kennzeichnen die Restwerte der in den Perioden $\tau=1,\ldots,T$ beschafften Anlagen vom Typ j am Planungshorizont.

Da überschüssige finanzielle Mittel in den Perioden $t=1,\ldots,T-1$ sofort wieder angelegt werden, ergibt sich der Endwert des Vermögens allein aus den Einzahlungen und Auszahlungen der Periode T.

Nebenbedingungen:

$$-\sum_{j=1}^{n-1}\sum_{k=1}^{K} a_{jk1} \cdot z_{jk1} + \sum_{j=1}^{n-1} g_{j1} \cdot x_{j1} + x_{n,1} = b_1 \qquad (2)$$

$$-\sum_{j=1}^{n-1}\sum_{k=1}^{K} a_{jkt} \cdot z_{jkt} + \sum_{j=1}^{n-1} g_{jt} \cdot x_{jt} + x_{n,t} - (1+i)x_{n,t-1} = b_t \quad (t=2,\ldots,T)$$

$$\sum_{k=1}^{K} h_{jkt} \cdot z_{jkt} \leq \sum_{\tau=1}^{t} e_{j\tau} \cdot x_{j\tau} \qquad \begin{array}{l}(t=1,\ldots,T)\\(j=1,\ldots,n-1)\end{array} \qquad (3)$$

$$\sum_{j=1}^{n-1} z_{jkt} \leq \bar{z}_{kt} \qquad \begin{array}{l}(k=1,\ldots,K)\\(t=1,\ldots,T)\end{array} \qquad (4)$$

$$\begin{array}{l}x_{jt} \geq 0 \text{ und ganzzahlig}\\ z_{jkt} \geq 0\\ x_{n,t} \geq 0\end{array} \qquad \begin{array}{l}(j=1,\ldots,n-1\\ k=1,\ldots,K\\ t=1,\ldots,T)\end{array} \qquad (5)$$

---

[46] Vgl. auch Förstner, K./Henn, R., Dynamische Produktionstheorie und Lineare Programmierung, Meisenheim/Glan 1957, S. 119 ff.

Die Nebenbedingungen (2) sichern das finanzielle Gleichgewicht in jeder Periode $t = 1, \ldots, T$. Die Auszahlungen werden gedeckt durch Einzahlungen in Form von Verkaufserlösen und durch Eigenmittel (b_t). Überschüssige finanzielle Mittel werden für die Dauer von einem Jahr zum Zinssatz p angelegt (Finanzinvestition $x_{n,t}$). Die Nebenbedingungen (3) gewährleisten, daß die gesamte Kapazitätsbeanspruchung jedes Anlagetyps in einer Periode (in Laufstunden je Periode) $\sum_{k=1}^{K} h_{jkt} \cdot z_{jkt}$ nicht größer ist als die Kapazität der bis zu dieser Periode beschafften Anlagen dieses Typs $\sum_{\tau=1}^{t} e_{j\tau} \cdot x_{j\tau}$

Schließlich sichern die Nebenbedingungen (4), daß die Absatzgrenzen für jedes Produkt eingehalten werden. Die Ganzzahligkeitsbedingung in (5) wird nur bei den Realinvestitionsprojekten für erforderlich gehalten, da Rundungsfehler bei den z_{jkt} und den $x_{n,t}$ wegen der kleinen Einheiten (Stück bzw. DM) normalerweise kaum ins Gewicht fallen.

52201 Prämissen und Anwendungsbereich

Als wesentliche dem Modell zugrunde liegende Prämissen sind zu nennen:

1 Alle mit dem Investitions- und Produktionsprogramm zusammenhängenden Zahlungen müssen entweder den Produkten oder den Projekten zugerechnet werden können.
2 Die Einzahlungsüberschüsse der Produkte sind abhängig von den Anlagen, auf denen sie produziert werden. Sie steigen proportional mit der Produktionsmenge.
3 Die gefertigten Erzeugnisse werden in der Fertigungsperiode abgesetzt, d. h. es erfolgt keine Lagerhaltung.
4 Die Einzahlungsüberschüsse der Produkte stehen bereits in der Entstehungsperiode für die Finanzierung von Investitionen zur Verfügung.
5 Die Planung des Finanzierungsprogramms erfolgt nicht simultan mit der Planung des Investitions- und Produktionsprogramms. Die verfügbaren Finanzmittel b_t werden exogen vorgegeben.
6 Überschüssige Finanzmittel werden jeweils für eine Periode verzinslich angelegt (Finanzinvestition $x_{n,t}$). Sie stehen in der folgenden Periode wieder für Finanzierungszwecke zur Verfügung.
7 Die Anlagen werden bereits in der Beschaffungsperiode kapazitätswirksam.
8 Die Fertigung ist eine einstufige Fertigung mit Anlagen unterschiedlichen Typs.
9 Der Anfangsbestand an Anlagen ist Null. Die Lebensdauer aller Anlagen reicht bei konstanter Periodenkapazität e_j mindestens bis zum Planungshorizont. Über den Planungshorizont hinausgehende Zahlungsströme werden indirekt durch den Ansatz nicht liquiditätswirksamer Restwerte (q_j) erfaßt.

Die Aufzählung der Prämissen zeigt, daß das hier dargestellte Modell noch recht realitätsfern ist. Es dient deshalb auch in erster Linie der Klärung der wichtigsten Zusammenhänge und Probleme bei der simultanen Investitions- und Produktionsplanung und nicht der praktischen Anwendung. Trotzdem lassen sich bereits hier die großen rechentechnischen Probleme einer simultanen Investitions- und Produktionsprogrammplanung erkennen: schon bei 100 Produkten, 10 Investitionsprojekten je Periode und 5 Planperioden erhält man bei diesem einfachen Modell 5055 Variable (5000 Produktvariable, 50 Realinvestitionsvariable (ganzzahlig) und 5 Finanzinvestitionsvariable) und 555 Nebenbedingungen der Art (2), (3) und (4).

5221 Komplexes Mehrperiodenmodell (H. Jacob)[47]

52210 Darstellung des Modells

Das Modell von Jacob zur simultanen Bestimmung des Investitions- und Produktionsprogramms unterscheidet sich insbesondere in den folgenden Punkten von dem in Abschnitt 5220 dargestellten Modell:

- Berücksichtigung mehrerer Produktionsstufen;
- Einbeziehung von Desinvestitionsvariablen: Anlagen können vor Ablauf der geschätzten Lebensdauer liquidiert werden;
- Aufgliederung der Zahlungsströme in produktabhängige, anlagenbestandsabhängige, investitionsabhängige und desinvestitionsabhängige Zahlungsströme.

Gesucht sind dasjenige Produktionsprogramm (aufgegliedert nach Produktmengen je Produktionsstufe und Anlagentyp), Investitionsprogramm und Desinvestitionsprogramm für die Perioden $t = 1, \ldots, T$, die den Endwert des Vermögens maximieren. Dabei sind neben ähnlichen Nebenbedingungen wie unter 5220 beschrieben, zusätzliche Produktionsnebenbedingungen zu beachten.

Das hier dargestellte Modell[48] wird von Jacob als Modelltyp II (im Unterschied zum Modelltyp I mit der Zielsetzung Kapitalwertmaximierung) bezeichnet. Die Darstellung weist gegenüber der Formulierung von Jacob einige Modifikationen auf:

1. Von den produktabhängigen Zahlungsüberschüssen wird angenommen, daß sie jeweils am Periodenende anfallen. Damit entfällt die Verzinsung während der Entstehungsperiode.
2. Produktvariable sind die Produktionsmengen und nicht die Produktionszeiten. Da die Produktionsmenge je Zeiteinheit als konstant angenommen wird, bedeutet diese Änderung keine materielle Änderung des Problems.[49]
3. Der Anlagenbestand erscheint nicht als gesonderte Variable, sondern als Differenz zwischen Anlagen-Anfangsbestand + Investitionen und Desinvestitionen.[50]
4. Es werden starre Absatzgrenzen unterstellt.

Das Problem kann wie folgt formuliert werden:

Zielfunktion:

$$\sum_{t=1}^{T} \sum_{k=1}^{K} \sum_{j=1}^{n-1} \alpha_{tk} \cdot z_{tkjs_k} - \sum_{t=1}^{T} \sum_{k=1}^{K} \sum_{j=1}^{n-1} \sum_{s=1}^{s_k} \beta_{tkjs} \cdot z_{tkjs}$$

produktabhängiger Einzahlungsüberschuß
für die Gesamt-Planperiode (1)

---

[47] Jacob, H., Neuere Entwicklungen in der Investitionsrechnung, Wiesbaden 1964.
[48] Jacob, H., Neuere Entwicklungen ..., a.a.O., S. 40f.
 Seelbach, H., a.a.O., S. 16ff.
[49] Seelbach, H., a.a.O., S. 16.
[50] Seelbach, H., a.a.O., S. 8.

$$-\sum_{t=1}^{T}\sum_{j=1}^{n-1}\sum_{\tau=-T^*}^{t}\gamma_{tj\tau}\cdot x_{\tau j} + \sum_{t=1}^{T}\sum_{j=1}^{n-1}\sum_{\tau=-T^*}^{t-1}\gamma_{tj\tau}\cdot\sum_{\pi=\tau+1}^{t}w_{\pi j\tau}$$

anlagenbestandsabhängige Auszahlungen
für die Gesamt-Planperiode

$$-\sum_{t=1}^{T}\sum_{j=1}^{n-1}\hat{g}_{tj}\cdot x_{tj} + \sum_{t=1}^{T}\sum_{j=1}^{n-1}\sum_{\tau=-T^*}^{t-1}\hat{l}_{tj\tau}\cdot w_{tj\tau} + \sum_{t=1}^{T}i\cdot x_{t,n} = \max$$

realinvestitions-abhängige Auszahlungen für die Gesamtplanperiode	desinvestitionsabhängige Einzahlungen für die Gesamtplanperiode	finanzinvestitionsabhängige Einzahlungen für die Gesamt-Planperiode

α_{tk}: Preis des Produktes k ($k = 1, \ldots, K$) in Periode t ($t = 1, \ldots, T$)

z_{tkjs_k}: Fertigungsmenge des Produktes k auf einer Anlage vom Typ j ($j = 1, \ldots, n-1$) auf der letzten Produktionsstufe s_k in Periode t. Die auf der letzten Produktionsstufe in der Periode t hergestellte Menge ist gleich der in Periode t abgesetzten Menge.

β_{tkjs}: Je Einheit des Produktes k auf einer Anlage vom Typ j auf Produktionsstufe s ($s=1, \ldots, s_k$) in Periode t anfallende Auszahlungen (= variable Stückkosten).

z_{tkjs}: Fertigungsmenge des Produktes k auf einer Anlage vom Typ j auf Produktionsstufe s in Periode t.

$\gamma_{tj\tau}$: Fixe Auszahlungen (= fixe Kosten) in Periode t für eine Anlage vom Typ j, die in Periode τ ($\tau = -T^*, -T^*+1, \ldots, -1, 0, +1, \ldots, T$) angeschafft wurde. Sofern zu Beginn der Gesamt-Planperiode ein Anlagenbestand vorhanden war, gibt es Anschaffungsperioden $\tau < 1$. $-T^*$ ist die Anschaffungsperiode der zu Beginn des Gesamtplanungszeitraumes ältesten Anlage.

$x_{\tau j}$: Anzahl der Anlagen vom Typ j, angeschafft zu Beginn der Periode τ. Für alle Anlagen, die vor Beginn der Gesamt-Planperiode angeschafft wurden, liegen die $x_{\tau j}$ fest – sie sind Daten des Modells.

$\sum_{\pi=\tau+1}^{t}w_{\pi j\tau}$: Summe aller Anlagen vom Typ j, die zu Beginn der Periode τ angeschafft und zu Beginn der Perioden $\pi = \tau + 1$ bis t wieder veräußert werden. π beginnt mit $\tau + 1$, da unterstellt wird, daß eine Anlage frühestens in der auf die Beschaffungsperiode folgenden Periode wieder verkauft werden kann.

$\hat{g}_{tj}$: Anteilige Anschaffungsausgaben (= Anschaffungsausgaben ./. Liquidationserlös am Ende der Gesamt-Planperiode) für eine Anlage vom Typ j, beschafft in Periode t.

x_{tj}: Anzahl der Anlagen vom Typ j, beschafft zu Beginn der Periode t.

$\hat{l}_{tj\tau}$: Anteiliger Liquidationserlös (= Liquidationserlös zu Beginn der Periode t ./. Liquidationserlös am Ende der Gesamt-Planperiode für eine in Periode τ angeschaffte Anlage vom Typ j).

$w_{tj\tau}$: Anzahl der Anlagen vom Typ j, angeschafft zu Beginn der Periode τ und veräußert zu Beginn der Periode t.

i: Zinssatz (dezimal) der Finanzinvestition x_n in den Perioden $t = 1, \ldots, T$.

$x_{t,n}$: Finanzinvestition zu Beginn der Periode t.

Kombinatorische Ansätze

Auf den Beginn der jeweiligen Planperiode beziehen sich:
- die produktabhängigen Auszahlungen
- die anlagenbestandsabhängigen Auszahlungen
- die investitionsabhängigen Auszahlungen
- die desinvestitionsabhängigen Einzahlungen.

Auf das Ende der jeweiligen Planperiode beziehen sich:
- die produktabhängigen Einzahlungen (Verkaufserlöse).

Da bei diesem Modell vorausgesetzt wird, daß Finanzmittelüberschüsse einer Periode sofort wieder angelegt werden (die Finanznebenbedingungen sind als Gleichungen formuliert), kann man sich bei der Ermittlung des Vermögens am Ende der Periode T auf eine Betrachtung der in der Periode T anfallenden Zahlungsströme beschränken. Dies führt zur Formulierung der Zielfunktion (1'), die der Zielfunktion (1) äquivalent ist.[51]

$$\sum_{k=1}^{K} \sum_{j=1}^{n-1} \alpha_{Tk} \cdot z_{Tkjs_k} + \sum_{j=1}^{n-1} \sum_{\tau=-T^*}^{T} l_{T+1,j\tau} (x_{\tau j} - \sum_{\pi=\tau+1}^{T} w_{\pi j\tau})$$

Produktabhängige Einzahlungen am Ende der Periode T — Liquidationswert der am Ende der Periode T noch vorhandenen Anlagen

$$+ (1+i) x_{T,n} = x_{T+1,n} + \sum_{j=1}^{n-1} \sum_{\tau=-T^*}^{T} l_{T+1,j\tau} (x_{\tau j} - \sum_{\pi=\tau+1}^{T} w_{\pi j\tau}) = \max.$$

am Ende der Periode T freigesetzte Mittel der Finanzinvestition — Barvermögen am Ende der Periode T — Anlagevermögen (bewertet zu Liquidationswerten) am Ende der Periode T

Nebenbedingungen

$$\sum_{j=1}^{n-1} g_{tj} \cdot x_{tj} + \sum_{k=1}^{K} u_k \left(\sum_{j=1}^{n-1} \sum_{s=1}^{s_k} \beta_{tkjs} z_{tkjs} \right)$$

$$+ U_t \left(\sum_{j=1}^{n-1} \sum_{\tau=-T^*}^{t} \gamma_{tj\tau} \cdot x_{\tau j} - \sum_{j=1}^{n-1} \sum_{\tau=-T^*}^{t-1} \gamma_{tj\tau} \cdot \sum_{\pi=\tau+1}^{t} w_{\pi j\tau} \right)$$

$$- \sum_{k=1}^{K} u_k \left(\sum_{j=1}^{n-1} \sum_{s=1}^{s_k} \beta_{t-1,kjs} z_{t-1,kjs} \right)$$

$$- U_{t-1} \sum_{j=1}^{n-1} \sum_{\tau=-T^*}^{t-1} \gamma_{t-1,j\tau} \cdot x_{\tau j} - \sum_{j=1}^{n-1} \sum_{\tau=-T^*}^{t-2} \gamma_{t-1,j\tau} \sum_{\pi=\tau+1}^{t-1} w_{\pi j\tau}$$

$$- \left[\sum_{k=1}^{K} \sum_{j=1}^{n-1} \alpha_{t-1,k} \cdot z_{t-1,kjs_k} - \sum_{k=1}^{K} \sum_{j=1}^{n-1} \sum_{s=1}^{s_k} \beta_{t-1,kjs} z_{t-1,kjs} \right.$$

---

[51] Seelbach, H., a. a. O., S. 42.

$$-\left(\sum_{j=1}^{n-1}\sum_{\tau=-T^*}^{t-1}\gamma_{t-1,j\tau}\cdot x_{\tau j}-\sum_{j=1}^{n-1}\sum_{\tau=-T^*}^{t-2}\gamma_{t-1,j\tau}\cdot\sum_{\pi=\tau+1}^{t-1}w_{\pi j\tau}\right)$$

$$-\sum_{j=1}^{n-1}\sum_{\tau=-T^*}^{t-1}l_{tj\tau}\cdot w_{tj\tau}-(1+i)x_{t-1,n}+x_{t,n}$$

$$= b_t \qquad (t=1,\ldots,T) \qquad (2)$$

g_{tj}: Anschaffungsausgaben für eine Anlage vom Typ j, beschafft zu Beginn der Periode t.

$l_{t+1,j\tau}$: Liquidationserlös am Ende der Periode t für eine Anlage vom Typ j, beschafft zu Beginn der Periode τ.

u_k: Finanzierungsfaktor, der angibt, welcher Prozentsatz der produktabhängigen Auszahlungen einer Periode vorfinanziert werden muß. Die Höhe dieses Faktors ist abhängig von der Produktionsdauer, von der Lagerdauer, vom Zahlungsziel und von der Periodenlänge.[52]

Da hier angenommen wurde, daß die Erlöse in voller Höhe am Periodenende anfallen, müssen die gesamten produktabhängigen Auszahlungen vorfinanziert werden. Das bedeutet $u_k = 1$ für $k = 1,\ldots,K$.

U_t: Finanzierungsfaktor, der angibt, welcher Prozentsatz der anlagenabhängigen Auszahlungen in Periode T vorfinanziert werden muß. Seine Höhe hängt ab von der Zeitspanne, die zwischen Produktionsbeginn und Erlöseingang liegt.[53] Fallen die Erlöse in voller Höhe erst am Periodenende an, so müssen auch die gesamten anlagenabhängigen Auszahlungen vorfinanziert werden. Das bedeutet $U_t = 1$ $(t=1,\ldots,T)$.

Bei dem hier angenommenen Fall $u_k = U_t = 1$ für alle k und t lassen sich die Nebenbedingungen (2) in der folgenden, vereinfachten Form schreiben:

$$\sum_{j=1}^{n-1}g_{tj}x_{tj}+\sum_{k=1}^{K}\sum_{j=1}^{n-1}\sum_{s=1}^{s_k}\beta_{tkjs}z_{tkjs}+\sum_{j=1}^{n-1}\sum_{\tau=-T^*}^{t}\gamma_{tj\tau}\cdot x_{\tau j}$$

$$-\sum_{j=1}^{n-1}\sum_{\tau=-T^*}^{t-1}\gamma_{tj\tau}\cdot\sum_{\pi=\tau+1}^{t}w_{\pi j\tau}-\sum_{k=1}^{K}\sum_{j=1}^{n-1}\alpha_{t-1,k}\cdot z_{t-1,kjs_k} \qquad (2')$$

$$-\sum_{j=1}^{n-1}\sum_{\tau=-T^*}^{t-1}l_{tj\tau}\cdot w_{tj\tau}-(1+i)x_{t-1,n}+x_{t,n}=b_t \qquad (t=1,\ldots,T)$$

$$\sum_{k=1}^{K}\sum_{s=1}^{s_k}h_{tkjs}\cdot z_{tkjs}\leq\sum_{\tau=-T^*}^{t}e_{tj\tau}\cdot x_{\tau j}-\sum_{\tau=-T^*}^{t-1}e_{tj\tau}\cdot\sum_{\pi=\tau+1}^{t}w_{\pi\tau j} \qquad (3)$$

$$(j=1,\ldots,n-1)$$
$$(t=1,\ldots,T)$$

$$\sum_{j=1}^{n-1}z_{tkjs}=\sum_{j=1}^{n-1}z_{tkjs+1} \qquad \begin{array}{l}(t=1,\ldots,T)\\(k=1,\ldots,K)\\(s=1,\ldots,s_k-1)\end{array} \qquad (4)$$

---

[52] Jacob, H., Neuere Entwicklungen ..., a. a. O., S. 40f.
[53] Jacob, H., Neuere Entwicklungen ..., a. a. O., S. 41.

Kombinatorische Ansätze

$$\sum_{j=1}^{n-1} z_{tkjs_k} \leq \bar{z}_{tk} \qquad \begin{matrix}(t=1,\ldots,T)\\(k=1,\ldots,K)\end{matrix} \qquad (5)$$

$$\sum_{\pi=\tau+1}^{t} w_{\pi j \tau} - x_{\tau j} \leq 0 \qquad \begin{matrix}(t=1,\ldots,T)\\(j=1,\ldots,n-1)\\(\tau=-T^*,\ldots,t-1)\end{matrix} \qquad (6)$$

$$z_{tkjs} \geq 0$$
$$x_{tj} \geq 0 \text{ und ganzzahlig}$$
$$w_{tj\tau} \geq 0 \text{ und ganzzahlig} \qquad (7)$$
$$x_{t,n} \geq 0$$

Die Nebenbedingungen (2) bzw. (2') sind die Finanznebenbedingungen des Modells. Sie gewährleisten in jeder Periode $t = 1, \ldots, T$ die Aufrechterhaltung des finanziellen Gleichgewichts. Der Finanzmittelbedarf setzt sich zusammen aus den Anschaffungsausgaben für Investitionsprojekte und den zur Vorfinanzierung von Produktion und Absatz benötigten Mitteln. Dieser Finanzmittelbedarf kann gedeckt werden durch

- Einzahlungsüberschüsse aus Verkäufen der Vorperiode: Verkaufserlöse der Vorperiode abzüglich der Teile, die zur Finanzierung der Produktion der Vorperiode bereits herangezogen wurden. Für den Fall, daß die gesamte Produktion der Vorperiode vorfinanziert werden muß, entsprechen die Einzahlungsüberschüsse aus Verkäufen der Vorperiode den Verkaufserlösen;
- Einzahlungen aus der Veräußerung von Anlagen zu Beginn der Periode;
- Finanzinvestition der Vorperiode einschließlich Zinsen;
- Eigenmittel der Periode.

Übersteigt die Finanzmitteldeckung den Bedarf, so wird der Überschuß wiederum für eine Periode als Finanzinvestition angelegt.

Die Nebenbedingungen (3) sind die Kapazitätsnebenbedingungen des Modells. Sie gewährleisten für jede Periode $t = 1, \ldots, T$ und jeden Anlagentyp $j = 1, \ldots, n-1$, daß die Kapazitätsbeanspruchung [Fertigungszeit je Produkteinheit k auf Anlagentyp j und Produktionsstufe s in Periode t (h_{tkjs}) mal Anzahl der zu fertigenden Produkteinheiten (z_{tkjs}) summiert über alle Produkte und Produktionsstufen] nicht größer sein kann als die verfügbare Kapazität [Laufzeit je Anlage vom Typ j in Periode t, wenn sie in Periode τ angeschafft wurde ($e_{tj\tau}$), mal Anlagenbestand vom Typ j in Periode t].

Die Nebenbedingungen (4) sind die Mengenkontinuitätsbedingungen des Modells. Sie stellen sicher, daß die Produktionsmenge einer nachgelagerten Produktionsstufe genau gleich der Produktionsmenge der vorgelagerten Produktionsstufe ist (bezogen auf die Periode und das Produkt).

Die Nebenbedingungen (5) sind die Absatznebenbedingungen des Modells. Sie stellen in jeder Periode $t = 1, \ldots, T$ sicher, daß die für jedes Produkt $k = 1, \ldots, K$ gegebenen Absatzschranken $\bar{z}_{tk}$ eingehalten werden.

Die Nebenbedingungen (6) besagen, daß die Summe der in den Perioden $\pi = \tau + 1, \ldots, t$ veräußerten Anlagen vom Typ j, beschafft in Periode τ, nicht größer sein kann als die Zahl der in τ beschafften Anlagen dieses Typs. Diese Bedingung ist bei Jacob in den Aggregatgleichungen mit erfaßt,[54] die er außerdem zur

---

[54] Jacob, H., Neuere Entwicklungen ..., a. a. O., S. 37f.

Definition der Bestandsvariablen benötigt, auf die bei der hier gegebenen Darstellung des Modells verzichtet wurde.

52211 *Prämissen und Anwendungsbereich*

Als wesentliche Prämissen des dargestellten Modells zur simultanen Investitions- und Produktionsprogrammplanung sind zu nennen:
1. Alle Zahlungen müssen den Produkten oder dem Anlagenbestand oder den Investitionen oder den Desinvestitionen zugerechnet werden können.
2. Das Modell weist ausschließlich lineare Beziehungen auf. Das bedeutet z. B., daß sich die produktabhängigen Auszahlungen linear mit der Fertigungsmenge ändern.
3. Produkte, Investitionsprojekte und Desinvestitionen müssen voneinander unabhängig sein. Das bedeutet z. B., daß die Reihenfolge der Bearbeitung mehrerer Produkte auf einer Anlage vom Typ j auf Produktionsstufe s ohne kostenmäßige Auswirkungen bleiben muß. Allgemein kann man sagen, daß das gesamte Problem der Reihenfolge-, Termin- und Transportplanung bei Modellen dieser Art vernachlässigt wird, so daß nicht sichergestellt ist, daß sich das ermittelte optimale Produktionsprogramm auch realisieren läßt. Die Voraussetzung der Unabhängigkeit bedeutet auch, daß sich beispielsweise bei Anschaffung einer neuen Anlage die produktabhängigen Stückkosten der vorhandenen Anlagen nicht ändern dürfen.
4. Die Mengenkontinuitätsbedingungen (4) schließen eine Bildung von Zwischenlagern aus. Fertigwarenlager können sich nur während einer Periode bilden. Sie werden bis zum Periodenende wieder abgebaut.
5. Neben einer einzigen Finanzinvestitionsmöglichkeit werden im Modell nur Realinvestitionen im Produktionsbereich berücksichtigt.
6. Die Planung des Finanzierungsprogramms erfolgt nicht simultan mit der Planung des Investitions- und Produktionsprogramms. Die verfügbaren Finanzmittel b_t werden exogen vorgegeben.
7. Weiterhin ist zu beachten:
   – Investitionen und Desinvestitionen erfolgen stets am Periodenbeginn. Eine zu Beginn einer Periode t getätigte Investition wird in der gleichen Periode kapazitätswirksam;
   – Eine in Periode t beschaffte Anlage kann frühestens in Periode $(t + 1)$ veräußert werden;
   – Ein gegebener Anfangsbestand an Anlagen zu Beginn der Gesamt-Planperiode wird mit in die Betrachtung einbezogen.

Das Modell von Jacob ist ein relativ wirklichkeitsnahes Investitionsmodell für den Produktionsbereich. Es bietet sich dort insbesondere dann an, wenn die Zurechnung der produktabhängigen Einzahlungen und Auszahlungen auf die Projekte nicht möglich ist. Das Problem der Datenbeschaffung über künftige Investitions- und Produktionsmöglichkeiten besteht in gleicher Weise wie etwa beim Mehrperiodenmodell von Weingartner/Hax,[55] die rechentechnischen Probleme sind jedoch bei einer Formulierung als gemischt-ganzzahliges Programm im allgemeinen wesentlich größer. Dies ist darauf zurückzuführen, daß die Zahl der Neben-

---
[55] Vgl. S. 150.

Kombinatorische Ansätze 165

bedingungen beim Ansatz von Jacob größer ist als bei Weingartner/Hax. Darüber hinaus übersteigt die Anzahl der Variablen bei einigermaßen realistischen Problemen der simultanen Investitions- und Produktionsplanung die Anzahl der Variablen bei simultaner Investitions- und Finanzplanung gewöhnlich bei weitem. Unterstellt man ein recht einfaches Problem mit

    100 Produkten je Periode
    10 Realinvestitionsmöglichkeiten je Periode (10 Anlagentypen)
    5 Produktionsstufen für alle Produkte
    5 Teilperioden

so erhält man (zu Beginn der Gesamt-Planperiode sei kein Anlagenbestand vorhanden):

    25 000 Produktvariable (nicht ganzzahlig)
    50 Investitionsvariable (ganzzahlig)
    100 Desinvestitionsvariable (ganzzahlig)
    5 Finanzinvestitionsvariable (nicht ganzzahlig)

ferner:

    5 Nebenbedingungen der Form (2)
    50 Nebenbedingungen der Form (3)
    2000 Nebenbedingungen der Form (4)
    500 Nebenbedingungen der Form (5)
    100 Nebenbedingungen der Form (6)

Dieses Beispiel zeigt, daß die praktische Anwendbarkeit des Jacob-Ansatzes weitgehend davon abhängt, ob eine Vereinfachung der Problemformulierung möglich ist, die die rechentechnische Bewältigung erleichtert. Der Jacob-Ansatz zeigt auch sehr deutlich das Dilemma, in welchem man sich beim Aufbau von Entscheidungsmodellen häufig befindet: Effizient lösbare Modelle sind oft nicht wirklichkeitsnah, während wirklichkeitsnah formulierte Modelle nicht mehr effizient gelöst werden können.

6 Ansätze zur Berücksichtigung unsicherer Erwartungen bei der Bestimmung von Investitionsprogrammen

60 Überblick

Die in Abschnitt 5 dargestellten Modelle zur Bestimmung optimaler Investitionsprogramme unterstellen sichere Erwartungen über den Modellinput. Da die Voraussetzung sicherer Erwartungen jedoch in der Realität nicht gegeben ist, schaltet man bei Anwendung dieser Ansätze die Problematik der Unsicherheit dadurch aus, daß man sich bei jeder Inputgröße für einen der möglichen Werte entscheidet – er allein wird der Rechnung als „quasi-sichere" Größe zugrundegelegt.[1] Durch die Benutzung quasi-sicherer Größen wird ein Unsicherheitsproblem formal auf ein deterministisches Problem zurückgeführt; die Auswirkungen der Unsicherheit werden damit aber aus der Betrachtung ausgeschaltet und nicht mit in das Kalkül einbezogen. Dies ist jedoch unbefriedigend, und es erscheint notwendig, den Versuch zu unternehmen, die Auswirkungen der Existenz unsicherer Erwartungen bei der Investitionsprogrammplanung explizit zu berücksichtigen. Dies hat gegenüber den Modellen des Abschnittes 5 eine weitere Steigerung der Komplexität und der Lösungsschwierigkeiten zur Folge. Die hier behandelten Ansätze sind deshalb auch vor allem als erste theoretische Versuche zur Bewältigung des Unsicherheitsproblems bei der Investitionsprogrammplanung zu verstehen und weniger als Modelle von im Augenblick schon großer praktischer Bedeutung.

Gegenstand dieses Abschnittes sind

– die Sensitivitätsanalyse;

– die Programmierung unter Wahrscheinlichkeitsnebenbedingungen (Chance-Constrained-Programming);

– die Theorie der Portefeuille-Auswahl;

– die flexible Investitionsprogrammplanung.

Für die Darstellung der Ansätze wird das Lorie-Savage-Problem in der Formulierung von Weingartner[2] gewählt:

$$\sum_{j=1}^{n} c_j x_j = \max$$

$$\sum_{j=1}^{n} a_{tj} x_j \leq b_t \qquad (t = 1, \ldots, T)$$

$$0 \leq x_j \leq 1 \qquad (j = 1, \ldots, n)$$

oder $x_j = 0$ oder 1

Die Ansätze sind jedoch, wenigstens prinzipiell, auch auf die übrigen Modelle des Abschnittes 5 übertragbar.

---

[1] Vgl. auch Hax, H., Investitionstheorie, a. a. O., S. 95.
[2] Vgl. S. 142.

61 Sensitivitätsanalyse

Ausgangspunkt der Sensitivitätsanalyse im Zusammenhang mit der Investitionsprogrammplanung ist die unter Verwendung quasi-sicherer Werte ermittelte optimale Lösung. Die Sensitivitätsanalyse kann als lokale oder als globale Sensitivitätsanalyse durchgeführt werden.

1. *Lokale Sensitivitätsanalysen:* für einen oder mehrere Koeffizienten des Problems (c_j, a_{tj}, b_t beim linearen Programm) wird der Schwankungsbereich bestimmt, d. h. es wird ermittelt, in welchen Schranken der Wert des Koeffizienten liegen muß, wenn die optimale Lösung erhalten bleiben soll. Die Verfahren zur Bestimmung solcher Schranken sind aus den angewendeten Optimierungsverfahren herzuleiten. Bei Anwendung der Simplex-Methode ergeben sie sich aus den Simplex-Kriterien.[3]

2. *Globale Sensitivitätsanalysen:* für den gesamten, für möglich erachteten Schwankungsbereich eines oder mehrerer Koeffizienten des Problems werden die optimalen Lösungen und die zugehörigen Zielfunktionswerte bestimmt. Im Unterschied zur lokalen Sensitivitätsanalyse wird hier nicht mehr vorausgesetzt, daß die aufgrund quasi-sicherer Werte ermittelte optimale Lösung erhalten bleiben muß. Globale Sensitivitätsanalysen können mit Hilfe der Verfahren der parametrischen Programmierung durchgeführt werden.[4] Dabei wird angenommen, daß die Koeffizienten in Abhängigkeit von einem oder mehreren Parametern variieren. Das Lorie-Savage-Problem mit einem Parameter in der Zielfunktion lautet:

$$\sum_{j=1}^{n}(c_j + \tilde{c}_j\lambda)x_j = \max$$

$$\sum_{j=1}^{n}a_{tj}x_j \leq b_t \qquad (t=1,\ldots,T)$$

$$0 \leq x_j \leq 1 \qquad (j=1,\ldots,n)$$

$$\underline{\lambda} \leq \lambda \leq \bar{\lambda}$$

In dieser Formulierung sind die Koeffizienten der Zielfunktion linear abhängig vom Parameter λ, der Werte zwischen $\underline{\lambda}$ und $\bar{\lambda}$ annehmen kann.

Soll eine Sensitivitätsanalyse hinsichtlich der Koeffizienten des Begrenzungsvektors durchgeführt werden, so lautet das Problem:

$$\sum_{j=1}^{n} c_j x_j = \max$$

$$\sum_{j=1}^{n} a_{tj} x_j \leq b_t + \tilde{b}_t \lambda \qquad (t=1,\ldots,T)$$

---

[3] Gass, S. J., Linear Programming, 3. Aufl., New York 1969, S. 144 ff.
Dinkelbach, W., a. a. O., S. 71 ff.
Schweim, J., Integrierte Unternehmensplanung, Bielefeld 1969, S. 108 ff.
[4] Gass, S. J., a. a. O., S. 135 ff.
Dinkelbach, W., a. a. O., S. 90 ff.
Schweim, J., a. a. O., S. 116 ff.

$$0 \le x_j \le 1 \qquad (j = 1, \ldots, n)$$
$$\underline{\lambda} \le \lambda \le \bar{\lambda}$$

Für die Lösung der im Zusammenhang mit der Investitionsprogrammplanung besonders interessanten ganzzahligen oder gemischt-ganzzahligen Probleme mit einem oder mehreren Parametern stehen bisher keine praktikablen Verfahren zur Verfügung. Es gibt auf diesem Gebiet lediglich erste Ansätze;[5] die bisherigen Forschungen erstrecken sich im wesentlichen auf die Lösung einparametrischer linearer Programme ohne Ganzzahligkeitsbedingungen.[6]

Die Durchführung von Sensitivitätsanalysen zur Berücksichtigung unsicherer Erwartungen kommt im Zusammenhang mit der Investitionsprogrammplanung insbesondere dann in Betracht, wenn nur ein Koeffizient (bzw. ein Parameter) unsicher ist oder als unsicher angenommen wird. Enthält ein Problem mehrere als unsicher anzusehende Koeffizienten (bzw. mehrere Parameter), so empfiehlt sich die Durchführung einer Sensitivitätsanalyse im allgemeinen nicht; denn es treten dabei nicht nur erhebliche rechnerische Schwierigkeiten auf, sondern die Ergebnisse können auch kaum noch hinsichtlich der Bedeutung der Unsicherheit für die Entscheidung interpretiert werden.

Enthält ein Problem *einen* unsicheren Koeffizienten (bzw. einen Parameter) und ist wenigstens der Wertebereich der Verteilung des Koeffizienten (bzw. des Parameters) bekannt, so können aufgrund einer Sensitivitätsanalyse für die Entscheidung unter Unsicherheit relevante Aussagen gemacht werden. Je nachdem, welcher der folgenden Fälle vorliegt, ist die Aussagefähigkeit der Ergebnisse einer Sensitivitätsanalyse jedoch unterschiedlich:

1) Der Schwankungsbereich des Koeffizienten (Parameters), in welchem die bei quasi-sicheren Werten optimale Lösung erhalten bleibt, umfaßt den gesamten Wertebereich der Verteilung des Koeffizienten (Parameters).

a) Die optimale Lösung bleibt nicht nur hinsichtlich der in ihr enthaltenen Variablen, sondern auch hinsichtlich der Werte dieser Variablen erhalten (z. B. bei linearen Programmen mit einem Parameter in der Zielfunktion). In diesem Fall ist die Unsicherheit für die Entscheidung ohne Bedeutung.

b) Die optimale Lösung bleibt nur hinsichtlich der in ihr enthaltenen Variablen, nicht jedoch hinsichtlich der Werte dieser Variablen erhalten (z. B. bei linearen Programmen mit einem Parameter im Begrenzungsvektor).

In diesem Fall muß der Verlauf der Zielfunktion im Wertebereich der Verteilung des Koeffizienten (Parameters) zur Beurteilung der Bedeutung der Unsicherheit mit herangezogen werden. Ist der Unterschied zwischen dem maximalen und dem minimalen Zielfunktionswert im Wertebereich gering, so ist die Unsicherheit für die Entscheidung praktisch ohne Bedeutung. Ist der Unterschied zwischen dem maximalen und dem minimalen Zielfunktionswert im Wertebereich hingegen groß, so kann man versuchen, durch Beschaffung zusätzlicher Informationen über den unsicheren Koeffizienten (Parameter), den Wertebereich einzuschränken und damit die Bedeutung der Unsicherheit für die Entscheidung zu vermindern. Kennt man nicht nur den Wertebereich der

---

[5] Noltemeier, H., Sensitivitätsanalyse bei diskreten linearen Optimierungsproblemen, Berlin/Heidelberg/New York 1970, S. 32 ff.
[6] Dinkelbach, W., a. a. O., S. 90 ff.

Verteilung des Koeffizienten (Parameters), sondern kennt man die gesamte Verteilung, dann läßt sich das unter Berücksichtigung der Unsicherheit optimale Programm mit Hilfe einer der Entscheidungsregeln für Entscheidungen bei Unsicherheit bestimmen.

2) Der Schwankungsbereich des Koeffizienten (Parameters), in welchem die bei quasi-sicheren Werten optimale Lösung erhalten bleibt, umfaßt *nicht* den gesamten Wertebereich der Verteilung des Koeffizienten (Parameters).

In diesem Fall ist zunächst eine globale Sensitivitätsanalyse durchzuführen, die sich mindestens über den Wertebereich der Verteilung des Koeffizienten (Parameters) erstrecken muß. Aufgrund der Ergebnisse dieser Sensitivitätsanalyse lassen sich dann hinsichtlich der Unsicherheit die bereits unter 1 b) angegebenen Aussagen machen.

62 Programmierung unter Wahrscheinlichkeitsnebenbedingungen (Chance-Constrained Programming)

Beim Ansatz des Chance-Constrained Programming wird dem Unsicherheitsproblem insofern Rechnung getragen als die Erfüllung der Nebenbedingungen bei Realisierung des optimalen Programmes mit vorgegebenen Mindestwahrscheinlichkeiten gewährleistet sein muß. An die Stelle der t-ten Nebenbedingung

$$\sum_{j=1}^{n} a_{tj} x_j \leq b_t \qquad t \in \{1, \ldots, T\}$$

tritt die Wahrscheinlichkeitsrestriktion

$$w \left(\sum_{j=1}^{n} a_{tj} x_j \leq b_t \right) \geq \partial_t$$

Einige oder alle Elemente der Menge $\{a_{t1}, a_{t2}, \ldots, a_{tn}, b_t\}$ werden dabei als Zufallsvariable betrachtet, und es wird verlangt, daß die Wahrscheinlichkeit der Erfüllung der t-ten Nebenbedingung nicht kleiner als die vorgegebene Wahrscheinlichkeit ∂_t ist; oder anders ausgedrückt: „Es werden Lösungswerte für die Entscheidungsvariablen x_j gesucht, die mit einer vorgegebenen Wahrscheinlichkeit von mindestens $\partial_t \cdot 100\%$, z. B. 97%, garantieren, daß die Verwirklichung des optimalen Programms nicht zu einer Verletzung der Nebenbedingung t führt, wenn die tatsächlichen Werte der zunächst ungewissen Parameter bekannt werden".[7]

Probleme mit Wahrscheinlichkeitsrestriktionen können durchaus unterschiedliche deterministische oder stochastische – Zielfunktionen besitzen.[8] Die Lösung eines solchen Problems erfolgt in zwei Schritten:

Zunächst ist das stochastische Programm in ein äquivalentes deterministisches Programm umzuwandeln. Dies geschieht durch Ersatz der Wahrscheinlichkeitsrestriktionen durch ihre deterministischen Äquivalente. Sodann ist das sich ergebende

---

[7] Haegert, L., Die Aussagefähigkeit der Dualvariablen und wirtschaftliche Deutung der Optimalitätsbedingungen beim Chance-Constrained Programming, in: Hax, H. (Hrsg.), Entscheidungen bei unsicheren Erwartungen, Köln/Opladen 1970, S. 101.
[8] Eine Übersicht gibt Haegert, L., a. a. O., S. 110ff.

Chance-Constrained Programming 171

lineare oder nichtlineare Programmierungsproblem mit einem der dafür zur Verfügung stehenden Verfahren zu lösen.[9]

1. Bestimmung des deterministischen Äquivalentes

a) Gesucht ist das deterministische Äquivalent für die Wahrscheinlichkeitsrestriktion

$$w \left(\sum_{j=1}^{n} a_{tj} x_j - b_t \leq 0 \right) \geq \partial_t \tag{1}$$

unter den Annahmen, daß
- die Zufallsvariablen a_{tj} für alle j und b_t normalverteilt sind,
- b_t von den a_{tj} stochastisch unabhängig ist.

b) Aus a) folgt, daß die Zufallsgröße $z_t = \sum_{j=1}^{n} a_{tj} \cdot x_j - b_t$ normalverteilt sein muß. Für Erwartungswert und Varianz dieser Verteilung gilt

$$E(z_t) = \sum_{j=1}^{n} E(a_{tj}) x_j - E(b_t)$$

$$V(z_t) = \sum_{j=1}^{n} \sum_{i=1}^{n} \sigma_{ij}^t x_i x_j + \sigma_{b_t}^2$$

wobei $\sigma_{ij}^t = \begin{cases} r_{a_{ti}, a_{tj}} \cdot \sigma_{a_{ti}} \cdot \sigma_{a_{tj}}, & \text{falls } i \neq j \\ \sigma_{a_{tj}}^2, & \text{falls } i = j \end{cases}$

$$\sigma_{z_t} = \sqrt{\sum_{j=1}^{n} \sum_{i=1}^{n} \sigma_{ij}^t x_i x_j + \sigma_{b_t}^2}$$

c) Aus der normalverteilten Zufallsgröße z_t gewinnt man die standardisiert normalverteilte Zufallsgröße

$$\hat{z}_t = \frac{z_t - E(z_t)}{\sigma_{z_t}} \quad \text{mit der Verteilungsfunktion}$$

$$F(z) = w(\hat{z}_t \leq z), \quad E(\hat{z}_t) = 0, \quad V(\hat{z}_t) = 1$$

Für $\hat{z}_t$ entspricht

$$w\left(\hat{z}_t \leq \frac{0 - E(z_t)}{\sigma_{z_t}}\right) = F\left(\frac{-E(z_t)}{\sigma_{z_t}}\right) \geq \partial_t \tag{1'}$$

der Wahrscheinlichkeitsrestriktion (1).

---

[9] Charnes, A./Cooper, W. W., Deterministic Equivalents for Optimizing and Satisficing under Chance Constraints, OR 1963, S. 18 ff.
Näslund, B., A Model of Capital Budgeting under Risk, JB 1966, S. 268 ff.
Albach, H., Long Range Planning in Open-Pit Mining, M. Sc. 10/1967, S. B–549 ff.
Hillier, F. S., Chance-Constrained Programming with 0–1 or Bounded Continuous Decision Variables, M. Sc. 1/1967, S. 37.
Schweim, J., a. a. O., S. 151 ff.
Haegert, L., a. a. O., S. 105 ff.

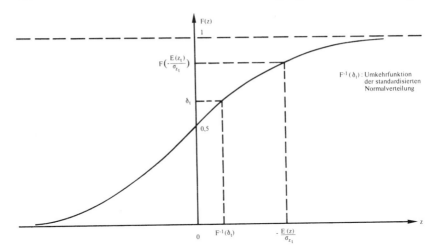

Die Restriktion (1') ist gleichbedeutend mit der Restriktion

$$-\frac{E(z)}{\sigma_{z_t}} \geq F^{-1}(\partial_t)$$

oder $E(z_t) + F^{-1}(\partial_t)\sigma_{z_t} \leq 0$ (1'')

(vgl. Zeichnung)

Durch Einsetzen der Werte für $E(z_t)$ und σ_{z_t} erhält man dann die der Wahrscheinlichkeitsrestriktion (1) äquivalente deterministische Restriktion

$$\sum_{j=1}^{n} E(a_{tj})x_j - E(b_t) + F^{-1}(\partial_t)\sqrt{\sum_{j=1}^{n}\sum_{i=1}^{n}\sigma_{ij}x_ix_j + \sigma_{b_t}^2} \leq 0$$

Diese Nebenbedingung ist konvex, falls $F^{-1}(\partial_t) \geq 0$, d.h. wenn $\partial_t \geq 0,5$.

2. *Lösung des deterministischen Ersatzprogramms:*

Geht man von dem auf Seite 167 formulierten Problem aus und unterstellt man, daß der Erwartungswert des Kapitalwertes maximiert werden soll, so ist das deterministische Ersatzprogramm ein Programm mit linearer Zielfunktion, mindestens einer quadratischen Nebenbedingung und gegebenenfalls weiteren linearen Nebenbedingungen. Ein solches Programm läßt sich lösen, wenn die quadratischen Nebenbedingungen die Konvexitätseigenschaft erfüllen. Verzichtet man auf die Ganzzahligkeit der Lösung, dann kann das nichtlineare Ersatzprogramm durch Linearisierung der quadratischen Nebenbedingungen in ein lineares Programm überführt[10] und mit Hilfe der Simplex-Methode gelöst werden. Erhält man die 0-1-Nebenbedingungen aufrecht, so läßt sich eine Lösung unter Verwendung der auf nichtlineare Probleme der ganzzahligen Programmie-

---

[10] Näslund, B., a.a.O., S. 268ff.
Albach, H., Long Range..., a.a.O., S. B-555ff.
Schweim, J., a.a.O., S. 154f.

rung anwendbaren Algorithmen finden, z. B. mit Hilfe der Algorithmen von Lawler und Bell,[11] Korte–Krelle–Oberhofer[12] oder Lüder–Streitferdt.[13]
Die Anwendbarkeit des Ansatzes der Programmierung unter Wahrscheinlichkeitsnebenbedingungen zur Berücksichtigung unsicherer Erwartungen ist in der Literatur ausführlich diskutiert worden.[14] In diesem Zusammenhang wird insbesondere geltend gemacht, daß es kaum möglich ist, die Wahrscheinlichkeitsschranken ∂_t sinnvoll zu ermitteln, da die Auswirkungen einer Verletzung der Wahrscheinlichkeitsrestriktionen unterworfenen Nebenbedingungen als nicht bekannt vorausgesetzt werden.

„Man sollte annehmen, daß die Wahrscheinlichkeitsobergrenze des unerwünschten Ereignisses unterschiedlich hoch angesetzt werden müßte, je nachdem, welche Folgen dieses Ereignis hat; sie müßte um so niedriger liegen je nachteiliger die Folgen wären. Die Obergrenze wird jedoch ganz unabhängig davon festgelegt; offenbar ist dies ein Mangel des Verfahrens."[15]

63 Theorie der Portefeuille-Auswahl

Das Problem der Bestimmung von Wertpapier-Portefeuilles, die bei gegebenen finanziellen Mitteln und unter Berücksichtigung des Risikos mit Hilfe der Varianz den Erwartungswert des Ertrages maximieren, wurde erstmals von Markowitz[16] behandelt. Sein Ansatz ist in den letzten Jahren von einer großen Zahl von Autoren vereinfacht, ergänzt und weiterentwickelt worden.[17] Unter anderem wurde der Markowitz-Ansatz auch zum Zwecke der Bestimmung von Realinvestitionsprogrammen modifiziert.[18] Das Lorie-Savage-Problem[19] kann entsprechend der Theorie der Portefeuille-Auswahl wie folgt formuliert werden

---

[11] Lawler, E. L./Bell, M. D., A Method for Solving Discrete Optimization Problems, OR 1966, S. 1098 ff.
[12] Korte, B./Krelle, W./Oberhofer, W., Ein lexikographischer Suchalgorithmus zur Lösung allgemeiner ganzzahliger Programmierungsaufgaben, Unternehmensforschung 1969, S. 73 ff.
[13] Lüder, K./Streitferdt, L., Zur Bestimmung optimaler Portefeuilles unter Ganzzahligkeitsbedingungen, ZfOR 1972, S B-89 ff.
[14] Hax, H./Laux, H., Investitionstheorie, in: Menges, G. (Hrsg.), Beiträge zur Unternehmensforschung, Würzburg 1969, S. 255 ff.
Schweim, J., a. a. O., S. 155 f.
Schneider, D., Investition ..., a. a. O., S. 348 ff.
[15] Hax, H., Investitionsentscheidungen bei unsicheren Erwartungen, in: Hax, H. (Hrsg.), Entscheidungen bei unsicheren Erwartungen, Köln/Opladen 1970, S. 134.
[16] Markowitz, H., Portfolio Selection, The Journal of Finance 1952, S. 77 f.
Markowitz, H., The Optimization of a Quadratic Function Subject to Linear Constraints, Naval Research Logistics Quarterly 1956, S. 111 ff.
Markowitz, H., Portfolio Selection, New York/London/Syney 1959.
[17] Vgl. die Literaturhinweise bei Hielscher, U., Das optimale Aktienportefeuille, 2. Aufl., Frankfurt 1969.
[18] Weingartner, H. M., Capital Budgeting of Interrelated Projects: Survey and Synthesis, M. Sc. 7/1966, S. 485 ff.
Brockhoff, K., Zum Problem des optimalen Wertpapierbudgets, Unternehmensforschung 1967, S. 169 ff.
Peters, L., Simultane Produktions-Investitionsplanung mit Hilfe der Theorie der Portfolio-Selection. Diss. Freiburg, zitiert in: Schmidt, R.-B./Berthel, J., Unternehmungsinvestitionen, Reinbek 1970, S. 134 ff.
Lüder, K./Streitferdt, L., a. a. O., S. B-89 ff.
[19] Vgl. S. 167.

$$\sum_{j=1}^{n} E(c_j) \cdot x_j = \max$$

$$\sum_{i=1}^{n} \sum_{j=1}^{n} \sigma_{ij} x_i x_j \leq \bar{V}$$

$$\sum_{j=1}^{n} a_{tj} x_j \leq b_t \qquad (t = 1, \ldots, T)$$

$$0 \leq x_j \leq 1 \qquad (j = 1, \ldots, n)$$

oder $\quad x_j = 0$ oder 1

σ_{ij}: Varianz von c_j für $j = i$ bzw. Kovarianz zwischen c_j und c_i für $j \neq i$.

Die erste Nebenbedingung stellt sicher, daß die Varianz des optimalen Investitionsprogramms den vorgegebenen Wert $\bar{V}$ nicht übersteigt. Die Lösung des angegebenen Portefeuille-Problems wird als „effiziente" Lösung bezeichnet. Variiert man $\bar{V}$ parametrisch so erhält man die Menge der effizienten Lösungen, aus denen mit Hilfe einer Risikopräferenzfunktion die optimale Lösung bestimmt werden kann.[20]

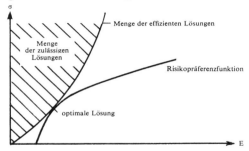

Die Bestimmung der Menge der effizienten Lösungen ist prinzipiell auf folgende Weise möglich:

1. Nichtganzzahliger Fall $(0 \leq x_j \leq 1)$:

   a) Lösung je eines nichtganzzahligen quadratischen Programms für alle $\bar{V}^u \leq \bar{V} \leq \bar{V}^o$, $\bar{V}$ diskret, $\bar{V}^u$ ist eine untere Schranke, $\bar{V}^o$ eine obere Schranke für die Varianz des Portefeuilles.

   b) Lösung eines einparametrischen quadratischen Programms mit dem Parameter λ in der Varianznebenbedingung für Parameterwerte $1 \leq \lambda \leq \dfrac{\bar{V}^o}{\bar{V}^u}$.

2. Ganzzahliger Fall $(x_j = 0$ oder $1)$: Lösung je eines ganzzahligen Programms für alle $\bar{V}^u \leq \bar{V} \leq \bar{V}^o$.

Die Lösung im Fall 1 a) erfolgt zweckmäßigerweise über eine Linearisierung der Varianznebenbedingung.[21] Für die Lösung des Falles 2. steht eine Reihe von Ver-

---

[20] Farrar, D. E., The Investment Decision under Uncertainty, Prentice Hall 1962, S. 26ff.
Weingartner, H. M., Interrelated Projects ..., a. a. O., S. 500ff.
[21] Vgl. Abschnitt 61.

Theorie der Portefeuille-Auswahl

fahren zur Verfügung, die allerdings verlangen, daß die Größe des Problems relativ enge Grenzen nicht überschreitet.[22] Da jedoch die Verfahren der linearen ganzzahligen Programmierung auch nicht effizienter sind als die Verfahren der nichtlinearen ganzzahligen Programmierung, bringt im ganzzahligen Fall die Linearisierung der Varianznebenbedingung keinen Vorteil.

Eines der schwierigsten Probleme bei der Anwendung des Ansatzes der Portefeuille-Theorie zur Bestimmung eines Programmes von Realinvestitionen besteht in der Schätzung der Kovarianzen zwischen den Kapitalwerten der einzelnen Projekte. Anders als bei Wertpapieren ist man bei Realinvestitionsprojekten auf subjektive Schätzungen der Kovarianzen angewiesen, da keine Zeitreihen für die Kapitalwerte vorliegen. Kovarianzen können jedoch kaum direkt geschätzt werden. Cohen/Elton[23] schlagen deshalb vor, zunächst durch Anwendung der Simulationstechnik Kapitalwertreihen für die einzelnen Projekte zu gewinnen und daraus die Schätzwerte für Erwartungswerte, Varianzen und Kovarianzen zu errechnen. Im einzelnen ist wie folgt vorzugehen:

1. Für jedes Projekt sind die Inputgrößen der Kapitalwertrechnung zu ermitteln.
2. Für die einzelnen Inputgrößen sind subjektive Wahrscheinlichkeitsverteilungen unter Beachtung stochastischer Abhängigkeiten anzugeben.[24]
3. Mit Hilfe von Zufallszahlengeneratoren wird in einem Simulationsdurchlauf je ein Wert der Inputgrößen ausgewählt und für jedes Projekt ein Kapitalwert errechnet.[25]

Projekt \ Simulationsdurchlauf	1	2	....	m
x_1	c_{11}	c_{12}	....	c_{1m}
x_2	c_{21}	c_{22}	....	c_{2m}
.	.	.		.
.	.	.		.
.	.	.		.
.	.	.		.
.	.	.		.
.	.	.		.
x_n	c_{n1}	c_{n2}	....	c_{nm}

---

[22] Lawler, E. L./Bell, M. D., a. a. O., S. 1111.
 Korte, B./Krelle, W./Oberhofer, W., a. a. O., S. 187 ff.
 Lüder, K./Streitferdt, L., a. a. O., S. B-105 ff.
 bedingungen, Unternehmensforschung (in Vorbereitung).
[23] Cohen, K. J./Elton, E. J., a. a. O., S. 5 ff.
[24] Vgl. Abschnitt 432.
[25] Vgl. Abschnitt 432.

4. Nach m Simulationsdurchläufen hat man für jedes Investitionsprojekt eine Kapitalwertreihe mit m Gliedern ermittelt.
5. Aus den Kapitalwertreihen bestimmt man sodann für jedes Projekt j
den Schätzwert für
den Erwartungswert $\quad E(c_j) = \frac{1}{m} \sum\limits_{k=1}^{m} c_{jk}$

den Schätzwert für
die Varianz $\quad \sigma^2(c_j) = \frac{1}{m-1} \sum\limits_{k=1}^{m} [c_{jk} - E(c_j)]^2$

6. Für ein Projekt j bestimmen sich die Schätzwerte für die Kovarianzen mit anderen Projekten $i \neq j$ nach

$$\sigma(c_{ji}) = \frac{1}{m-1} \sum\limits_{k=1}^{m} [c_{jk} - E(c_j)][c_{ik} - E(c_i)] \qquad \begin{aligned}(i,j &= 1, \ldots, n)\\ (i &\neq j)\end{aligned}$$

sofern i und j gemeinsame Inputgrößen für die Kapitalwertrechnung besitzen, oder sofern bei Projektverschiedenheit der Inputgrößen stochastische Abhängigkeiten zwischen den Inputgrößen von i und j bestehen und in Schritt 2. explizit berücksichtigt wurden.

Für ein Projekt j müssen die Kovarianzen mit anderen Projekten $i \neq j$ den Wert null annehmen, wenn die Kapitalwerte von i und j ausschließlich voneinander verschiedene Inputgrößen besitzen und stochastische Abhängigkeiten zwischen der projektverschiedenen Inputgrößen nicht bestehen oder nicht angenommen wurden.

Zu dem Simulationsverfahren von Cohen/Elton ist abschließend zu bemerken, daß es zwar das Problem der Schätzung von Kovarianzen zwischen den Kapitalwerten einzelner Investitionsprojekte löst. Es bleibt jedoch weiterhin das Problem der Erfassung stochastischer Abhängigkeiten zwischen den Inputgrößen der Kapitalwertrechnung.

64 Flexible Investitionsprogrammplanung

Beim Ansatz der flexiblen Investitionsprogrammplanung[26] wird der Grundgedanke des Entscheidungsbaumverfahrens zur Beurteilung einzelner Investitionsprojekte[27] auf die Planung von Investitionsprogrammen übertragen. Das bedeutet: es wird eine Sequenz von interdependenten Investitionsprogrammen simultan geplant unter Berücksichtigung der Eintrittswahrscheinlichkeit von Zufallsereignissen, die den Kapitalwert (oder gegebenenfalls eine andere Zielgröße) der Investitionsprogramme beeinflussen. Ziel ist die Ermittlung einer Folge von Investitionsprogrammen, die insgesamt zu einem maximalen Erwartungswert des Kapitalwertes führen bzw. die Ermittlung einer Folge von Investitionsprogrammen, deren Kapitalwertverteilung in bezug auf eine gegebene Risikopräferenz allen anderen möglichen Kapitalwertverteilungen vorzuziehen ist.

---

[26] Hax, H., Investitionstheorie, a.a.O., S. 131 ff.
Laux, H., Flexible Investitionsplanung, Opladen 1971.
[27] Vgl. Abschnitt 44.

Flexible Investitionsprogrammplanung

1. *Fall:* Ermittlung der Investitionsprogramme mit maximalem Erwartungswert des Kapitalwertes unter der Voraussetzung, daß die Inputgrößen der Kapitalwertrechnung für jede Zufallsgrößenkonstellation quasi-sicher sind. Zur Lösung dieses Problems kann wiederum das „roll-back"-Verfahren der Entscheidungsbaumanalyse angewendet werden. Es sind aber auch andere Lösungsverfahren möglich, z. B. die von Hax[28] für diesen Fall vorgeschlagene Variante der dynamischen Programmierung.

Das Prinzip des roll-back-Verfahrens besteht darin, daß für jeden Entscheidungsknoten auf jeder Entscheidungsstufe – beginnend mit der letzten Entscheidungsstufe – die Teilfolge von Investitionsprogrammen bestimmt wird, bei der der Erwartungswert des Kapitalwertes maximal ist.

2. *Fall:* Ermittlung einer Wahrscheinlichkeitsverteilung für den Kapitalwert des optimalen Investitionsprogramms bei jeder Entscheidungsalternative. Vorausgesetzt ist hierbei, daß für die Inputgrößen der Kapitalwertrechnung bei jeder Zufallsgrößenkonstellation eine subjektive Wahrscheinlichkeitsverteilung gegeben ist. Das Problem kann durch kombinierten Einsatz von Simulationstechnik und Optimierungsverfahren in folgenden Schritten gelöst werden:[29]

1. Für jede Entscheidungsalternative der letzten Entscheidungsstufe sind mit Hilfe von Zufallszahlengeneratoren auszuwählen

    (a) eine Zufallsgrößenkonstellation

    (b) die Werte der Inputgrößen der Kapitalwertrechnung für alle Investitionsprojekte dieser Stufe.

2. Mit Hilfe der in Schritt 1. ermittelten Werte kann für jedes Projekt ein Kapitalwert und auf dieser Grundlage mit Hilfe eines Verfahrens der linearen Programmierung ein kapitalwertmaximales Investitionsprogramm bestimmt werden.

3. Die Schritte 1. und 2. werden für jede Entscheidungsalternative genügend oft wiederholt, so daß man eine Wahrscheinlichkeitsverteilung der optimalen Investitionsprogramme der letzten Entscheidungsstufe erhält.

4. Für jeden Entscheidungsknoten der letzten Stufe ist die Entscheidungsalternative mit dem höchsten Risikonutzen (bei gegebener Risikopräferenzfunktion) zu ermitteln.

5. Für jede Entscheidungsalternative der vorletzten Entscheidungsstufe ist entsprechend den Schritten 1, 2 und 3 unter Berücksichtigung der Entscheidungsalternativen mit dem höchsten Risikonutzen auf der letzten Entscheidungsstufe wiederum eine Wahrscheinlichkeitsverteilung der optimalen Investitionsprogramme zu bestimmen.

6. Das Verfahren ist fortzusetzen bis die 1. Entscheidungsstufe erreicht ist.

Der Ansatz der flexiblen Investitionsprogrammplanung entspricht zweifellos von allen hier dargestellten Ansätzen zur Berücksichtigung unsicherer Erwartungen bei der Investitionsprogrammplanung den theoretischen Anforderungen am besten. Er stellt aber auch den, von der Informationsbeschaffung und der rechentechnischen Bewältigung her gesehen, bei weitem anspruchsvollsten Ansatz dar. Hax[30] wählt

---

[28] Hax, H., Investitionstheorie, a. a. O., S. 141 ff.
[29] Salazar, R. C./Sen, S. K., A Simulation Model of Capitel Budgeting under Uncertainty, M. Sc. 4/1968, S. B–161 ff.
[30] Hax, H., Investitionstheorie, a. a. O., S. 145 ff.

wohl nicht von ungefähr zur Demonstration der flexiblen Investitionsprogrammplanung ein Beispiel mit einem Anlagentyp und einer einzigen Zufallsgröße. Bei einer umfassenderen Investitionsprogrammplanung (etwa für ein ganzes Unternehmen) kann man aber noch viel weniger als bei der Entscheidungsbaumanalyse eines Projektes davon ausgehen, daß die Auswirkungen der verschiedenen möglichen Investitionsprojekte allein von einem oder einigen wenigen Zufallsereignissen beeinflußt werden. Der realistische Fall dürfte vielmehr derjenige sein, daß eine Vielzahl von Zufallsereignis-Konstellationen zu beachten ist, was sehr schnell zu einem im Hinblick auf die Informationsbeschaffbarkeit und der Rechenbarkeit nicht mehr zu bewältigenden Problem führt.

7 Anlagen

70 Anlage 1: Der Betrieb als ein System von Regelkreisen (schematisiertes Beispiel)

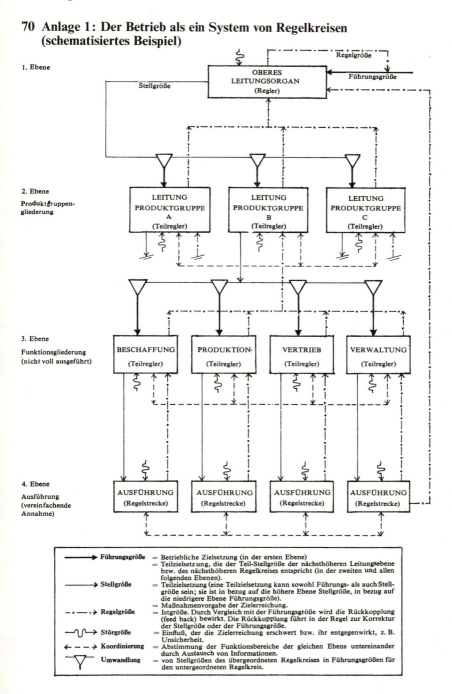

12*

Das Modell entspricht den Denkmodellen, die auf dem kybernetisch-betriebswirtschaftlichen Grenzgebiet immer breitere Anwendung finden[1]. Danach versteht man unter *Steuern* das Beeinflussen einer Größe durch eine andere, von ihr unabhängige Größe (Festlegung von Mitteln im Anlagevermögen und Freisetzung von Mitteln). Beim *Regeln* wird der Wert der beeinflußten Größe fortlaufend erfaßt und mit dem Wert einer Vergleichsgröße (Führungsgröße) verglichen. Aus dem Ergebnis des Vergleiches wird eine neue Größe abgeleitet, die die zu regelnde Größe in Richtung des Wertes der Vergleichsgröße führt (die Auswirkungen der Investitionsentscheidungen werden verfolgt und mit den Zielvorstellungen, z. B. der Erreichung einer bestimmten Rentabilität, verglichen; aus dem Vergleich werden neue Maßnahmen abgeleitet).

71 Anlage 2: Arten und Verfahren der Planung – Übersicht

Unterscheidungsmerkmal	Arten der Planung	
Zentralisation der Planung	*Zentral:*	Pläne werden für alle betrieblichen Teilbereiche von einer zentralen Verwaltungsstelle erstellt.
	Dezentral:	Pläne für die einzelnen Teilbereiche werden in diesen Teilbereichen erstellt. Spätere Koordinierung durch eine zentrale Stelle.
Umfang der Planung	*Gesamtplanung:*	Sie umfaßt die Planung sämtlicher betrieblicher Teilbereiche. Sie ist eine koordinierte Planung des gesamten Betriebsgeschehens.
	Teilplanung:	Pläne werden nur für einzelne Teilbereiche aufgestellt. Die wichtigsten Teilpläne sind: Absatz-, Werbe-, Fertigungs-, Kosten-, Personal-, Investitions-, Finanz-, Bilanzplan.
Inhalt der Planung	*Datenplanung:*	Sie setzt konkrete betriebliche Ziele, die numerisch als absolute oder als relative Zahlen ausgedrückt werden, z. B. Gewinn p. a., Rentabilität p. a.
	Maßnahmenplanung:	Sie gibt die Mittel und Wege zur Erreichung der Ziele an. Umfaßt die Planung mehrere Möglichkeiten, so spricht man von der Planung alternativer Strategien.
Genauigkeit der Planung	*Umrißplanung:*	(Grobplanung): Planung globaler Ziele für den Gesamtbetrieb oder einzelne Betriebsteile ohne Festlegung von Einzelheiten zur Verwirklichung der Ziele.
	Detailplanung:	(Feinplanung): Nach Möglichkeit Planung auch der Einzelheiten (in der Regel nur für kurze Perioden möglich).
	Sukzessivplanung:	Eine der möglichen Kombinationen von Umriß- und Detailplanung. Zunächst werden langfristige Umrißpläne erstellt; innerhalb der Umrißplanung wird dann für kurze Perioden im Detail geplant.

---

[1] Vgl. Blohm, H., Die Gestaltung des betrieblichen Berichtswesens … a.a.O., S. 99 ff.
Vgl. auch Beer, St., Kybernetik und Management, deutsche Übersetzung, 3. Aufl., Frankfurt a. M. 1967, S. 23.

… Anlage 2: Arten und Verfahren der Planung

Unterscheidungsmerkmal	Arten der Planung	
Zeitraum der Planung (branchenverschieden)	*Kurzfristige Planung:*	Sie umfaßt einen Zeitraum bis zu höchstens einem Jahr.
	Mittelfristige Planung:	Sie umfaßt einen Zeitraum von ein bis drei Jahren.
	Langfristige Planung:	Sie umfaßt einen Zeitraum von mehr als drei Jahren.
Verfahren der Planung	*Anstoßverfahren:*	Alle Pläne werden für einen bestimmten Zeitraum erstellt. Neue Pläne schließen unmittelbar an das Ende der alten an. Bei einer Änderung der Plandaten wird der laufende Plan korrigiert und nicht durch einen neuen ersetzt.
	Verfahren der rollenden oder laufenden Planung:	In bestimmten Zeitabständen (z. B. jedes Jahr) wird der Plan für einen bestimmten Zeitraum (z. B. 5 Jahre) neu aufgestellt. Der langfristige Plan wird also in dem hier gegebenen Beispiel jedes Jahr für die folgenden 5 Jahre erstellt.
Charakter der Plandaten	*Meßwerte:*	Sie dienen als Maßstab für die Beurteilung der Istwerte. *Beispiel:* Theoretische Minimalkosten für die Herstellung eines Erzeugnisses. Die Wirtschaftlichkeit der Herstellung wird durch Vergleich der effektiven Herstellkosten mit den theoretischen Minimalkosten festgestellt.
	Vorgabewerte:	Sie werden den einzelnen Betriebsbereichen als Ziele vorgegeben, die erreicht werden sollen. *Beispiel:* Vorgabe von Planwerten in der Kostenrechnung. Charakteristisch ist, daß sich bei Überschreitung der Vorgabewerte Konsequenzen für den betreffenden Planbereich ergeben.
	Vorschauwerte:	Sie geben die voraussichtliche zukünftige Entwicklung des Betriebes oder einzelner Teilbereiche an. *Beispiel:* Vorausschätzung der Absatzmenge für einen bestimmten Zeitraum und ein bestimmtes Produkt, z. B. als Grundlage für eine Investitionsrechnung.

72 Schaubilder zur Organisation des Investitionsbereiches

Anlage 30: Das Primärregelkreissystem als Gegenstand eines Lernprozesses bzw. Regelstrecke im Metaregelkreis-System

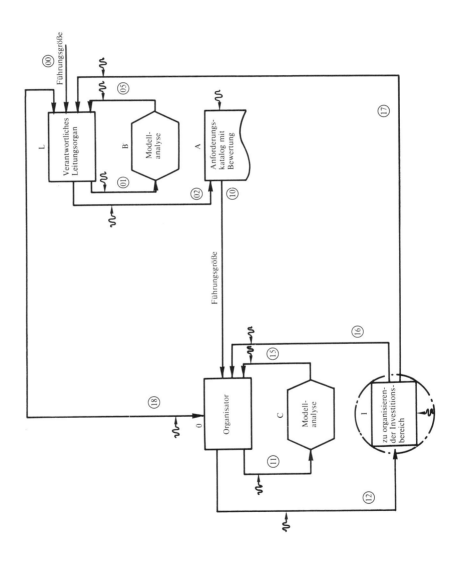

Anlage 3: Schaubilder zur Organisation des Investitionsbereiches 183

Anlage 31: Ausschnitt aus dem Organigramm des als Beispiel skizzierten Betriebes

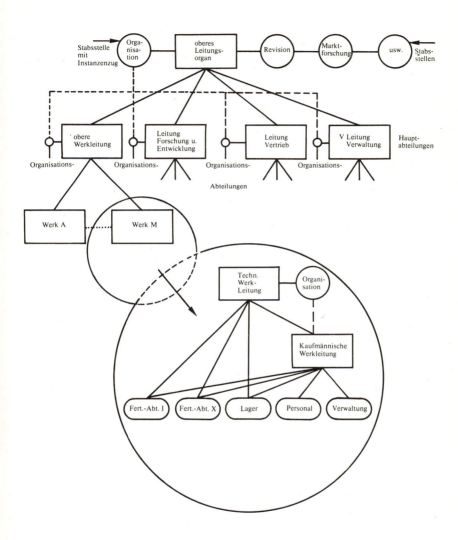

Anlage 32: Vereinfachte Prinzipskizze der Organisation des Investitionsbereiches

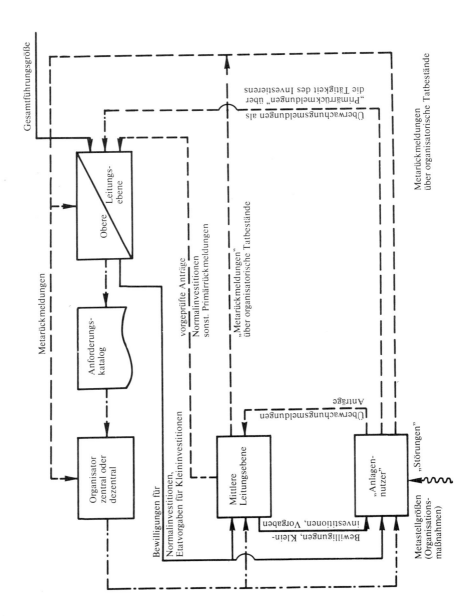

Anlage 3: Schaubilder zur Organisation des Investitionsbereiches 185

Anlage 33: Der Investitionsplanungsprozeß – Arbeitsablaufschaubild

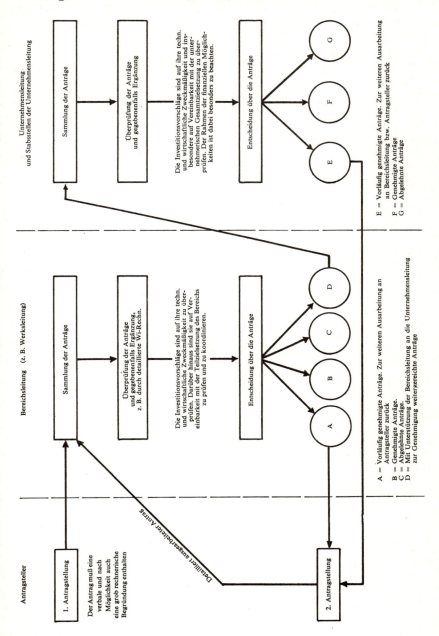

73 Anlage 4: Vereinfachte Errechnung des internen Zinssatzes bzw. Kapitalwertes einer Investition nach Steuerabzug bei linearer und degressiver Abschreibung[1]

I. Problemstellung

Für die Errechnung des internen Zinssatzes oder des Kapitalwertes einer Investition vor Abzug von Ertragsteuern spielt es keine Rolle, ob linear oder degressiv abgeschrieben wird. Mit anderen Worten: Der interne Zinssatz (bzw. Kapitalwert) einer Investition vor Ertragsteuerabzug ist von der Abschreibungsmethode unabhängig. Die Abschreibungsmethode beeinflußt zwar die Höhe der Periodengewinne einer Investition – sie beeinflußt jedoch nicht die Höhe der Brutto-Rückflüsse (Gewinn vor Steuerabzug + Abschreibungen). Eine Erhöhung der Abschreibungen wird durch eine gleich große Verminderung des Periodengewinnes kompensiert.

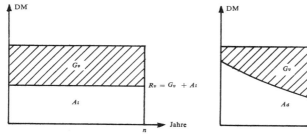

G_v = Gewinn vor Ertragsteuerabzug
A_l = Abschreibung linear
A_d = Abschreibung degressiv
R_v = Brutto-Rückfluß (Rückfluß vor Ertragsteuerabzug)

Die jährlichen Rückflüsse sind hier der Einfachheit halber als konstant angenommen. Das ändert aber nichts an der Allgemeingültigkeit der obigen Feststellungen.

Die Höhe des internen Zinssatzes oder des Kapitalwertes einer Investition nach Abzug von Ertragsteuern ist allerdings von der Abschreibungsmethode abhängig. Bei degressiver Abschreibung sind die Rückflüsse nach Ertragsteuerabzug (Nettorückflüsse) zu Beginn der Lebensdauer einer Investition höher als bei linearer Abschreibung; von einem bestimmten Zeitpunkt ab werden sie dann geringer (bei der folgenden grafischen Darstellung ist angenommen, daß der Ertragsteuersatz für jedes Jahr der Nutzungsdauer gleich hoch ist).

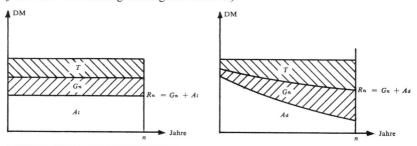

[1] Auszug aus dem gleichnamigen Aufsatz von Lüder, K., NB 1966, S. 3 ff.

Anlage 4: Vereinfachte Errechnung des internen Zinssatzes

G_n = Gewinn nach Ertragsteuerabzug
T = Ertragsteuern
R_n = Netto-Rückfluß (Rückfluß nach Ertragsteuerabzug)

Die Summe der Abschreibungsbeträge über die Gesamtlebensdauer des Investitionsobjektes ist in beiden Fällen gleich (d. h. der Anschaffungswert darf nur einmal abgeschrieben werden). Die höheren Netto-Rückflüsse, die sich in den ersten Perioden der Lebensdauer bei Anwendung der degressiven Abschreibungsmethode ergeben, bewirken, daß der interne Zinssatz (bzw. der Kapitalwert) bei degressiver Abschreibung höher ist als bei linearer Abschreibung.[2]

In einer Reihe von Fällen ist es für die Investitionsentscheidung erforderlich, neben dem internen Zinssatz vor Ertragsteuerabzug auch den internen Zinssatz nach Ertragsteuerabzug zu errechnen und die Auswirkungen unterschiedlicher Abschreibungsmethoden auf den internen Zinssatz zu bestimmen. Man kann dabei wie folgt vorgehen:

1 Errechnen des internen Zinssatzes vor Steuerabzug.

2 Errechnen des internen Zinssatzes nach Steuerabzug bei linearer Abschreibung.

3 Errechnen des internen Zinssatzes nach Steuerabzug bei degressiver Abschreibung.

Die Bestimmung eines der obengenannten internen Zinssätze erfordert für den Fall, daß die jährlichen Rückflüsse nicht konstant sind, ein Auf- bzw. Abzinsen mit zwei Versuchszinssätzen und anschließendes Interpolieren. Interessiert man sich für alle drei internen Zinssätze, so hat man sechs Abzinsungsvorgänge durchzuführen. Bei Anwendung der Kapitalwertmethode muß man immerhin noch dreimal abzinsen. Wenn der interne Zinssatz nach Steuerabzug nicht nur ausnahmsweise, sondern häufiger ermittelt werden soll, so ist dieses Verfahren für den praktischen Gebrauch verhältnismäßig umständlich. Deshalb argumentiert z. B. Zimmermann: „Die degressive Abschreibung in der return on investment-Rechnung zu berücksichtigen, hält der Verfasser für praktisch nicht durchführbar. Die Rechnung würde damit zu kompliziert."[3]

Um die Schwierigkeiten der praktischen Durchführung zu beseitigen, wird im folgenden ein Verfahren entwickelt, das die Zahl der Abzinsungsvorgänge bei Ermittlung der drei obengenannten Größen für die interne Zinssatz-Methode von sechs auf zwei und für die Kapitalwertmethode von drei auf einen reduziert.

II. Die Abschreibungsfaktoren-Tabellen

Bei der Entwicklung des Verfahrens wurde von der Überlegung ausgegangen, daß die Zahl der für ein Unternehmen in Frage kommenden Zinssätze und steuerlichen Nutzungsdauern verhältnismäßig gering ist und daß man demzufolge relativ leicht sog. Abschreibungsfaktoren-Tabellen aufstellen kann. Auf diesen Tabellen beruht das hier geschilderte Verfahren.

---

[2] Vgl. dazu z. B. Blohm, H., Die Investitionsentscheidung, Metall 1962, S. 921 ff.
Schneider, D., Der Einfluß der Ertragsteuern auf die Vorteilhaftigkeit von Investitionen, ZfhF 1962, S. 539 ff.
Schwarz, H., Zur Berücksichtigung erfolgssteuerlicher Gesichtspunkte bei Investitionsentscheidungen, BFuP 1962, S. 135 ff. und S. 199 ff.
Zimmermann, G., Return on Investment, Die Wirtschaftsprüfung 1961, S. 377 ff.
[3] Zimmermann, G., a. a. O., S. 379.

Tabelle I: Abschreibungsfaktoren (a_l) für lineare Abschreibung

Nutzungs-dauer (Jahre)	Abschrei-bungssatz $l\%$ p. a.	Zinssatz				
		5%	10%	15%	20%	30%
4	25%	3,546	3,170	2,855	2,589	2,166
5	20%	4,330	3,791	3,352	2,991	2,436
8	12%	6,688	5,490	4,596	3,915	2,965
10	10%	7,722	6,145	5,019	4,193	3,092
15	7%	10,185	7,435	5,760	4,630	3,255
20	5%	12,462	8,514	6,259	4,870	3,316
25	4%	14,094	9,077	6,464	4,948	3,329

Für alle Nutzungsdauern, bei denen das Produkt aus Nutzungsdauer und Abschreibungssatz gleich 100 ist, sind die Abschreibungsfaktoren a_l nach der Formel $\dfrac{q^n - 1}{q^n(q-1)}$ ermittelt.[4]

Für alle Nutzungsdauern, bei denen das Produkt aus Nutzungsdauer und Abschreibungssatz nicht gleich 100 ist,[5] sind die Abschreibungsfaktoren a_l nach der Formel $\dfrac{q^{n-1} - 1}{q^{n-1}(q-1)} + \dfrac{\frac{1}{l} - n + 1}{q^n}$ ermittelt (l = dezimaler Abschreibungssatz bei linearer Abschreibung).

Tabelle II: Abschreibungsfaktoren (a_d) für degressive Abschreibung[6]

Nutzungs-dauer (Jahre)	Abschrei-bungssatz $d\%$ p. a.	Zinssatz				
		5%	10%	15%	20%	30%
8	20%	4,144	3,512	3,025	2,646	2,101
10	20%	4,083	3,428	2,937	2,565	2,038
15	14%	5,386	4,274	3,526	3,039	2,313
20	10%	6,899	5,152	4,086	3,381	2,515
25	8%	7,974	5,709	4,420	3,604	2,639

[4] $q = 1 + \dfrac{p}{100}$; p ist jeweils der in der Tabelle angegebene Zinssatz.

[5] Infolge Auf- oder Abrundung des Abschreibungssatzes.

[6] Bei der Ermittlung der Abschreibungsfaktoren wurde unterstellt, daß im Jahre $m = -\dfrac{1}{d} + n + 1$ ein Übergang von der degressiven zur linearen Abschreibung erfolgt (d = dezimaler Abschreibungssatz bei degressiver Abschreibung).

Anlage 4: Vereinfachte Errechnung des internen Zinssatzes

Die Abschreibungsfaktoren a_d wurden nach der Formel

$$\frac{q^{m-1} - (1-d)^{m-1}}{(q-1+d)\,q^{m-1}} + \frac{d^{m-2}\left(\dfrac{1}{d}-1\right)^{m-1}(q^{n-m+1}-1)}{(n-m+1)\,q^n\,(q-1)}$$

ermittelt.

III. Die einzelnen Schritte des Verfahrens

1. Schritt:
Ermittlung des Barwertes der Gewinne vor Steuerabzug (bei linearer Abschreibung) und des Barwertes der Investitionssumme durch Auf- bzw. Abzinsen mit einem Kalkulationszinssatz nach der herkömmlichen Methode.

2. Schritt:
Errechnung des Barwertes der Abschreibungen bei Anwendung der linearen Abschreibungsmethode (BA_l):

$BA_l = $ Anschaffungswert $(A) \times \dfrac{\text{Abschreibungssatz}}{100} \times$

$\times$ Abschreibungsfaktor (a_l)

$=$ Jährliche Abschreibung $(A \cdot l) \times$ Abschreibungsfaktor (a_l)

Der Abschreibungsfaktor ist aus Tabelle I für den angenommenen Kalkulationszinssatz und die steuerliche Nutzungsdauer zu entnehmen (z. B.: Für $p = 5\%$ und für $n = 10$ Jahre ergibt sich ein Abschreibungsfaktor $a_l = 7{,}722$).

3. Schritt:
Errechnung des Barwertes der Abschreibungen bei Anwendung der degressiven Abschreibungsmethode (BA_d):

$BA_d = $ Anschaffungswert $(A) \times \dfrac{\text{Abschreibungssatz}[7]}{100} \times$

$\times$ Abschreibungsfaktor (a_d)

$=$ Abschreibung im 1. Nutzungsjahr $(A \cdot d) \times$ Abschreibungsfaktor (a_d)

Der Abschreibungsfaktor ist aus Tabelle II für den angenommenen Kalkulationszinssatz und die steuerliche Nutzungsdauer zu entnehmen (z. B.: Für $p = 5\%$ und $n = 10$ Jahre ergibt sich ein Abschreibungsfaktor $a_d = 4{,}083$).

4. Schritt:
Errechnung des Kapitalwertes der Investition vor Steuerabzug (Kapitalwert = Barwert der Rückflüsse — Barwert der Investitionssumme):

$C_1 = BG_v + BA_l - J$
$C_1 = $ Kapitalwert vor Steuerabzug
$BG_v = $ Barwert der Gewinne vor Steuerabzug (ermittelt in Schritt 1)
$BA_l = $ Barwert der linearen Abschreibungen (ermittelt in Schritt 2)
$J\ \ = $ Barwert der Investitionssumme (ermittelt in Schritt 1)

---

[7] Der Abschreibungssatz bei degressiver Abschreibung ist doppelt so hoch wie bei linearer Abschreibung, maximal jedoch 20% ($d = 2\,l \leq 0{,}2$).

5. Schritt:

Errechnung des Kapitalwertes der Investition nach Steuerabzug bei linearer Abschreibung:

$$C_2 = \frac{1-t}{100} \times BG_v + BA_l - J$$

C_2 = Kapitalwert nach Steuerabzug bei linearer Abschreibung

t = Ertragssteuersatz in Prozent

6. Schritt:

Errechnung des Kapitalwertes der Investition nach Steuerabzug bei degressiver Abschreibung:

$$C_3 = \frac{1-t}{100}(BG_v + BA_l - BA_d) + BA_d - J$$

C_3 = Kapitalwert nach Steuerabzug bei degressiver Abschreibung

BA_d = Barwert der degressiven Abschreibungen (ermittelt in Schritt 3)

Bei Anwendung der Interne-Zinssatz-Methode sind die gleichen Schritte zu vollziehen wie hier bei der Kapitalwertmethode. Allerdings müssen in den Schritten 4 bis 6 jeweils zwei Kapitalwerte ermittelt werden. Durch lineare Interpolation ergibt sich dann der interne Zinssatz vor Steuerabzug, der interne Zinssatz nach Steuerabzug bei linearer Abschreibung und der interne Zinssatz nach Steuerabzug bei degressiver Abschreibung.

IV. Beispiel

Zur Verdeutlichung des Verfahrens soll im folgenden ein Beispiel nach der Kapitalwertmethode und nach der Internen-Zinssatz-Methode durchgerechnet werden.

Annahmen:

Anschaffungswert der Anlage = Barwert der Investitionssumme (es erfolgt ein einmaliger Kapitaleinsatz im Zeitpunkt 0 in Höhe des Anschaffungswertes der Anlage) = 20000,— DM.

Kalkulationszinssatz (Kapitalwertmethode) = 5%.

Ertragsteuersatz = 50%.

Steuerliche Nutzungsdauer = 10 Jahre.

Liquidationserlös am Ende der Nutzungsdauer = 0.

1. Kapitalwertmethode

a) Errechnung des Kapitalwertes vor Steuerabzug:

$C_1 = BG_v + BA_l - J = 11539 + 15444 - 20000 = \underline{\underline{+ 6983}}$

b) Errechnung des Kapitalwertes nach Steuerabzug bei linearer Abschreibung:

$C_2 = \frac{1-t}{100} \times BG_v + BA_l - J = 0{,}5 \times 11539 + 15444 - 20000 = +1214$

c) Errechnung des Kapitalwertes nach Steuerabzug bei degressiver Abschreibung:

$C_3 = \frac{1-t}{100}(BG_v + BA_l - BA_d) + BA_d - J =$

$= 0{,}5 \,(11539 + 15444 - 16332) + 16332 - 20000 = \underline{\underline{+ 1658}}$

Anlage 4: Vereinfachte Errechnung des internen Zinssatzes

Jahr	G_v	Abzinsungs-faktor für $p = 5\%$	BG_v $p = 5\%$	Abzinsungs-faktor für $p = 15\%$	BG_v $p = 15\%$
1	1000	0,952	952	0,870	870
2	1000	0,907	907	0,756	756
3	1500	0,864	1296	0,658	987
4	1500	0,823	1235	0,572	858
5	2500	0,784	1960	0,497	1243
6	2000	0,746	1492	0,432	864
7	2000	0,711	1422	0,376	752
8	1500	0,677	1016	0,327	491
9	1000	0,645	645	0,284	284
10	1000	0,614	614	0,247	247
	15000		11539		7352

(1) p	(2) J	(3) l	(4) d	(5) a_l	(6) a_d	(7) = (2) × (3) × (5) BA_l	(8) = (2) × (4) × (6) BA_d
5%	20000	0,1	0,2	7,722	4,083	15444	16332
15%	20000	0,1	0,2	5,019	2,937	10038	11748

2. *Interne-Zinssatz-Methode*

a) Errechnung des internen Zinssatzes vor Steuerabzug:

$C_1 (5\%) = + 6983$
$C_1 (15\%) = 7352 + 10038 - 20000 = - 2610$

Lineare Interpolation:

$$i_1 = 5 - 6983 \, \frac{15-5}{-2610 - 6983} = \underline{12,3\%}$$

b) Errechnung des internen Zinssatzes nach Steuerabzug bei linearer Abschreibung:

$C_2 (5\%) = + 1214$
$C_2 (15\%) = 0,5 \times 7352 + 10038 - 20000 = - 6286$

Lineare Interpolation:

$$i_2 = 5 - 1214 \, \frac{15-5}{-6286 - 1214} = \underline{6,6\%}$$

c) Errechnung des internen Zinssatzes nach Steuerabzug bei degressiver Abschreibung:

$C_3 (5\%) = + 1658$
$C_3 (15\%) = 0,5 \, (7352 + 10038 - 11748) + 11748 - 20000 = - 5431$

Lineare Interpolation:

$$i_3 = 5 - 1658 \, \frac{15-5}{-5431 - 1658} = \underline{7,3\%}$$

74 Anlage 5: Beispiel zur Sensitivitätsanalyse – Errechnung des Kapitalwertes[8]

Laufzeit des Projektes 10 Jahre

Investitionssummen (Zeitwert) – fällig am Jahresanfang

Jahr	Gesamt	Anlagevermögen	Umlaufvermögen
1	500 000	500 000	0
2	750 000	350 000	400 000
3	760 000	360 000	400 000
4	100 000	0	100 000
5	250 000	150 000	100 000
6	300 000	300 000	0
7	120 000	120 000	0
8	0	0	0
9	0	0	0
10	0	0	0

Liquidationserlös nach Steuer

Gesamt	Anlageverm.	Umlaufverm.
1 000 000	0	1 000 000

Jahr	Absatzmengen	Preise	Gesamtkosten	Var. Restkosten je LE.	Fixe Restkosten	Restkosten
1	0	2,00	70 000	0,12	0	0
2	500 000	2,00	794 000	0,12	164 000	224 000
3	1 000 000	2,00	1 359 000	0,12	164 000	284 000
4	1 150 000	2,00	1 512 000	0,12	164 000	302 000
5	1 250 000	2,00	1 639 000	0,12	164 000	314 000
6	1 300 000	2,00	1 690 000	0,12	164 000	320 000
7	1 300 000	2,00	1 700 000	0,12	164 000	320 000
8	1 300 000	2,00	1 700 000	0,12	164 000	320 000
9	1 300 000	2,00	1 700 000	0,12	164 000	320 000
10	1 300 000	2,00	1 700 000	0,12	164 000	320 000

---

[8] Lüder, K., Investitionskontrolle, a.a.O., S. 221.

Anlage 5: Beispiel zur Sensitivitätsanalyse

Jahr	Materialkosten je LE.	Materialkosten	Fertig.-Lohn je LE.	Fertig.-Lohn	Abschreibung
1	0,50	0	0,40	0	70 000
2	0,50	250 000	0,40	200 000	120 000
3	0,50	500 000	0,40	400 000	175 000
4	0,50	575 000	0,40	460 000	175 000
5	0,50	625 000	0,40	500 000	200 000
6	0,50	650 000	0,40	520 000	200 000
7	0,50	650 000	0,40	520 000	210 000
8	0,50	650 000	0,40	520 000	210 000
9	0,50	650 000	0,40	520 000	210 000
10	0,50	650 000	0,40	520 000	210 000

Ertragsteuersatz = 50,00%

Rückflüsse nach Steuer (Zeitwert) anfallend am Jahresende

R_1 =   35 000 R_5 = 630 500 R_8 = 660 000
R_2 = 223 000 R_6 = 655 000 R_9 = 660 000
R_3 = 495 500 R_7 = 660 000 R_{10} = 660 000
R_4 = 569 000

Kalkulationszinssatz = 15,00%
Interner Zinssatz   = 19,41%
Kapitalwert   = 372 074

8 Verzeichnis der Abkürzungen

BFuP	Betriebswirtschaftliche Forschung und Praxis
DB	Der Betrieb
HBR	Harvard Business Review
JB	The Journal of Business
M.Sc.	Management Science
NB	Neue Betriebswirtschaft
ZfbF	Zeitschrift für betriebswirtschaftliche Forschung
ZfB	Zeitschrift für Betriebswirtschaft
ZfhF	Zeitschrift für handelswissenschaftliche Forschung (jetzt Zeitschrift für betriebswirtschaftliche Forschung)
ZfO	Zeitschrift für Organisation
ZfOR	Zeitschrift für Operations Research

9 Literaturverzeichnis

Acker, H.: Organisationsanalyse, 5. Aufl., Baden-Baden 1966.
Albach, H.: Investitionspolitik in Theorie und Praxis, ZfB 1958, S. 766 ff.
- Wirtschaftlichkeitsrechnung bei unsicheren Erwartungen, Köln und Opladen 1959.
- Investition und Liquidität, Wiesbaden 1962.
- Wirtschaftlichkeitsrechnung, in: Handwörterbuch der Sozialwissenschaften, Band 12, Berlin/Tübingen/Göttingen 1965, S. 73 ff.
- Das optimale Investitionsbudget bei Unsicherheit, ZfB 1967, S. 503 ff.
- Long Range Planning in Open-Pit Mining, M. Sc. 10/1967, S. B-549 ff.
- Steuersystem und Investitionspolitik, Wiesbaden 1970.
Baldwin, R. H.: How to Assess Investment Proposals, HBR, 3/1959, S. 98 f.
Basler, H.: Grundbegriffe der Wahrscheinlichkeitsrechnung und statistischen Methodenlehre, Würzburg/Wien 1968.
Batten, J. D./Swab, J. L.: How to Crack Down on Company Politics, Personnel 1/1965, S. 3 ff.
Beer, St.: Kybernetik und Management, 3. Aufl., Frankfurt/M. 1967.
Biergans, E.: Investitionsrechnung, Nürnberg 1973.
Bierman, H., jr./Smidt, S.: The Capital Budgeting Decision, 4. Aufl., New York 1963.
- The Capital Budgeting Decision, 2. Aufl., New York/London 1969.
Bittel, L. R.: Management by Exception, New York 1964.
Blohm, H.: Die Gestaltung des betrieblichen Berichtswesens als Problem der Leitungsorganisation, Herne/Berlin 1970.
Blohm, H./Brenneis, F. J.: Wegweiser für den Einsatz von interner und externer Revision, Herne/Berlin 1968.
Blohm, H./Heinrich, L. J.: Wie steht es mit den psychologischen Widerständen bei Einführung der Planung in der Praxis? Rationalisierung 1964, S. 129 ff.
- Schwachstellen der betrieblichen Berichterstattung, Baden-Baden/Bad Homburg 1965.
Blohm, H./Lüder, K.: Eigenleistung oder Fremdleistung, Industrie-Anzeiger 1965, S. 1760 ff.
- Planungsgrundlagen der Betriebstechnik: Wirtschaftlichkeit, VDI-Richtlinie 2800, Düsseldorf 1966.
Blohm, H./Steinbuch, K. (Hrsg.): Technische Neuerungen richtig nutzen – Informationen für die Innovation, Düsseldorf 1971.
Blumentrath, U.: Investitions- und Finanzplanung mit dem Ziel der Endwertmaximierung, Wiesbaden 1969.
Borchard, K.: Wirtschaftlichkeitsplanung, Wiesbaden 1962.
Brandt, H.: Investitionspolitik des Industriebetriebs, 2. Aufl., Wiesbaden 1964.
Brockhoff, K.: Zum Problem des optimalen Wertpapierbudgets, Unternehmensforschung 1967, S. 162 ff.
Bronner, A.: Vereinfachte Wirtschaftlichkeitsrechnung, Berlin/Köln/Frankfurt 1964.
Charnes, A./Cooper, W. W.: Deterministic Equivalents for Optimizing and Satisficing under Chance Constraints, OR 1963, S. 18 ff.
Cohen, K. J./Elton, E. J.: Inter-Temporal Portfolio Analysis Based on Simulation of Joint Return, M. Sc. 1/1967, S. 5 ff.
Dean, J.: Measuring the Productivity of Capital, HBR 1/1954, S. 120 ff.
- Capital Budgeting, 7. Aufl., New York 1964.
Dinkelbach, W.: Sensitivitätsanalyse und parametrische Programmierung, Berlin/Heidelberg/New York 1969.
Farrar, D. E.: The Investment Decision under Uncertainty, Prentice Hall 1962.
Feller, W.: An Introduction to Probability Theory and its Applications, New York 1950.
Fisz, M.: Wahrscheinlichkeitsrechnung und mathematische Statistik, 5. Aufl., Berlin 1970.
Förstner, K./Henn, R.: Dynamische Produktions-Theorie und lineare Programmierung, 2. Aufl., Meisenheim/Glan 1970.
Franke, G./Laux, H.: Die Ermittlung der Kalkulationszinsfüße für investitionstheoretische Partialmodelle, in: ZfbF 1968, S. 740–759.
Gass, S. J.: Linear Programming, 3. Aufl., New York 1966.
Grant, E. L./Ireson, W. G.: Principles of Engineering Economy, 4. Aufl., New York 1964.
Gross, G. F.: Chefentlastung, 4. Aufl., München 1959.
Gutenberg, E.: Der Stand der wissenschaftlichen Forschung auf dem Gebiet der Investitionsplanung, ZfhF 1954, S. 557 ff.
- Einführung in die Betriebswirtschaftslehre, Wiesbaden 1958.

- Untersuchungen über die Investitionsentscheidungen industrieller Unternehmen, Köln und Opladen 1959.
- Grundlagen der Betriebswirtschaftslehre, Band I: Die Produktion, 17. Aufl., Berlin/Göttingen/Heidelberg 1970.

Haegert, L.: Die Aussagefähigkeit der Dualvariablen und wirtschaftliche Deutung der Optimalitätsbedingungen beim Chance-Constrained Programming, in: Hax, H. (Hrsg.), Entscheidungen bei unsicheren Erwartungen, Köln und Opladen 1970, S. 101 ff.
- Der Einfluß der Steuern auf das optimale Investitions- und Finanzierungsprogramm, Wiesbaden 1971.

Hansmann, F.: Operations Research Techniques for Capital Investment, New York/London/Sydney 1968.

Hax, H.: Investitions- und Finanzplanung mit Hilfe der linearen Programmierung, ZfhF 1964, S. 430 ff.

Hax, H./Laux, H.: Investitionstheorie, in: Menges, G. (Hrsg.), Beiträge zur Unternehmensforschung, Würzburg 1966, S. 227 ff.

Hax, H.: Investitionstheorie, Würzburg/Wien 1970.
- Investitionsentscheidungen bei unsicheren Erwartungen, in: Hax, H. (Hrsg.), Entscheidungen bei unsicheren Erwartungen, Köln und Opladen 1970, S. 129 ff.

Heider, M.: Simulationsmodell zur Risikoanalyse für Investitionsplanungen, Diss. Bonn 1969.

Heister, M.: Rentabilitätsanalyse von Investitionen, Köln und Opladen 1962.

Hertz, D. B.: Risk Analysis in Capital Investment, HBR 1/1964, S. 95 ff. Deutsche Übersetzung in: Fortschrittliche Betriebsführung, 13 (1964) 4, S. 107.
- Investment Policies that Pay off, HBR 1/1968, S. 96 ff.

Hespos, R. F./Strassmann, P. A.: Stochastic Decision Trees for the Analysis of Investment Decisions, M. Sc. 10/1965, S. B-244 ff.

Hielscher, U.: Das optimale Aktienportefeuille, 2. Aufl., Frankfurt 1969.

Hillier, F. S.: The Derivation of Probabilistic Information for the Evaluation of Risky Investments, M. Sc. 3/1963, S. 443 ff.

Hillier, F. S./Heebink, D. V.: Evaluating Risky Capital Investments, California Management Review, 2/1965, S. 71 ff.

Hillier, F. S.: Chance-Constrained Programming with 0–1 or Bounded Continuous Decision Variables, M. Sc. 1/1967, S. 34 ff.
- The Evaluation of Risky Interrelated Investments, Amsterdam/London 1969.

Höhn, R.: Führungsbrevier der Wirtschaft, Bad Harzburg 1966.

Holzinger, D.: Notwendige Voraussetzungen zur sinnvollen Delegation von Leitungsfunktionen, ZfhF 1964, S. 335 ff.

Jacob, H.: Das Ersatzproblem in der Investitionsrechnung und der Einfluß der Restnutzungsdauer alter Anlagen auf die Investitionsentscheidung, ZfhF 1957, S. 131 ff.
- Neuere Entwicklungen in der Investitionsrechnung, Wiesbaden 1964.
- Investitionsrechnung, in: Jacob, H. (Hrsg.), Allgemeine Betriebswirtschaftslehre in programmierter Form, Wiesbaden 1969, S. 599 ff.

Jääskeläinen, V.: Optimal Financing and Tax Policy of the Corporation, Helsinki 1966.

Jochum, H.: Flexible Planung als Grundlage unternehmerischer Investitionsentscheidungen, Diss. Saarbrücken 1969.

Jonas, H.: Investitionsrechnung, Berlin 1964.

Käfer, K.: Investitionsrechnungen, Zürich 1964.

Kilger, W.: Zur Kritik am internen Zinsfuß, ZfB 1965, S. 765 ff.
- Kritische Werte in der Investitions- und Wirtschaftlichkeitsrechnung, ZfB 1965, S. 338 ff.

Koch, H.: Grundlagen der Wirtschaftlichkeitsrechnung, Wiesbaden 1970.

Korte, B./Krelle, W./Oberhofer, W.: Ein lexikographischer Suchalgorithmus zur Lösung allgemeiner ganzzahliger Programmierungsaufgaben, Unternehmensforschung 1969, S. 73 ff.

Kosiol, E.: (Hrsg.) Organisation des Entscheidungsprozesses, Berlin 1959.
- Organisation der Unternehmung, Wiesbaden 1962.

Langen, H.: Der Einfluß des Restbuchwertes alter Anlagen auf Investitionsentscheidungen, NB 1963, S. 173 ff.

Laux, H.: Flexible Investitionsplanung, Opladen 1971.

Lawler, E. L./Bell, M. D.: A Method for Solving Discrete Optimization Problems, OR 1966, S. 1098 ff.

Lorie, J. H./Savage, L. J.: Three Problems in Capital Rationing, JB 4/1955, nachgedruckt in: Solomon, E. (Hrsg.), The Management of Corporate Capital, 7. Aufl., New York/London 1967, S. 56 ff.

Literaturverzeichnis

Lüder, K.: Das Optimum in der Betriebswirtschaftslehre – Kritische Analyse des Optimumbegriffes und der Bestimmungsmöglichkeiten betriebswirtschaftlicher Optima, Diss. Karlsruhe 1964.
- Zur dynamischen Amortisationsrechnung, DB 1966, S. 117 ff.
- Vereinfachte Errechnung des internen Zinssatzes bzw. Kapitalwertes einer Investition nach Steuerabzug bei linearer und degressiver Abschreibung, NB 1966, S. 3 ff.
- Investitionskontrolle, DB 1966, S. 1141 ff.
- Die MAPI-Methode, in: Agthe/Blohm/Schnaufer (Hrsg.), Handbuch Produktion, Baden-Baden/Bad Homburg 1967.
- Zur Anwendung neuerer Algorithmen der ganzzahligen linearen Programmierung, ZfB 1969, S. 405 ff.
- Investitionskontrolle, Wiesbaden 1969.

Lüder, K./Streitferdt, L.: Die Bestimmung optimaler Portefeuilles unter Ganzzahligkeitsbedingungen, ZfOR 1972, S. B-89 ff.

Lutz, F. u. V.: The Theory of Investment of the Firm, Princeton 1951.

Männel, W.: Der Einfluß des Restbuchwertes alter Anlagen auf Investitionsentscheidungen, Diskussionsbeitrag zum gleichnamigen Aufsatz von H. Langen, NB 1964, S. 115 ff.

Magee, J. F.: Decision Tree for Decision Making, HBR 4/1964, S. 126 ff.
- How to use Decision Trees in Capital Investment, HBR 5/1964, S. 79 ff.

Mann, H.: Steuern, Regeln und Automatisieren für die betriebliche Anwendung, Wiesbaden 1962.

Manne, A. S.: Investments for Capacity Expansion, Cambridge, Mass., 1966.

Mao, J. C. T.: Quantitative Analysis of Financial Decision, London 1969.

Markowitz, H.: Portfolio Selection, The Journal of Finance 1952, S. 77 ff.
- The Optimization of a Quadratic Function Subject to Linear Constraints, Naval Research Logistics Quarterly 1956, S. 111 ff.
- Portfolio Selection, New York/London/Sydney 1959.

Menges, G.: On Subjective Probability and Related Problems, Theory and Decision 1/1970, S. 40 ff.

Mertens, P.: Simulation, Stuttgart 1969.

Mertens, P./Griese, J.: Industrielle Datenverarbeitung, Bd. 2: Informations- und Planungssysteme, Wiesbaden 1972.

Mirani, A./Schmidt, H.: Investitionsrechnung bei unsicheren Erwartungen, in: Busse v. Colbe, W. (Hrsg.), Das Rechnungswesen als Instrument der Unternehmensführung, S. 124 ff.

Morgenstern, D.: Einführung in die Wahrscheinlichkeitsrechnung und Mathematische Statistik, Berlin/Göttingen/Heidelberg 1964.

Moxter, A.: Lineares Programmieren und betriebswirtschaftliche Kapitaltheorie, ZfhF 1963, S. 285 ff.

Näslund, B.: A Model of Capital Budgeting under Risk, JB 1966, S. 257 ff.
- Decision under Risk, Stockholm 1967.

Noltemeier, H.: Sensitivitätsanalyse bei diskreten linearen Optimierungsproblemen, Berlin/Heidelberg/New York 1970.

Ohne Verf.: Wie plant die Industrie? Ifo-Schnelldienst, 37/1965, S. 4 ff.

Ohne Verf.: Mobil Financial Controls Department, Capital Budgeting Decision Manual, o. O. 1966.

Perdunn, R. F.: Capital Investment and Large Projects, Financial Executive 6/1965, S. 11 ff.

Peters, L.: Simultane Produktions-Investitionsplanung mit Hilfe der Theorie der Portfolio Selection, Berlin u. München 1971.

Pflomm, N. E.: Managing Capital Expenditures, Business Policy Study No. 107, National Industrial Conference Board, New York 1963.

Priewasser, E.: Betriebliche Investitionsentscheidungen, Berlin/New York 1972.

Prion, W.: Die Lehre vom Wirtschaftsbetrieb, 1. Buch, Berlin 1935.

Reul, R. I.: Profitability Index for Investments, HBR 4/1957, S. 116 ff.

Ruchti, W.: Why Managers Work Late, International Management 1964, S. 25 ff.

Rühli, E.: Methodische Verfeinerungen der traditionellen Verfahren der Investitionsrechnung und Übergang zu den mathematischen Modellen, Die Unternehmung 3/1970, S. 161 ff.

Sabel, H.: Die Grundlagen der Wirtschaftlichkeitsrechnungen, Berlin 1965.

Salazar, R. C./Sen, S. K.: A Simulation Model of Capital Budgeting under Uncertainty, M. Sc. 4/1968, S. B-161 ff.

Schindler, H.: Investitionsrechnung in Theorie und Praxis, 3. Aufl., Meisenheim/Glan 1966.

Schlaifer, R.: Probability and Statistics for Business Decisions, New York 1959.

Schmidt, R.-B.: Unternehmungsinvestitionen, Reinbek 1970.
Schneeweiß, H.: Entscheidungskriterien bei Risiko, Berlin/Heidelberg/New York 1967.
Schneider, D.: Der Einfluß der Ertragsteuern auf die Vorteilhaftigkeit von Investitionen, ZfhF 1962, S. 539 ff.
– Investition und Finanzierung, 2. Aufl., Opladen 1971.
Schneider, E.: Wirtschaftlichkeitsrechnung, 7. Aufl., Tübingen 1968.
Schwarz, H.: Zur Berücksichtigung erfolgssteuerlicher Gesichtspunkte bei Investitionsentscheidungen, BFuP 1962, S. 135 ff. und S. 199 ff.
– Optimale Investitionsentscheidungen, München 1967.
Schweim, J.: Integrierte Unternehmensplanung, Bielefeld 1969.
Seelbach, H.: Planungsmodelle in der Investitionsrechnung, Würzburg/Wien 1967.
Sengupta, J. K.: Stochastic Programming, Amsterdam/London/New York 1972.
Solomon, E.: Measuring a Company's Cost of Capital, in: Solomon, E. (Hrsg.), The Management of Corporate Capital, 7. Aufl., New York/London 1967, S. 128 ff.
Spitzer, S./Foerster, E.: Tabellen für die Zinseszinsen- und Rentenrechnung, 12. Aufl., Wien o. J.
Steinbuch, K.: Kybernetik und Organisation, ZfO 1964, S. 41 ff.
Steiner, G. A.: How to Assure Poor Long-Range Planning for Your Company, California Management Review 4/1965, S. 93 ff.
Strebel, H.: Scoring-Methoden als Entscheidungshilfen bei der Wahl von Forschungs- und Entwicklungsprojekten, in: Layer, M./Strebel, H. (Hrsg.): Rechnungswesen und Betriebswirtschaftspolitik, Berlin 1969.
Swoboda, P.: Der Einfluß der steuerlichen Abschreibungspolitik auf betriebliche Investitionsentscheidungen, ZfhF 1964, S. 414 ff.
– Die betriebliche Anpassung als Problem des betrieblichen Rechnungswesens, Wiesbaden 1964.
– Investition und Finanzierung, Göttingen 1971.
Terborgh, G.: Dynamic Equipment Policy, New York/Toronto/London 1949.
– Leitfaden der betrieblichen Investitionspolitik. Aus dem Amerikanischen übersetzt und bearbeitet von H. Albach, Wiesbaden 1962.
– Studies in the Analysis of Business Investment Projects, 6 Hefte, Washington 1960/61.
– Studies in Business Investment Strategy, 9 Hefte, Washington 1963/65.
– Business Investment Management, Washington 1967.
Trechsel, F.: Investitionsplanung und Investitionsrechnung, Bern/Stuttgart 1966.
Van Horne, J. C.: Financial Management and Policy, Englewood Cliffs 1968.
Weingartner, H. M.: Mathematical Programming and the Analysis of Capital Budgeting Problems, 2. Abdruck, Chicago 1967.
– Capital Budgeting of Interrelated Projects: Survey and Santhesis, M. Sc. 7/1966, S. 485 ff.
Wolff, H.: Das große Erfolgsgeheimnis von General Motors, Fortschrittliche Betriebsführung 1964, S. 97 ff.
Zangemeister, Ch.: Nutzwertanalyse, 2. Aufl., München 1971.
Zimmermann, G.: Return on Investment, Die Wirtschaftsprüfung 1961, S. 377 ff.

Sachverzeichnis

Abschreibungen 32f., 34ff., 186ff.
Abschreibungsfaktoren 187ff.
Abschreibungsmethoden 34ff., 86ff., 186ff.
Abzinsungsfaktoren 61f.
Amortisationsrechnung 54ff., 81ff.
– Durchschnittsrechnung 55
– Kumulationsrechnung 55
Risikobeurteilung durch die – 57, 83f.
Prämissen und Anwendungsmöglichkeiten der – 56f.
Amortisationszeit 54, 55, 82f.
Statische – 54, 55, 82f.
Dynamische – 82f., 104
Annuität 62, 78
Annuitätenmethode 77
Aufzinsungsfaktoren 62

Baldwin-Methode 79ff.
Barwert 61f.
Bernoulliprinzip 110
Bewilligungsverfahren 19ff., 185
Bezugszeitpunkt 61

Capital rationing, internal 137
Cash-Flow s. Rückfluß
Chance-Constrained Programming 170ff.

Decision Tree Analysis s. Entscheidungsbaumverfahren
Delegierung 23ff.
Deterministisches Äquivalent 171f.
Differenzinvestition 60, 64ff., 70ff., 86, 97
Diskontierung 45, 61f.
Doppelte Diskontierung 100f.
Dynamische Amortisationsrechnung 81ff.

Endvermögensmaximierung 134
Entnahmemaximierung 134
Entscheidungsbaumverfahren 124ff., 177

Entscheidungsregeln bei Unsicherheit 112ff.
Ersatzinvestition 30f., 49ff., 79, 85ff.
Ersatzzeitpunkt 49ff., 85ff.
Erwartungswert 109, 171

Flexible Investitionsprogrammplanung 176ff.

Grundgleichung der dynamischen Verfahren 63, 68f.

Investitionsbereich 5ff., 9ff.
Teilaufgaben des – 6
Organisatorische Gestaltung des – 9ff.
Schwachstellenanalyse im – 5ff.
Investitionsentscheidung 2f., 7f., 10, 27, 33, 37f., 42ff.
Fehlende Alternativen bei der – 30f.
Steuerliche Gesichtspunkte bei der – 32f., 37f., 186
Investitionsplanung 9f., 26ff.
Koordinierung der – 26ff.
Investitionsplanungsprozeß 185
Investitionsprogramme bei sicheren Erwartungen 133ff.
Klassische Ansätze zur Bestimmung der – 135ff.
Bestimmung des Investitionsprogramms mit Hilfe der linearen Programmierung 142ff.
Simultane Bestimmung des Investitions- und Finanzierungsprogramms 146ff.
Simultane Bestimmung des Investitions- und Produktionsprogramms 156ff.
Investitionsprogramme bei unsicheren Erwartungen 167ff.
Investitionsrechnung 42, 45ff.
Fehlende oder ungeeignete – 42ff.
Dynamische – 45, 61ff.
Statische – 46ff.
Schwachstellen der – 42ff.

Unsicherheit der Erwartungen in der – 99 ff., 167 ff.
Verfahren der – 45 ff.
Investitions- und Finanzierungsprogramm 146 ff.
Investitions- und Produktionsprogramm 156 ff.
Investitionssteuer 33
Interner Zinssatz 62
– nach Abzug von Ertragsteuern 186 ff.
Interne Zinssatz-Methode 68 ff., 186 ff.
– Alternativ-Vergleich 70 ff.
Prämissen und Anwendungsmöglichkeiten der – 72 ff.
Vereinfachte – 76 ff.
Interpolation 69 f.

Kalkulationszinssatz 63, 100, 140 f.
Kapitaleinsatz 57 ff., 61, 67 f.
Kapitaltheorie, klassische Ansätze 135 ff.
Kapitalwert 62
Erwartungswert des – 112, 116, 174, 176
Varianz des – 113, 174, 176
Analytische Bestimmung der Wahrscheinlichkeitsverteilung des – 115 ff.
Simulative Bestimmung der Wahrscheinlichkeitsverteilung des – 118 ff., 177
Kapitalwertmaximierung 133
Kapitalwertmethode 63 ff., 186 ff.
– Alternativ-Vergleich 64 ff.
Prämissen und Anwendungsmöglichkeiten der – 72 ff.
Kleininvestitionen 19 f., 26
Korrekturverfahren 100 ff.
Korrelation 109
Korrelationskoeffizient 109, 113
Kostenvergleichsrechnung 46 ff.
– Auswahlproblem 46 ff.
– Ersatzproblem 49 ff.
Prämissen und Anwendungsmöglichkeiten der – 53
Kovarianz 109
Kovarianz zwischen Kapitalwerten 175 f.

Kritische Auslastung 48 f.
Kritische Werte 103 ff.

Liquidationserlös 50 ff., 61
Liquidationsverlust 50 ff.
Lorie-Savage-Problem 142, 167, 168, 174

Management by Exception 25
Manipulation 11, 19 ff., 29
MAPI-Formular 90 f., 94 f.
MAPI-Diagramme 87 ff., 93, 96
MAPI-Methode 84 ff.
Prämissen und Anwendungsmöglichkeiten der – 97 f.
MAPI-Rentabilität 85 f., 91 f., 95 f., 97
Markowitz-Ansatz 173
Metaregelkreissystem 14 f., 17 f., 182
Metarückmeldung 13, 184
Mindestzinssatz 138, 140 f.

Nutzen
Erwartungswert des – 110, 112 ff.
Nutzenfunktionen 110 f.
– lineare 112
– quadratische 112 f.
– stufige 113 f.

Organisationsmängel 5 ff., 28
Organisationsprüfung 5 f., 12, 20, 27
Schritte der – 5 f.

Payback Period siehe Amortisationszeit
Planperiode 135
Planung 180 f.
Planungszeitraum 134 f.
Portefeuille-Auswahl 173 ff.
Portefeuilles, effiziente 174
Programmierung unter Wahrscheinlichkeitsnebenbedingungen 170 ff.

Rangordnungskriterium 139
Rangordnungsverfahren 137 ff.
Regelkreissystem 1, 10 f., 14 ff., 179, 182
Rentabilitätsrechnung 57 ff.
Prämissen und Anwendungsmöglichkeiten der – 60 f.
Restbuchwert 50 ff.

Sachverzeichnis

Risikoanalyse 108 ff.
- analytisches Verfahren 115 ff.
- simulatives Verfahren 118 ff.

Risikoverhalten 110 f.

Rollback Verfahren 126, 127 ff., 177

Rückfluß 54 f., 61, 68

Rückmeldung 10 ff., 18

Schwachstellenanalyse 1 ff.

Schwachstellen im Investitionsbereich 5 ff.

Sensitivitätsanalyse
- lokale 168
- globale 168

Sensitivitätsanalyse
- für einzelne Projekte 102 ff., 192 f.
- für Investitionsprogramme 168 ff.

Sicherheitsäquivalente 110 f.

Simulation 120

Simulation der Wahrscheinlichkeitsverteilung des Kapitalwertes 118 ff., 195 f., 197

Standardabweichung 109, 115 f.

Statische Amortisationsrechnung 54 ff.

Steuern 32 ff., 50, 54, 58, 68, 85 ff., 91 ff., 98, 186 ff.
- Auswirkungen auf die Investitionsentscheidung 32 ff.

- Berücksichtigung in der Investitionsrechnung 50, 54, 58, 68, 85 ff., 91 ff., 98, 186 ff.

Stochastische Abhängigkeit 108 f., 115 f., 119 f.

Überlastung der Leitungsorgane 23 ff.

Varianz 109

Varianz des Kapitalwertes 113, 175 f.

Vergleichsperiode 50 f., 91 ff., 97

Wahrscheinlichkeit 99, 108
- objektive 99
- subjektive 99

Wahrscheinlichkeitsverteilung 108

Wahrscheinlichkeitsverteilung des Kapitalwertes von Investitionsprogrammen 177

Wiedergewinnungsfaktoren 62, 76, 78

Wirkperiode 134 f.

Zeitwert 61

Zielsystem des Investitionsbereiches 16

Zielvariable in Investitionsmodellen 133 f.

Zinsentgang 50, 52

Zufallsvariable 108

Vahlen

bietet die optimale Lernmittelkombination
für Ihr Studium der
Wirtschafts- und Sozialwissenschaften

Wirtschaftslexika
WiSo-Kurzlehrbücher
Vahlens Praktiker-Bücher
WiSt – Wirtschaftswissenschaftliches Studium
Übungsbücher der Wirtschafts- und Sozialwissenschaften
Handbücher der Wirtschafts- und Sozialwissenschaften

Führende Standardwerke in Neuauflagen:

Blohm-Lüder, Investition · 3., erweiterte Auflage 1974. Rund 240 Seiten. Flexibel gebunden DM 29.50

Henderson-Quandt, Mikroökonomische Theorie · Eine mathematische Darstellung. 3., erweiterte Auflage 1973. XI, 393 Seiten. Flexibel gebunden DM 39.50

Müller-Merbach, Operations Research · Methoden und Modelle der Optimalplanung. 3., durchgesehene Auflage 1973. XX, 565 Seiten. Flexibel gebunden DM 49.50

Rose, Theorie der Außenwirtschaft · 5., verbesserte Auflage 1974. XX, 501 Seiten. Flexibel gebunden DM 49.50

Wöhe, Einführung in die Allgemeine Betriebswirtschaftslehre · 11., neubearbeitete Auflage 1973. XXIV, 1086 Seiten mit 173 Abb. und rund 100 Beispieltabellen. Flexibel gebunden DM 39.50

Woll, Allgemeine Volkswirtschaftslehre · 4., neubearbeitete und erweiterte Auflage 1974. Rund 500 Seiten. Flexibel gebunden DM 29.50

Verlag Franz Vahlen, 8 München 40, Wilhelmstr. 9

Vahlen

bietet die optimale Lernmittelkombination
für Ihr Studium der
Wirtschafts- und Sozialwissenschaften

Wirtschaftslexika
WiSo-Kurzlehrbücher
Vahlens Praktiker-Bücher
WiSt – Wirtschaftswissenschaftliches Studium
Übungsbücher der Wirtschafts- und Sozialwissenschaften
Handbücher der Wirtschafts- und Sozialwissenschaften

Bitte beachten Sie besonders unsere **WiSo-Kurzlehrbücher**

Reihe Betriebswirtschaft
Bamberg-Coenenberg, Betriebswirtschaftliche Entscheidungslehre
VIII, 246 Seiten. Paperback DM 28,80
Egner, Bilanzen. 202 Seiten. Paperback DM 19,80
Müller-Merbach, Einführung in die Betriebswirtschaftslehre
für Erstsemester und Abiturienten. 1974. XII, 237 Seiten. Paperback DM 17,80

Reihe Volkswirtschaft
Hedtkamp, Wirtschaftssysteme – Theorie und Vergleich
358 Seiten. Paperback ca. DM 24,80
Helmstädter, Wirtschaftstheorie II. 1974. Rund 248 Seiten. Paperback ca. DM 24,80

ohne Reihenbezeichnung
Caprano, Finanzmathematik
142 Seiten und einem Tabellenanhang. Paperback DM 19,80
Schaich-Köhle-Schweitzer-Wegner, Statistik I
163 Seiten. Paperback DM 22,80

Verlag Franz Vahlen, 8 München 40, Wilhelmstraße 9